新世纪普通高校汉语言文学专业教材
学术顾问　关爱和　曹顺庆　陈　炎　孙先科
总　主　编　李伟昉

MI SHU XIE ZUO
秘书写作

主　　编　杨　帆
副主编　刘　凤　温素平　周杰林
编　　委　（按章节先后顺序）
　　　　　杨　帆　刘　凤　马文磊　刘亚奇
　　　　　温素平　吴艳艳　周杰林　刘金生

河南大学出版社
·郑州·

图书在版编目（CIP）数据

秘书写作 / 杨帆主编 .—郑州：河南大学出版社，2012.12（2022.7 重印）

高等学校秘书专业通用教材

ISBN 978-7-5649-0855-3

Ⅰ.①秘… Ⅱ.①杨… Ⅲ.①公文 – 写作 – 高等学校 – 教材 Ⅳ.① H152.3

中国版本图书馆 CIP 数据核字（2012）第 172097 号

责任编辑　武桂丽
责任校对　张小艺
装帧设计　王四朋

出版发行　河南大学出版社
　　　　　地址：郑州市郑东新区商务外环中华大厦 2401 号
　　　　　邮编：450046
　　　　　电话：0371-86059712（高等教育与职业教育出版分社）
　　　　　　　　0371-86059715（营销部）
　　　　　网址：hupress.henu.edu.cn
排　　版　郑州市今日文教印制有限公司
印　　刷　广东虎彩云印刷有限公司
版　　次　2012 年 12 月第 1 版　　印　次　2022 年 7 月第 2 次印刷
开　　本　787mm×1092mm　1/16　　印　张　17
字　　数　393 千字　　　　　　　　定　价　49.00 元

（本书如有印装质量问题，请与河南大学出版社营销部联系调换）

教材介绍

　　本书是"高等学校秘书专业通用教材"之一。全书分十一章,系统地介绍了秘书部门和秘书人员各种秘书写作文体,每种文体介绍包括概述、写作规范、写作要求以及例文选读等。本书侧重于学生从事秘书写作实际能力的培养,阐述原理简明、扼要,讲解操作详尽、规范。

　　本书适合作各级各类高校秘书、管理及其他相关专业的秘书写作课程教材,也可作为在职秘书、公司文员、机关职员提高写作能力的参考读本。

目 录

绪 论 ……………………………………………………………………………（1）

第一章 秘书写作的过程及技巧 ……………………………………………（8）
 第一节 秘书写作的过程 ………………………………………………（8）
 第二节 确立主旨的技巧 ………………………………………………（11）
 第三节 选择材料的技巧 ………………………………………………（14）
 第四节 安排结构的技巧 ………………………………………………（17）
 第五节 运用语言的技巧 ………………………………………………（22）
 第六节 驾驭表达的技巧 ………………………………………………（27）

第二章 行政公文（上） ……………………………………………………（32）
 第一节 行政公文概述 …………………………………………………（32）
 第二节 决议 ……………………………………………………………（37）
 第三节 决定 ……………………………………………………………（38）
 第四节 命令（令） ……………………………………………………（40）
 第五节 公报 ……………………………………………………………（43）
 第六节 公告 ……………………………………………………………（45）
 第七节 通告 ……………………………………………………………（48）
 第八节 意见 ……………………………………………………………（50）
 第九节 通知 ……………………………………………………………（52）
 第十节 通报 ……………………………………………………………（56）

第三章 行政公文（下） ……………………………………………………（60）
 第一节 报告 ……………………………………………………………（60）
 第二节 请示 ……………………………………………………………（62）
 第三节 批复 ……………………………………………………………（65）
 第四节 议案 ……………………………………………………………（67）
 第五节 函 ………………………………………………………………（69）

第六节　纪要 …………………………………………………… (71)

第四章　事务文书 …………………………………………………… (77)
　　第一节　计划 …………………………………………………… (77)
　　第二节　总结 …………………………………………………… (80)
　　第三节　调查报告 ……………………………………………… (83)
　　第四节　简报 …………………………………………………… (87)
　　第五节　述职报告 ……………………………………………… (90)
　　第六节　典型材料 ……………………………………………… (94)
　　第七节　公示 …………………………………………………… (97)

第五章　会议文书 …………………………………………………… (101)
　　第一节　会议通知 ……………………………………………… (101)
　　第二节　开幕词 ………………………………………………… (104)
　　第三节　闭幕词 ………………………………………………… (106)
　　第四节　会议记录 ……………………………………………… (108)
　　第五节　会议简报 ……………………………………………… (111)
　　第六节　讲话稿 ………………………………………………… (114)

第六章　礼仪文书 …………………………………………………… (118)
　　第一节　祝词 …………………………………………………… (118)
　　第二节　欢迎词 ………………………………………………… (121)
　　第三节　欢送词 ………………………………………………… (123)
　　第四节　答谢词 ………………………………………………… (124)
　　第五节　讣告 …………………………………………………… (126)
　　第六节　悼词 …………………………………………………… (128)
　　第七节　碑文 …………………………………………………… (131)

第七章　信函文书 …………………………………………………… (133)
　　第一节　感谢信 ………………………………………………… (133)
　　第二节　慰问信 ………………………………………………… (136)
　　第三节　贺信 …………………………………………………… (138)
　　第四节　求职信 ………………………………………………… (140)
　　第五节　辞职信 ………………………………………………… (143)
　　第六节　介绍信 ………………………………………………… (145)
　　第七节　证明信 ………………………………………………… (148)
　　第八节　倡议书 ………………………………………………… (150)
　　第九节　建议书 ………………………………………………… (153)
　　第十节　申请书 ………………………………………………… (155)

第八章　经济文书 …… (158)
第一节　合同 …… (158)
第二节　协议书 …… (161)
第三节　招标书 …… (164)
第四节　投标书 …… (167)
第五节　市场调查报告 …… (169)
第六节　市场预测报告 …… (172)
第七节　经济活动分析报告 …… (175)
第八节　可行性研究报告 …… (178)

第九章　法律文书 …… (183)
第一节　起诉状 …… (183)
第二节　上诉状 …… (186)
第三节　申诉状 …… (189)
第四节　答辩状 …… (192)
第五节　授权委托书 …… (195)
第六节　申请执行书 …… (197)
第七节　遗嘱 …… (199)

第十章　告启文书 …… (202)
第一节　广告 …… (202)
第二节　说明书 …… (206)
第三节　启事 …… (209)
第四节　海报 …… (211)
第五节　声明 …… (212)

第十一章　电子公文 …… (215)
第一节　电子公文概述 …… (215)
第二节　电子公文的特点 …… (218)
第三节　电子公文的制作 …… (219)
第四节　电子公文的归档 …… (225)

附录一　党政机关公文处理工作条例 …… (228)
附录二　标点符号用法 …… (234)
附录三　出版物上数字用法 …… (249)
附录四　校对符号及其用法 …… (255)

主要参考文献 …… (260)

后　记 …… (261)

绪 论

人类的秘书实践源远流长,秘书活动的历史可以追溯到几千多年前。我们可以推断,从大范围来说,我国的秘书工作起源于部落联盟的昌盛时期,即黄帝至舜时期,距今4500年至4100年之间;从小范围来说,它起源于黄帝时期,即距今4500至4400年之间,最迟启端于尧舜时期。[①] 在我国部落联盟昌盛时期,已经形成了社会组织的领导部门,有了原始文字、原始的公务活动记录,有了专事记录的人员,出现了秘书活动。[②] 从现有的文献资料考证和考古成果看,历史上自从有了秘书活动,就有了秘书写作活动。

一、秘书活动与秘书写作活动

随着人类社会实践活动的复杂化程度越来越高,社会管理活动、领导活动也越来越复杂,秘书活动就是在社会管理活动、领导活动复杂化的情况下衍生出来的相对独立的社会活动形式,是人类社会实践不断丰富的结果。从远古到今天,秘书活动的内容、秘书工作的事项由简单到复杂,由单一到系统,经历了一个漫长的历史过程。无论河山怎么变迁,朝代怎么更替,秘书写作活动自始至终是秘书活动的重要组成部分,并且是核心组成部分,因此,厘清秘书活动和秘书写作活动的关系是研究和学习秘书写作的前提。

(一) 秘书活动与秘书写作活动

1. 秘书写作活动是人类早期秘书活动的重要内容

从考古成果和现存古代文献的记载来看,早期的秘书写作是以政府文告等公务文书为主。殷商时期的甲骨文已有秘书写作活动的印迹,《卜辞》广泛记载了奴隶社会时期社会生活的各个方面,文字古朴简练,反映出早期秘书写作活动的记录功能。春秋时期,相传孔子把上古时期历史文献汇编成《尚书》,其中收录了典、谟、训、诰、誓、命等文种的公务文书。"《尚书》通常被认为是我国第一部散文总集,但也完全可以被看做是我国第一部以公务文书为主体的文集。"[③]所以,秘书写作自古是秘书工作的一项重要内容,秘书写作活动自古是秘书活动的重要组成部分。

[①] 翁世荣等:《现代秘书学》,上海人民出版社,1989年版,第23~24页。
[②] 杨剑宇等:《中国秘书史》,高等教育出版社,2011年版,第24页。
[③] 柳宏等:《秘书写作》,高等教育出版社,2011年版,第4页。

2. 秘书写作活动是现代秘书活动的重要内容

随着社会的发展,秘书活动的内容在不断丰富,活动的范围在不断扩大。在现代社会生活的政治、经济、文化、军事等领域,在政府机关、企业、团体、学校等组织,秘书活动都十分活跃。从会议服务、商务旅行到调查研究、领导决策,无处不有秘书的身影,无时不有秘书活动的印迹。秘书写作活动作为秘书活动的主体已成为组织活动的一个部分,人们通过秘书写作活动的成果——文书,实现组织与组织、组织与成员、成员与成员间的沟通与协调。不论是发达国家还是发展中国家,不论是巨型组织还是微型组织,公务文书仍然是实现组织管理的有效手段和途径,它已经渗透到社会生活的方方面面,渗透到社会的每一个角落。

秘书活动是人类社会实践活动的一部分,秘书写作活动是秘书活动的一部分,古今如此。

(二)秘书写作与秘书写作活动

1. 秘书写作是一门课程

秘书写作是普通高等学校面向秘书专业学生开设的一门课程,是秘书专业培养方案中的主干核心课程。从学科门类来看,它属于秘书学学科体系的应用秘书学范畴,是秘书学与写作学两门学科的交叉部分。它主要研究和讨论的对象是秘书职业活动范围内的写作行为。因此,秘书写作是指秘书人员因职业活动的需要在职责范围内起草完成的各类公务文书及其他应用文书的写作。

2. 秘书写作是秘书写作活动的一部分

写作能力是秘书的最重要能力,是秘书从事其他秘书活动和开展具体秘书工作的基础,常被看成是"秘书的看家本领"。秘书写作活动的内涵和外延远大于秘书写作,它反映的不仅是秘书职业活动范围内的写作行为,也包含秘书职业活动范围外的写作行为,如属于秘书个人爱好的文学创作活动等。所以,秘书写作只包含秘书写作活动中的秘书职业写作行为部分。

(三)秘书写作的体系

厘清了秘书活动与秘书写作活动、秘书写作与秘书写作活动的关系,秘书写作的体系应该是比较清晰的问题。截至2012年3月底,有关秘书写作、应用写作(实用写作)的教材约有千部,但这些教材普遍存在一个问题,即秘书写作与应用写作的界限不够清晰。所以,我们在绪论部分特别增加了秘书活动与秘书写作活动、秘书写作与秘书写作活动、秘书写作与基础写作等的甄别内容。考虑到信息时代网络技术已普及到秘书写作的实际,我们增加了电子文档写作与制作的相关内容,因网络技术和电子文档自身还在发展完善过程中,教材所安排内容是否妥当,我们也惴惴不安,如果不纳入教材体系我们也有些不甘。现行的各种有关公务文书、秘书写作等的规章、办法、制度是秘书写作的重要依据,我们把它们纳入教材(见附录)是希望大家重视起来。鉴于此,本着朴实、实用、规范、创新的原则,我们建构的"秘书写作"体系如下。

第一,秘书写作的特点研究。特点研究主要研究秘书写作的特殊属性,即区别于其他写作、创作活动的地方,力求厘清与秘书写作相关联的基本概念和事实(绪论)。

第二,秘书写作的过程研究。过程研究主要研究秘书写作的过程特色(本书第一章)。

第三，秘书写作的技巧研究。技巧研究主要研究材料选择、结构安排、语言运用等相关写作技巧问题(本书第一章)。

第四，秘书写作常用文体与写作规范研究。该项主要研究秘书写作常用文体行政公文、事务文书、会议文书、礼仪文书、信函文书、经济文书、法律文书、告启文书及其写作规范等问题(本书第二章至第十章)。

第五，秘书电子文档写作与制作问题研究。该项主要涉及已经较为成熟的电子公文的特点、写作、制作、归档等问题(本书第十一章)。

第六，秘书写作规章制度。秘书写作规章制度主要展示秘书写作的政府法规、制度(本书附录)。

二、秘书写作与相关学科的关系

(一) 秘书写作与应用写作

20世纪以来，随着社会经济的发展，信息时代的到来，作为主要信息载体之一的应用文越来越受到人们的普遍重视，应用文的使用频率越来越高，应用写作已经成为人们生活的一部分。应用写作不仅仅是秘书人员的专利，社会上的任何人都可以从事应用写作活动。应用文也是一个非常宽泛的概念，生活中所能涉及的实用文体(文学作品除外)都应该属于应用文的范畴。

秘书写作与应用写作有区别也有联系。对于个体秘书而言，总是特定岗位的秘书，不可能同时担任多个岗位的秘书。"因此任何一个秘书，工作中都不可能涉及所有的应用文，而且不管任何行业、任何岗位的秘书，都有相对的几乎固定的写作范围或写作对象。"①这就是说秘书写作与特定的职业、特定的岗位相关联。

作为写作主体的秘书是一个独立的生命体，秘书是一种职业，一种职务，其写作行为是履行职责的行为，与应用写作的"因需而作，为己而作"不同，秘书是"受命而作，为人而作"。理解秘书写作应"突出秘书身份，强调秘书作为生命个体，有助于凸显秘书写作的个性和特殊性"。②

秘书写作与应用写作的紧密联系点在于秘书写作的各类文体仍然在应用文体的范畴，也可以说，秘书写作是应用写作的一部分。

总之，秘书写作与应用写作是两个既有联系又有区别的写作行为，也是相互独立的两门学科，彼此的研究重点和侧重点不同。正确理解二者的关系对秘书个体写作能力的提高有十分重要的指导作用。

(二) 秘书写作与基础写作

基础写作又名《写作学》《写作基础》《写作基础理论》等。在我国，它是中国语言文学学科下的子学科，它主要以人们的写作活动为研究对象，以建设写作理论，探索写作活动的特点、过程、规律为目的，以研究写作理论与实践为内容。写作是人类的一种精神活动，

---

① 柳宏等:《秘书写作》,高等教育出版社,2011年版,第8页。
② 柳宏等:《秘书写作》,高等教育出版社,2011年版,第5页。

是"将思维和语言文字联系在一起的精神活动"。① 基础写作是以人们的一切写作活动为研究对象,将人们写作活动中的普适性问题作为自己的研究范畴,如写作活动主体研究、写作活动客体研究、写作成果形式研究、写作主体运思研究等。

基础写作还是一门课程,是我国高、中等学校面向广大学生,以培养学生写作素养、写作能力为目的,以写作理论为内容,系统地向学生传授写作基本知识的课程。目前,我国高校的基础写作课程的重心是讲授文学作品创作,如诗歌创作、散文创作、小说创作、戏剧创作等,很少涉及应用文体写作。

秘书写作是一门实用性、应用性很强的学科,基础写作是一门普适性、理论性很强的学科,二者既有联系交叉,又有不同侧重。基础写作侧重"有感而发",秘书写作侧重"为用而作";基础写作强调"个体顿悟,灵感火花",秘书写作强调"团体意志,奉命而为";基础写作强调"不拘一格",秘书写作强调"格式规范"。但秘书写作和基础写作同属人类的写作行为,同属人类的精神活动范畴,基础写作对秘书写作有普适性指导意义,秘书写作对基础写作有独特的补衬和支持作用。总之,基础写作和秘书写作是两门相对独立的学科,有各自的研究领域和学科特色,同时,它们又是非常相近且互有交叉联系的学科。

(三)秘书写作和秘书实务

秘书实务是秘书学的一个重要的子学科,也是秘书学专业的一门主干课程。秘书实务的研究对象是秘书和秘书机构为实现自身的基本职能而必须承担的各项具体工作,包括各项秘书工作的主要内容、一般规律、具体要求、操作规范、实施程序以及注意事项等。

秘书学是研究秘书工作规律及其应用的学科,是一门应用性很强的综合性学科。秘书专业则是适应我国经济和社会发展需要而开设的应用性很强的新专业。秘书学界已经形成的基本共识是秘书专业的主要专业课,包括管理学概论、秘书学概论、秘书实务、秘书写作、文书档案管理学、中国秘书史、秘书公关礼仪等。所以,秘书实务和秘书写作是秘书学科体系内的两个重要子学科,也是秘书专业课程体系中两门重要的课程。

秘书实务是一门介绍各项秘书业务的综合性课程,涉及其他许多学科的知识。秘书部门常规业务达20多项,其中大多数工作有很强的专业性,这些工作需要一定的理论指导和业务训练。但是,不可能(也不必要)给每一项工作单独设立一门课程,其中一些业务性很强而内容又十分丰富的工作可以单独开设课程来研究、阐述,如秘书写作、文书档案管理、公共关系学等,在秘书专业本科层次的培养方案和课程体系中一般都设立专门课程。"文字工作对秘书许多其他重要工作效果起着决定性作用。例如,调查研究是否成功,最终要看是否形成了高质量的调查报告;一个单位信息工作做得如何,主要看秘书部门能否提供高质量的信息,而高质量信息毫无例外都经过文字处理并以书面材料的形式出现;一次会议开得是否成功,关键在于会议的主要文件(如主题报告)是否有水平,最终是否形成了具有重要历史意义的会议文件;而检验一次谈判是否成功,最后也要看谈判结果,而谈判结果体现在谈判最终形成的谈判文书中。因此我们说做好文字工作是秘书部门做好其他各项工作的前提条件。"②杨树森先生所述的秘书文字工作实务包括文稿撰拟

---

① 杜福磊、许宝华:《当代实用写作教程》,山西高校联合出版社,1993年版,第5页。
② 杨树森等:《秘书实务》,高等教育出版社,2011年版,第24页。

和文字记录两大类,它们是秘书实务的重要内容,因此,绝大多数的秘书实务教材和书籍都有文字工作的章节体现。虽然秘书实务和秘书写作在内容上有交叉甚至重合的部分,但秘书实务的文字工作部分不能替代秘书写作,秘书写作也无法替代秘书实务中文字工作部分。又因为文字工作在秘书实践活动和具体业务中所占的权重系数较大,地位较高,所以,秘书写作必须作为秘书专业的主干课程开设。这也是秘书写作和秘书实务同为秘书学的重要子学科的道理所在。

三、学习秘书写作的意义和方法

(一) 学习秘书写作的意义

写作能力被人们看成是秘书的看家本领,文字秘书被一般人授予"笔杆子"的雅号,可见秘书写作历来是秘书业务的重要内容。对于一个秘书人员和秘书机构而言,秘书写作意义重大。

1. 秘书写作是做好其他工作的重要前提

在秘书机构和秘书人员负责的各项具体业务中,每项工作都需要文字撰写和记录。调查研究需要设计调查问卷、撰写调查报告,信息工作需要编写信息简报,资料工作要撰写资料汇编,会议工作要起草、整理各种会议文件,上司日程安排要草拟、制作各种日程安排表,通信、值班等事务性工作要做好通信记录、值班记录等,这些工作既有各种事务成果的凭证,也有传递、保存信息的重要载体,每一步都离不开秘书写作。

2. 秘书写作是发挥参谋职能的重要途径

秘书参谋职能源自于秘书人员和秘书机构的参谋能力和参谋水平,是实现"经国之大业"的重要手段,"以文参谋"成为现代秘书的重要途径。

秘书写作过程有着极大的发挥参谋职能的空间。单就撰拟文稿而言,它是对上司(领导)的意图的展开和系统化、具体化的过程。上司(领导)交代的文稿的主题,重要论点、观点,文稿结构等方面,秘书若发现有缺失或与相关法律法规冲突的时候,也可与上司讨论修正,发挥参谋作用。

秘书写作的质量好坏直接关系到秘书的参谋意见是否会引起上司的关注,是否会被上司采纳。如果秘书部门提供的书面材料及时迅速、要点明确、论证充分、文字简洁,被上司注意并采纳的可能性就较大。

3. 秘书写作是培养个体写作能力、提升综合素质的重要动力

现代社会对秘书人才的能力要求越来越趋于多样化,秘书应成为"通才",需要具备较高的综合素质,这是时代对秘书人员素质、素养的必然要求。秘书想要在短期内表现出较高的专业素养和能力,提高写作能力是一条捷径。上司(领导)一般而言多数是通过秘书所写的东西发现秘书的才干,上级机关也常常通过下级机关报来的书面材料发现下级机关秘书的才能,从而将写作能力强的人调到上一级机关来。因此,每一名秘书都要充分重视秘书写作,"通过写作实践增长才干,通过实绩展示才华"。[①] 新参加工作的秘书虽然具有写作才能,但是暂时没有承担文字工作,也可以通过撰写通讯报道、提供书面信息材

---

① 杨树森等:《秘书实务》,高等教育出版社,2011年版,第24页。

料等方式,让自己的写作才能得到很好的锻炼。

秘书综合素质和能力的提高需要长期的实践积累。而写作能力的积累是最核心的能力积累,因为秘书写作涉及秘书综合素质的方方面面,没有秘书写作能力的提升也就没有秘书综合素养、综合素质的提升。秘书实务的20多项业务中的每一项都涉及秘书写作。通过秘书写作的学习,秘书人员不仅可以迅速地实现个体写作能力的提高,而且可以实现秘书综合素质的全面提升。

(二)学习秘书写作的方法

"秘书学是一个包括理论秘书学、应用秘书学、历史秘书学和秘书教育学四个主要部分的理论体系。"[①]秘书写作属于应用秘书学的范畴,学者们比较认可的秘书写作的学科性质是应用性和综合性。关于怎样学习好秘书写作课程,专家和学者都开出了不少良方,同行们作出的有益探索值得我们崇敬。结合这门课的性质、特点和多年的教学实践,我们认为学习秘书写作必须做到以下几点。

1. 端正态度,提高认识

"重文学作品,轻应用文章"之倾向历来严重,所以,我们必须端正态度,重新认识秘书写作(含应用写作)的地位、作用。只有认识提高了才能扫清学习道路上的障碍。

2. 了解特点,多读多练

柳宏先生强调:秘书必须重视阅读。秘书的阅读是一种特殊的阅读。秘书的阅读必须为写作服务。[②] 书读百遍,其义自现。不仅如此,柳宏先生还就秘书阅读开出了具体的良方,他说:"秘书的阅读大致可分为泛读和精读。泛读的内容主要包括党和政府的方针、路线、政策、法规,本单位、本部门或相关单位部门的有关资料讯息,与秘书所在单位工作性质相关的背景知识、专业知识,常见的写作基础理论或常用文种的写作知识等。除此之外,秘书还必须精读范文。"[③]秘书写作是一门应用性、综合性的学科,也是应用性、综合性特点鲜明的课程,秘书只有了解其特点,多看、多读、多练,才能收到好的学习效果。

3. 岗位锻炼,学习关键

秘书写作的学习离不开岗位的实际锻炼、磨砺,不到秘书岗位上亲自试试,你就找不到自己的差距,看不到问题的所在;不亲自草拟文稿你就不能明了组织意图、领导旨意在公文中怎么体现,不亲手修改文稿你就不知道字、词、句的润色在秘书写作中的重要;不在秘书岗位上实习、实训一段时间你就不会切身感受各种文书的写作和使用要领。总之,在实践岗位上学习的方法是秘书人员快速掌握秘书写作知识、提高写作能力的最有效途径和最实用方法。

---

① 杨锋等:《秘书学概论》,高等教育出版社,2011年版,第8页。
② 柳宏等:《秘书写作》,高等教育出版社,2011年版,第16页。
③ 柳宏等:《秘书写作》,高等教育出版社,2011年版,第16页。

思考题

1. 名词解释：秘书；秘书活动；秘书写作活动；秘书写作。
2. 怎么样理解秘书写作和应用写作的关系？
3. 学习秘书写作要具备什么样的态度？
4. 学习秘书写作的方法有哪些？为什么说岗位学习是关键？
5. 学习秘书写作对秘书个体意味着什么？
6. 在老师指导下到政府机关、企事业单位或学校内部的某个特定的秘书岗位实习或实训一段时间（要求：针对秘书写作的学习内容展开）。实习或实训结束后，请大家座谈体会、收获，并请岗位指导老师指出每个实习生的不足。

第一章 秘书写作的过程及技巧

秘书写作同文学写作一样,是人类创造精神产品的过程性劳动。这一过程有其自身的规律性。在写作实践中,主旨、材料、结构、语言、表达这五要素在文章中的作用和特点也是不同的。本章探讨了秘书写作的过程以及常用的确立主旨、选择材料、安排结构、运用语言、驾驭表达的技法等问题。

第一节 秘书写作的过程

一般来说,一篇文章的形成要经过准备阶段、写作阶段和修改阶段。秘书写作的过程与文学写作相比有其特殊性,一般有以下几个步骤。

一、明确写作意图

秘书写作同文学写作不同,它是按照领导指示,起草和制作各种文件,处理机关各种公务文书,因此,秘书写作是"奉命写作""代人立言",虽然也表现出一定的个体性创造性劳动,但这些文书是组织(领导)意志的体现。因此,写什么内容,有何用途,用什么文体,何时完成等都要受机关领导意图的制约。秘书写作的好坏很大程度上就在于是否忠实地体现了机关组织的发文意图。因此,在起草文书时,秘书一定要首先深刻地领会领导意图。

所谓的领导意图是领导人在指导社会组织实现管理目标的过程中所提出来的意见和表达出来的真实企图,它其实是党和国家的方针政策在本单位的具体化,故秘书在写作文稿时,一定要了解与本行业工作有关的法规、方针政策,熟悉本单位的具体情况。除此之外,秘书在把握领导意图时还应注意做到以下三点:一要认真学习领导的讲话和批示。领导的讲话和批示是领导意图的真实体现,特别是领导的一些新提法,体现了领导工作的新思路。对于领导干部的新想法,应及时了解,悉心研究。二要积极参与有关问题的讨论。在领导组织有关人员讨论工作时,应积极参与,敢于发表意见,在讨论交流中把握领导的真实意图。三要在接受写作任务时,准确了解领导的真实想法。

总之,在写作之前,只有深入实际,全面掌握本单位的实际情况,同时又善于揣摩领导心思,做到深思熟虑,反复酝酿,拟制的文稿就可以很好地体现机关领导发文意图。

二、收集相关材料

在明确写作意图之后,就要围绕写作的任务去收集材料。收集材料主要有以下工作。

(一)收集上级的有关材料

上级的文件精神和有关法规规定是本单位领导进行管理的依据。所以在平时的工作中,就应善于积累这方面的材料。比如,高层领导在重要工作会议上的讲话:回顾历史,展望未来,分析形势、部署任务,把握大局、明确方向,谈认识,讲措施,提要求,是我们了解这方面工作的生动教材。上级就某项工作所发的指示性通知提出了对工作的指导原则、目的、要求、方法、步骤等,这时下级如要发文落实该项工作,就应认真领会上级的文件精神。故秘书在写作之前应注重收集上级的有关材料。

(二)收集本单位及下属的有关材料

本单位及下属的有关材料可以通过积极深入实际、参加调查研究直接获得,还可以通过本单位及下级的一些计划、总结、调查报告、简报、会议记录等文档材料中获得。这些材料是写作的事实依据。

(三)收集社会相关方面的材料

在收集材料时,眼界要宽,如果仅局限于本单位、本部门的材料,缺乏对整体的了解,就会在认识和分析问题时产生局限性,故应注意事物之间的关联性,收集本地区、本行业乃至更广范围的相关材料。

总之,收集的材料要全面、具体、典型、真实。在此基础上,根据写作意图,对材料进行去粗取精、去伪存真,使之条理化,为起草文稿打下基础。

三、精心拟定提纲

在准备好相关材料的基础上,就应对文章进行整体策划,拟好写作提纲。古人云,"袖手于前,方能疾书于后",就是强调动笔前要仔细构思,到胸有成竹时再动笔。动笔之前列好写作提纲,让整个框架、结构和素材的选取在脑海中清晰起来。

在拟写提纲时,应着重考虑以下两方面的问题:首先,要明确基本观点。观点是文稿的灵魂,离开了它,文稿就失去了存在的价值。因此在写作之前,我们应围绕写作意图,确立基本观点。一份文稿可以只有一个观点,也可有总观点和各个层次的分观点,在拟写时应注意做到观点正确。其次,要合理安排文章的结构。根据掌握的材料,把它们进行分类整理,理清层次,做到主次分明、前后有序。拟写提纲时,可以根据篇幅的长短、内容的繁简来决定提纲的详略。

四、认真起草文稿

初拟文稿实际上是把提纲具体化,使之有血有肉。在起草时,应该妥善处理文章的观点和材料的关系,做到观点和材料的统一。从掌握的材料中去提炼观点,使观点统领材料。材料亦要真实、典型、富于时代感和表现力。对于材料不足的部分应该注意多方补充收集,不能因为某一部分材料不足而生搬硬套,拼凑编造,使观点和材料成为两张皮。在处理观点和材料的关系时,还要注意正确地表达。秘书写作不像文学写作那样追求语言的生动性和形象性,它以表意的明晰性、思维的周密性和表达的程式性为根本追求,故在语言上应该做到准确、平实、简明、严谨。除此之外,在起草文稿时,还要遵守党和国家的各种方针政策以及约定俗成的文体规范,如起草公文应遵循《党政机关公文处理工作条例》的相关规定。

五、反复审读修改

文稿的初拟实际上只是完成了其中的一个环节,它并不是终结。古人倡导"文章百改不厌",就是要对文稿进行反复地审读修改。修改是进一步对文稿进行精加工的过程。至于文章修改的具体标准,清人刘熙载《艺概》中提到这样的观点,文有七戒,曰:旨戒杂,气戒破,局戒乱,语戒习,字戒僻,详略戒失宜,是非戒失实。① 这对我们今天的写作仍有借鉴意义,具体来说,修改可从以下方面进行。

(一)审读修改文稿的内容

审读修改文稿的内容主要是看文稿是否能正确反映实际情况、体现方针政策、起到指导工作的作用。在审读时应该做到以下两点:一是审观点。审核文稿的观点是否正确,是否符合实际,是否真实完整地反映了领导意图。如果观点不正确,不仅没有价值,有时还会危害社会。二是审政策和措施。审核文稿与现行的政策、提法、文件精神是否矛盾,有没有涉及其他单位或区域沟通协商的问题。

(二)审读文稿的结构层次

文稿的结构层次犹如房地产开发商的图纸,建筑商心中的房屋结构,又如人体的躯干骨架,好的布局能使全文文气顺畅,思路清晰。我们在审读修改时,看文稿布局是否合理,上下文是否连贯,详略是否得当,重点是否明晰,主次是否分明。

(三)审读材料

材料是文稿的"血肉",材料丰富才使文稿看起来有"神气"。在审读时,要看文稿是否选材精当。材料能否恰当说明观点,材料是否真实、典型、全面,材料有无赘余。

(四)审读语言表达

语言文字是文稿的细胞,在写作时,要注意语言文字运用是否科学合理。在审读时,看是否存在句子结构残缺、搭配不当,句子表意是否明确,有无歧义产生,在概念、判断、推理上是否准确无误。审读文稿中使用的惯用语和新兴词语是否恰当。审读文稿的标点符号、数字、引文等是否正确。

(五)审读体式

应用文有其惯用的体式,在修改时,还应根据文稿的内容和行文关系看其体式是否合乎规范。比如,上行文、平行文和下行文在行文时都有各自的态度和语气,在表达上要有分寸。如果体式运用不当,行文格式不准确,语言表达有失分寸,均应给予修正。

总之,修改文稿时,一定要严肃认真,从严把关,既要站在领导的角度从政策、措施等大方面进行把关,又要从拟稿人的角度,从用词、标点等小方面着手,使文稿从形式到内容

---

① [清]刘熙载:《艺概》,上海古籍出版社,1978年版,第19页。

都尽量达到完美。

第二节　确立主旨的技巧

任何文章都是由内容和形式共同构成的,内容包括文章的主题和材料,形式包括文章的结构和语言。秘书在写作文稿时,在其内容和形式上都有特殊性的要求,下面分别作介绍。

一、主旨的概念

主旨是指作者在说明问题、发表主张或反映社会生活现象时,通过文章或作品的全部内容表达出的基本观点,是文章的叙写、议论目的。在记叙文中,主旨与主题是相同的概念。议论文是为了晓人以理,以理服人,所以文章的主旨就是作者所要告诉读者的道理,即中心论点。说明文是为了给人以知识,所以文章的主旨就是要说明的中心大意。秘书写作是为解决工作中的实际问题的,所撰拟的应用文是机关单位写作意图的集中反映或体现,故在秘书所拟写的应用文书里,主旨就是机关单位的发文意图,就是所要拟办事情的中心意图。比如,总结是为了对过去某一阶段的工作或某项活动进行回顾分析,从中找出经验和教训,以便指导今后的工作。故其主旨就是从所做的工作中得出的经验和教训,而不能仅是所作事情的简单罗列,也不能仅写好的方面,把它变成了歌功颂德的报告。

二、主旨的作用和特点

(一)主旨的作用

主旨是应用文的灵魂,决定其质量、价值和作用。主旨错误不仅不能有效地解决实际的问题,还会危害社会。主旨模糊,观点不清,也会让人不知所措。无论是向上级请示问题还是反映情况,无论是向下级布置工作还是同平级协商事情,都要做到观点具体明确,否则便失去了存在的价值。

主旨是应用文的统帅。它决定着材料的取舍,支配着结构的安排,制约着遣词造句和所使用的表达方式。所以,主旨在一篇应用文里居于核心和支配地位,其他要素要为其服务,它就像一根红线贯串始终,把全文连成一个有机的整体。

(二)主旨的特点

秘书写作的主旨与其他作品相比,有自身鲜明的特点。

1. 针对性

秘书写作针对的是公务活动,是把领导意图书面化、具体化。在写作时,是根据上级的指示精神和本单位的实际情况来提炼主旨的。它多说明"为什么做""做什么""如何做"等,而不涉及公务活动以外的问题,更不会像文学作品那样虽然反映现实,但高于现实。

2. 单一性

秘书写作是为办事而写,主旨更强调明确性与单一性。在写作时要求一文一事,这不仅有利于人们理解,而且可以提高办事效率。这一点和文学作品差异很大。文学作品的主题思想和人物形象可以"仁者见仁,智者见智",如果在应用文中也这样,就会让人难得要领,不知所措。

3. 直白性

应用文的主旨往往直白、显露,可以在标题中直接点明主旨,也可在开头或段首进行提示,或者在结尾进行总结。它往往在最显眼的地方出现,并且让人一看就明白,不像文学作品那样,需要用心揣摩体会。

三、主旨提炼的原则和要求

(一) 主旨提炼的原则

主旨的确立是有其基本要求的,这就是主旨确立的原则。原则没有把握住,大则导致违法乱纪,小则影响写作办理。一般说来,确立主旨应遵循以下原则。

1. 主旨应符合党和国家的方针政策,符合法律的规定

在确立主旨时,应自觉遵循法律法规,认真领会党和国家的方针政策,把它们作为我们工作的依据和指导。

2. 主旨应从客观实际出发,反映公务活动的实际

主旨是写作者从现有的材料中提炼概括出来的,虽然融入了作者自己的思想看法,有主观性的一面,但主旨的确立又必须从客观存在出发,从现有的材料出发,从本单位本部门的实际情况出发。因为秘书写作的目的是要解决工作中的实际问题,是为领导服务,为决策实施服务。只有从公务活动的实际出发,提炼出来的主旨才更有针对性,才更具有现实的指导性,才能更有效地推动工作的开展。

(二) 主旨提炼的要求

1. 正确

主旨正确是指主旨符合客观事实真相,符合科学规律,符合党和国家的方针政策、法律法规。主旨从根本上决定了一篇文稿的质量和价值。若一篇文稿的主旨违背了国家的政策或者决定不切实际、不合乎社会或自然发展规律,那么这样的文稿付诸实施,只会给工作带来损失,给社会带来危害。

2. 集中

秘书起草的应用文书的主旨必须集中,一文一主旨,一目了然。有的应用文内容复杂,就要有一个统帅全篇的主旨,还要有若干个具体的分观点,这些分观点是用来支撑说明全篇的总主旨的。

3. 鲜明

主旨鲜明是指文稿的基本思想、作者的基本态度要明确。即要求秘书立场坚定,是非分明。要宣传什么,反对什么,肯定什么,否定什么,表彰什么人物,赞扬什么精神,都要做到态度明确,不能吞吞吐吐,迷糊不清。

4. 深刻

主旨深刻是指分析问题要深入,抓住要害,认识事物时能透过现象看到本质和规律,"见人之所未见,发人之所未发"。主旨深刻与否关键在于作者本身的思想水平和理论修

养的高低,在于作者对所占有的材料的认识程度的深浅。

四、主旨提炼的方法

主旨的提炼方法主要有以下四种。

(一) 合并同类项法

合并同类项法即把性质相同、相近的工作或问题合并归类,从而提炼出观点的一种方法。秘书写作往往是在掌握大量材料的基础上进行的,要从大量纷繁复杂的材料中理出头绪来,就要把各个零散的材料进行概括定性,然后按一定的标准进行合并同类项,然后再加以概括升华,找出共性的、本质的东西。在合并归类时,应注意做到问题的归类定性准确,这是保证主旨正确的前提。这种方法是我们使用最广泛的一种方法。

(二) 关注全局法

关注全局法即从全局出发,关注上级经常强调的以及大家普遍关心的热点问题,结合上级的关注点和社会的热点来提炼观点。这种方法可以使提炼出来的观点有很强的现实针对性和指导性,不管是所提出的问题还是解决问题的原则、方法、措施或主张,都能符合组织的总体发展思路和行动路线,符合群众利益。

(三) 凸显重点和特色法

凸显重点和特色法就是从本单位建设的重大工作或特色工作中选取典型材料来提炼观点。在提炼时,还应抓住不同文章的特点。

(四) 对比甄别法

对比甄别法就是从事物不同方面、不同属性出发,从不同的角度去观察研究,从而产生不同的认识和观点。比如,在具体提炼时,我们可以从与过去工作的对比、从改进工作指导方法的角度、从与平级单位的工作对比中选准角度来提炼观点。

当然,提炼观点的方法还有很多。不管怎样,主旨确立的过程是一项艰苦的创造性的工作。它需要经过严格的逻辑思维,综合运用分析、判断、推理等方法,完成思维由感性认识到理性认识的飞跃。

五、主旨的表现方式

主旨作为应用文的灵魂,其表现的原则是直陈其旨,明白晓畅。一般说来,它在文中有以下表现方式。

(一) 标题明旨

标题明旨即在文章的标题中概括点明主旨。一般说来,主旨出现在标题的事由中。这种表现方式主要出现在以说明为主要表达方式的公文中,如命令、通知、决定等。如在《国务院办公厅关于促进生猪生产平稳健康持续发展　防止市场供应和价格大幅波动的通知》中,"促进生猪生产平稳健康持续发展　防止市场供应和价格大幅波动"便是该文主旨。

(二) 开篇明旨

开篇明旨即在文稿的开头便把写作的主旨简明扼要地揭示出来,使读者能够迅速地了解发文意图,提高办事效率。在这种情况下,主旨通常出现在发文的事由或依据中。

(三) 篇末点旨

篇末点旨就是在文章的结尾处,对全文进行总结,点明主旨。这在奖惩通报或决定中常用。

(四) 线穿显旨

有的应用文的内容复杂,没有一个明确的全文主旨句,而是在全文的各个层次有分旨句,这些分旨句的汇总升华就是全文的主旨。最典型的就是调查报告、综合性的工作总结等。

第三节 选择材料的技巧

秘书写作离不开材料,材料也是文章的构成要素之一。俗话说,巧妇难为无米之炊。没有材料,是写不出文章的。如果说主旨是文章的灵魂,那么材料就是文章的血肉,它能让文章读起来有内容。在秘书写作中,也要重视材料的选择与使用。

一、材料的概念

从广义上说,材料是写作者为了某一写作目的而积累的全部资料,包括素材和题材。素材是从生活中收集到的原始材料。题材是为了表现主旨的需要,由作者对素材进行加工、提炼而成。从狭义上说,材料是指为着某一写作目的,从社会中收集、摄取并写入文章中的事实和依据。它是从原始材料中经过选择提炼后写入文章的。

材料作为文章的一个必备要素,在写作前,它是形成主旨的依据。主旨是在大量材料的基础上,经过深化提炼而成。在写作中,它是表现主旨的支柱。主旨在文中不可能单独存在,它要靠大量典型的、有说服力的材料来印证。同时,材料可使文章血肉丰满,有内容。

二、材料的分类

(一) 事实材料和理论材料

事实材料是指客观存在的现实事物,包括人物、事件、现象、数据等。事实材料可以从直接实践经验中获得,也可以间接获得,如从新闻媒体、报刊杂志中获得。理论材料是指作者引用来的、用来证明自己观点的材料,如一些科学原理、格言、谚语、名人名言等,这些都是理性认识,在实践中经过检验的、得到人们认可的东西。在运用时,上级的方针政策、法律法规也是理论材料。

(二) 间接材料和直接材料

直接材料是第一手材料,是作者通过自身观察、体验、感受、实验、调查而获得的。间接材料是第二手材料,是作者间接获得的,其获得的渠道包括阅读文件,看电视报刊等。我们在生活中,不可能凡事都自己经历,我们获得的间接材料多于直接材料,在使用时,要注意对其进行真伪鉴别。

(三) 正面材料和反面材料

正面材料是指与作者观点一致的材料。反面材料是指与作者观点相反的材料。在收集材料时要注意说明的全面性,正、反材料都要有。

三、材料收集的方法

对于秘书来说,要想做好本职工作,手中没有有价值的材料是不可能写好文章的。那么,在实践中,通常有以下收集材料的方法。

(一) 观察

观察是人类借助感觉器官感知外部世界的过程。观察力就是写作主体有意识、有目的地发现、认识、感受客观事物的特点的一种能力。

在生活中,常见的有以下三种观察方法。

1. 比较观察法

要观察到一个人物或一个事物的本质特征,往往需要进行比较。通过比较,才能掌握人物或事物的特征。

2. 定序观察法

观察是有意识的活动,必须按照一定的顺序进行,或由上到下,或由左到右,或由近及远,或由东到西,或由点到面,或由外及里,观察的顺序、方位不同,所观察到的情状也不相同。横看成岭侧成峰,远近高低各不同。只有按确定的顺序观察,才能在行文时一步一步地写来,使得文章层次井然。

3. 换时观察法

变换认识的时机,从不常见的时刻进行观察,认识人物、事物的不同状态。人物和事物在不同的时间里是富有变化的。刘勰在《文心雕龙·物色》中指出,岁有其物,物有其容,情以物迁,辞以情发。大自然的景物在不同时序节令里千变万化,而人类在不同的时间和气候里,也有各种不同变化。进行观察有时须根据需要,改换观察时间,以便观察到人物或事物在不同的节令、时间中的不同表现及特征。

(二) 阅读

阅读可以吸取和丰富写作材料。因人的阅历有限,不可能对所有事物都亲自去观察采访,而阅读文献资料,将使人们得以了解那些不可能亲自感知的生活和知识,从中获得写作资料。有些文体,如历史传记、文学评论等的材料主要来自于相关的资料和典籍,阅读显然是获得这些材料的唯一途径。

阅读的方法的方法极多,人们常论及的有以下三种。

1. 精读法

精读法指认真仔细、精确地研读文献,逐字逐句、逐章逐节、深入、细致、透彻地理解文献内容,它是我国传统的阅读方式。

2. 略读法

略读法指略观大意,知其梗概。这种读法阅读面广、速度快,是最常用阅读方法。

3. 评点法

阅读时,随时记下自己的体会、感受、意见、评价,或写几个字,或写几句话,这就是前人常用的评点法。

（三）调查

调查指的是人们为了解情况而进行考察和计算,是有目的、有计划地收集材料、认识事物的活动。常用的调查方法有以下四种。

1. 开座谈会法

此法简易,事先要让人有所准备。开会时适当启发,不要随意打断发言。关键问题要谈深谈透。

2. 个别访问

个别访问法指是事先准备好采访要提出的问题,约定时间或随机进行,深入细致地了解。谈话内容可由远及近,由粗至细,逐步深入。

3. 现场调查

现场调查法指深入到事件正在发生的现场,调查正在进行的情况,以获得深切的现场感,并设身处地地思索的方法。

4. 问卷调查

问卷调查法指根据调查目的要求,事先设计出调查的题目,请被调查者回答或填写卷面上列出的问题进行调查的方法。调查后要进行分类统计和分析、研究,从中得出结论。

在调查时,注意端正态度,有实事求是的精神,不能带着固有的观点去找材料,也不能受某种舆论的左右;事先做好调查的各项准备工作,有明确的调查目的,做到"心中有数",认真制订调查计划,拟出调查提纲。另外,充分认识第一手材料的重要性,努力从获取第一手材料来开展和深入调查活动。对第二手、第三手的间接材料既要大量收集,又要注意核实。调查所得的材料,要经得起检验。

收集材料是写作的前提,不管使用哪种方法来收集材料,我们应注意占有以下四类材料:①党中央、国务院和省、地、市的主管机关所颁布的政策、法令、计划、决定等;②本系统、本地区、本单位的基本情况,各种统计数,工作进展情况,工作经验教训,职工的思想动态,研究和解决本系统重要问题的学术论文和信息资料等;③与本系统公务有关的外界信息资料(要重视收集原材料);④别的系统和国内外的其他各方面的情况及重要科研成果。当然对于这些材料的占有,我们也要注意全面性,既要有正面的材料,又要有反面的材料;既要有静态的材料,又要有动态的材料;既要有"点"上的材料,又要有"面"上的材料。

四、材料的选用

材料的使用和剪裁从总体角度而言有以下几个原则。

（一）真实性

材料要绝对真实,不虚构,不夸大,不缩小。为了保证材料的真实性,我们在使用前,就要对材料进行核实。

（二）典型性

所谓的选材典型是指在使用材料时,要使用一些能够揭示事物本质的、具有广泛代表性的和有强大说服力的材料。一方面,典型既能反映同类事物的共性情况,又具有鲜明的个性特征。它是共性和个性的统一,因而具有广泛的代表性和强大的说服力。一般说来,典型有以下三类：第一类，正面典型，即先进经验、先进人物、先进单位；第二类，负面典型，即错误的、失败的做法，落后的人物；第三类，转化型，即由先进转化为后进或由后进转化为先进的典型。在写作中，抓住了这些典型的材料，能够起到"以一当十"的表达效果，能给主旨以有力的支持，给事物性质说明以鲜明的特征，能使文章简洁有力，表意鲜明。

（三）新颖性

新颖性是指在选材时，要选择那些最具时代感的，最能反映当前工作和生活中的新事物、新情况、新问题的材料。这些新颖性的材料一方面能反映最新的情况，在说明问题或阐述理由时有新鲜感，有感染力，有指导性；另一方面就阅读效果来说，可以增强读者的阅读兴趣。在选择新颖材料时，要注意以下三点：对于事实材料，要选用新近发生或发现的；对于理论材料，要选用最新的纲领性文件；或者把旧的材料与当前现实联系起来，赋予旧材料以新的时代内涵。

（四）合理性

合理性即在写作时，要根据观点来进行选材，根据文种选材，对材料进行适当的裁剪加工，做到观点和材料的高度统一。在写作时，要对材料进行精加工，不平铺直叙或堆砌材料，要围绕观点选择最有说服力和表现力的材料，坚决舍弃那些与主旨无关或者可有可无的材料。不同文种对材料也有不同的要求。例如，调查报告、简报要求记叙的部分较多，选材就要具体一些，可选取一些生动、有说服力的细节材料；决定、通知、通报、请示等公文，则多用概括的、确凿的事例、数据来说明问题。

第四节 安排结构的技巧

秘书写作和文学写作一样，不仅要重视文章的内容，而且要重视文章的形式，即结构（观点材料的组织编排）和语言（表达内容的工具）。在写作中，二者是相辅相成的，要尽力地谋划好文章的形式，使好的内容用上乘的形式表现出来。

一、结构的概念

结构是指文章内部的组织构造。在构思中，我们根据表现观点和材料的要求对材料进行构思，考虑写作的先后和文章的详略，这就是结构，也就是作者写作思路的体现，是确立主旨、选好材料后的布局谋篇环节。

结构与主旨、材料、语言一起构成文章的四要素。它们之间的关系可以用一个比喻来说明。主旨犹如人之灵魂，没有灵魂，人是一副躯壳；材料好比人之血肉，没有血肉，人只是一个架子；结构好比人之骨骼，是人之血肉和灵魂的依存之所。骨骼若不健全，人便不完美。所以，好的结构能把散乱的材料组织起来，使全文成为一个有机的整体。当然，如果结构没有谋划好，主旨就可能表达不明晰，不突出，材料也可能杂乱无章，全文没有条理性。所以动笔之前，应精心构思文章的结构。

二、安排结构的原则

刘勰在《文心雕龙·附会》篇中写道:"总文理,统首尾,定与夺,合涯际,弥纶一篇,使杂而不越者也。"①在这里,刘勰就强调了组织材料、安排结构的原则,要求我们要把握文章的内在联系,总揽脉络,统领全篇,从而把充实而有用的材料组织成为一个严密、自然、完整、统一、和谐的有机整体。在写作实践中,安排结构要遵循以下原则。

(一)符合客观事物的内在联系和发展规律

秘书写作是为了处理公务中的某一具体问题或者传递某种特定信息,在写作时,要充分考虑到公务活动的特点,尊重其发展规律和内在联系,并把这种规律和联系反映到结构安排中去。例如事务文书中的总结,如果是综合性的工作总结,因为涉及整个单位的综合性工作,哪一项工作先讲,哪一项工作后写,若没有非常明显的主次关系和利害关系,孰先孰后是可以随便的。但是如果是专题性的工作总结,显示某项工作的发展过程或进程,写作内容的时间和性质就有了先后、主次的区别,在写作时就要考虑这一内在的逻辑联系。再如,行政公文的写作基本上是按照"提出问题——分析问题——解决问题"的顺序来写,它也符合人们认识事物和处理问题的思维特点。

(二)服从表现主旨的需要

主旨是文章的灵魂和统帅。在行文时,如何安排文章的材料,先写什么,后写什么,如何开头,如何结尾,段落间如何衔接,文章的主次和详略等,都要考虑到表现主旨的需要。比如,写作总结时,要先考虑主旨的要求,如果是以总结成绩和经验为主的,那么存在的问题就可以略写。如果是以总结问题为主的,那么问题就应放在突出的位置。

(三)适合不同文种的特点和要求

秘书写作的文种不同,其结构要求也不同。例如,行政公文的正文部分的写作先后是有次序的,一般先写行文依据,再写具体内容,最后提出实施意见,形成了"缘由——事项——尾语"的结构程式。法规文书的写作要求是内容前后一致,行款格式一般分章、列条、设款,追求表达的精确性和严密性。在写作时,法规文书就有特有的结构"总则——分则——附则"模式,这就是典型的"概述——分述——总述"的结构模式。与行政公文和法规文书相似,总结有"工作回顾——经验或教训——今后打算"模式,调查报告有"基本情况——原因分析——建议意见"模式,经济报告有"情况——分析——对策"模式,诉讼文书有"案由——诉讼请求——事实理由"模式。在写作时,一定要遵循这些文种的结构要求,否则就不合乎规范。

(四)服从表达效果的需要

在写作中,无论选用什么样的结构,都要服从和服务于文章表达效果的需要。读者希望得到的是信息,希望一看就懂,所以结构的安排也要简洁明了,严谨有序。在具体安排上,要注意层次分明、重点突出、前后衔接、过渡自然,这样读者可以顺着文章的说明了解它所要说明的问题,而不是由于结构安排上的复杂而影响读者的阅读。比如,为了条理清楚,方便阅读,秘书写作常用层次序数的方式标示层次,第一层次为"一、",第二层次为

---

① 周振甫等:《文心雕龙辞典》,中华书局,1996年版,第789页。

"(一)",第三层次为"1.",第四层次为"(1)"。当然,也可以用过渡词来标示,如"首先,其次,再次,最后"或者"第一,第二,第三"等,这样可以使层次清晰,一目了然。为了让读者快速地把握行文的目的,往往是"片言居要",把文章的主旨句放在文章的开头或者段首,亦可在文章的结尾处对全文进行总结。

三、安排结构的方法

(一) 层次安排,做到条理清楚

层次又叫"意义段""结构层""部分",指的是文章思想内容的表现次序。它反映和表现客观事物的发展阶段和矛盾的各个侧面,同时,也是作者思维流动发展过程的具体体现。它常由若干自然段组成。层次的安排是文章写作中最关键的一环,也是秘书写作中需要把握的重要问题。安排层次常见的方式有以下三种。

1. 纵式结构

纵式结构即层次安排的顺序反映了公务活动的内容总是沿着某一条线索发展,它或者是按照事物发展的脉络,以时间顺序安排材料,或者是按照思维认识的发展,事理的层递关系,逐层递进安排组织材料。这种结构方式脉络分明,层次清楚,如某些反映事情发展变化的调查报告就是以时间为顺序。

2. 横式结构

横式结构通常不受时间限制,从不同的角度把材料按性质归纳在不同的观点下,共同为主旨服务。这种结构方式材料集中,涉及面广,容量较大。在安排时,应注意各部分之间的先后顺序,主从关系。如法规性文书在安排结构时往往把同类问题归纳在一块,独立成章,而同一问题又分成若干条,这些条与条之间是相互独立的。

3. 纵横结合式结构

在安排这种结构时,既要考虑时间、事物的发展过程、事理的层递关系,又要考虑材料之间的内在联系。在经验性调查报告中,往往采用这一结构形式,常按时间顺序介绍经验产生的前因后果,再将经验分列成几个部分,分别加以说明。

不管采用哪一种结构形式,都要服从结构设计的原则。在此基础上,灵活运用,大胆创新。

(二) 写好开头结尾,做到首尾完整

开头和结尾是文章的有机组成部分,在安排结构时不仅要精心组织主体的结构,还要重视文章的开头和结尾。

1. 开头

有些篇段合一式的通知、请示、公告开篇就分条列项陈述具体内容的条例、规章等,不单设开头或者仅用一两句话开头,这类文章的开头作用不明显。但在有些篇幅较长的文章中,开头往往独占一段,交代行文的原因、依据或者简介文章的主要内容及结论等,其具体的表现形式主要有以下几种。

一是根据式。根据式开头即在开头先介绍行文的依据,或者是根据上级的方针政策、领导指示,或者是依据某种现实状况、存在的问题等。总之,使行文有依据,这类开头常见于通知、通告、决定等,多以"针对""按照""根据""遵循"等介词与其宾语组成介词结构作

为开端。例如,《国务院办公厅关于调整振兴东北地区等工业基地领导小组组成人员的通知》(国办发〔2011〕34号)的开头:"根据工作需要和有关单位人员变动情况,国务院对国务院振兴东北地区等老工业基地领导小组组成人员作了调整。现将调整后的名单通知如下……"

二是目的式。目的式开头即在开头开门见山地说明行文的目的、动机。常用"为了""为""为此"等介词领起下文。例如,《关于开展国务院高速铁路安全大检查的通知》(国办发明电〔2011〕28号)的开头:"为深刻汲取'7·23'甬温线特别重大铁路交通事故教训,进一步加强铁路安全生产工作,着力促进高速铁路安全发展,国务院决定开展高速铁路安全大检查。现就有关要求通知如下……"

三是概括式。概括式开头指概括中心内容作为全文开头,或概括基本情况,或概述存在的问题,或概述基本内容等。总之是对全文内容进行提示,让读者有一个总体印象。这种开头多用于总结、报告、调查报告、纪要等。

四是提问式。提问式开头指在文章一开始就尖锐地提出问题,引起读者的注意和思考。例如,《山西疫苗乱象调查》的开头:"山西,近百名儿童不明病因致死、致残或引发各种后遗病症。家长伤心欲绝、四处求治、负担沉重。导致如此惨剧的病源何在?锲而不舍的患儿家长纷纷质疑:'接种了乙脑疫苗怎么又会得乙脑?''急性播散性脑脊髓炎难道不是接种疫苗所致?'……矛头直指用来保障人民生命健康的——疫苗!问题究竟出在哪里?难道真的和每个人都必须接种的疫苗有关?在山西,事关千千万万儿童生命安全的疫苗到底出了什么问题?"

五是表态式。表态式开头指在开头对转发、颁布的文件或来函表明态度或进行评价,然后再说明有关事项。例如,《国务院办公厅关于印发〈2011年公立医院改革试点工作安排〉的通知》(国办发〔2011〕10号)的开头:"《2011年公立医院改革试点工作安排》已经国务院同意,现印发给你们,请结合实际,认真组织实施。"

六是慰问祝贺式。慰问祝贺式开头用于礼仪类文书中,表示慰问或祝贺。

总之,秘书写作与一般的文学写作不同,在文章的开头要求开门见山,直入主题。另外,要与下文衔接自然。

2. 结尾

结尾的表现形式主要有以下几种。

一是总结式。总结式结尾即依据正文的中心内容,进行概括总结,作出结论,点明主旨,以加深人们对文章的印象。这多用于总结、调查报告、通报等。

二是号召式。号召式结尾即在结尾处发出号召,号召人们行动起来去落实文中所提出的要求和任务。这多用于总结、决定、纪要等。

三是说明式。说明式结尾即对主体部分的未尽事宜作一些补充说明,或者对与内容有关的问题做一些必要交代。这多用于公告、通报、通告、规章制度等。如"本通告自公布之日起生效""本通知精神适用于政府机关和事业单位"之类的结尾语句,都是对有关事项的补充说明。

四是展望式。展望式结尾即写今后的打算、设想,或展望未来,提出希望。这用多于推广经验总结、调查报告。

五是祝愿式。祝愿式结尾通常用于礼仪类文书里面。例如,欢迎词通常用"祝各位身体健康",祝酒词常用"最后,我提议,为了友谊,干杯!"

六是惯用式。惯用式多用于公文的结尾。其中包括上行文中的祈请式,如"妥否,请审查批示""以上意见,如无不妥,请批转各地执行"等带有祈请意思的语句;还有下行文中的期望式,如"特此公告""希遵照执行""希参照执行"等带有期望意思的惯用语句。

七是自然式。自然式结尾指水到渠成,自然收尾。

总之,开头和结尾的表现形式还有很多。在写作时,要根据表达的需要和读者的接受心理灵活地选用。

四、常见的文本模式

秘书写作是一种实用写作,它写作目标单一、明确,表述直白简约,结构安排有很强的模式化特点。在长期的写作实践中,它大致形成了两类模式:一类是"约定俗成"的模式。在长期的写作过程中,部分格式、用语等代代相传,形成了习惯性格式,如书信、条据、日记等。另一类是"法定使成"的模式。它有权威机关严格规定的文本格式。例如,《党政机关公文处理工作条例》就明确规定了行政公文的文本格式。秘书写作在安排结构时,要遵循这些模式要求,要根据某种文体的规范来选择结构。而不能另外创新,追求新奇的表达效果。

秘书写作的文本模式由"凭""事""析""断""释""法"等要素构成,这些要素进行不同的组合,可形成不同的文本样式。所谓的"凭"是行文的依据和凭借,主要回答"为什么""依据什么"等;"事"是指事实或问题,主要回答"是什么事情""是什么问题"等;"断"即某种结论或要求;"析"即分析、推理,是对"事"和"断"的解释;"释"是解释、说明,主要回答"是什么";"法"即方法、做法、用法。这些要素在文章中并非同时出现,其作用和功能亦非对等。

(一)"凭——事——断"式

这种模式是使用频率最高的、最为通用的文本模式。法定的行政公文、计划、总结等文体一般都使用这种模式。在这一模式中,"凭"是作为"事"的根据和目的而发挥要素功能。"凭"如果是公认的法规、法令和政策性的理论,常用"根据……特作如下……"来引起下文。"凭"如果是行文的目的,一般用"为了……"来引起下文。"凭"为"事"提供依据,以使"事"具有不可动摇性和权威性。它在传达"事"这一要素之前,先述公认的法定的政策和理论,使读者建立起可信可从的印象,从而接受"事"的全部信息。"事"主要是指具体的事项或事实。"断"是在"事"的基础上提出希望和要求。整个模式即"凭什么是什么如何做"。例如,在计划的写作中,先写计划制定的依据,再写计划的具体内容,最后写完成计划的注意事项及希望和要求。一般说来,"凭"较为简短,仅起告知作用,不以论证为目的,它位于全文的开头部分。"事"相对重要,篇幅较长,是全文的正文部分。"断"则具体、明确、简短,位于结尾处。

(二)"事——析——断"("法")式

在这种模式下,"事"即是事情、事项,在写作时只把原委、过程叙述出来,是概括性地叙述,是"析"的对象和"断"的依据;"析"是针对"事"作进一步地分析,就事论理,而不需要有完整的论证过程;"断"是在"析"的基础上,提出某些建议和对策。整个模式按照"什么事为什么怎么做"的顺序排列。常见的情况报告、讲话稿就是这种模式。例如,向上级机关汇报工作中发生的某些情况或问题的情况报告,在写作时,就要先概述情况或问题,再分析出现情况或问题的原因,最后写明责任或处理意见或者改进工作的建议。

(三)"断——事——析"式

这是诉状所使用的一种文本模式,这一模式中,"断"是根据有关法律和事实引出的思维终端。"断"的前置,起到强调和引起读者注意的作用。法律专用文书中的起诉状,一般先将根据事实得出的诉讼请求和结论写在前面,在"断"提出后,接着写"事"。这一模式中的"事"是事实,往往按照事情本身的发生、发展、经过和结果来写;"事"对"断"起论证作用;"析"是以某种法律条文为依据,对所述事实作透彻地分析,从而证明"断"的正确性。

(四)"断——释——法"式

这一模式中,"断"是中心要素;"释"是对"断"的解释,一般起介绍说明作用,而不是作理论性的分析论证;"法"是对"断"的说明。常见的产品说明书、解说词、广告就采用这一模式。

以上只是对常用的结构较强的文书的分析,而不能概括所有的文本模式,但通过分析,我们仍然能够看出秘书写作与文学写作的不同,秘书写作的程式性较强。在写作实践中,即使有变化,也难出其范围。比如,"通知"在不影响权威或效用的情况下,可以不写原因和要求,而只写通知的事项。

第五节 运用语言的技巧

语言是文章的构成要素之一,它是文章的细胞,是思想内容的直接反映。然而,不同功能、不同体裁的文章所用的语言是各有特色的。小说、诗歌、戏曲、文艺性散文等文学作品是供人欣赏的,以艺术形象感染读者,以想象、虚构、夸张、抒情等手法反映生活的本质,给人们以美的艺术享受。这类作品或讲究语言的生动形象,或追求语言的委婉含蓄,采用多种修辞手法。科技论文主要是论证社会和自然现象的规律性,目的是为了给人以知识,让人明白某种道理,要求用词精确,追求表意的精确性和单一性。新闻评论则是通过对社会政治生活的各种问题的论述,进行宣传和动员,故语言上要有很强的逻辑性、强烈的鼓动性和巨大的号召力。秘书写作则是为人们处理事务、解决问题提供依据的,以事实和道理说服读者,以叙述、说明、议论的方法有针对性地表述思想观点,揭示社会生活某些方面的规律和实质性问题,其实用性很强,在语言上则要求确切、平实、简明、严谨。

一、秘书写作的语言要求

(一)确切

确切是指运用语言叙述事物、表情达意时要切合实际,准确恰当,做到不晦涩,不含混;用词造句应妥帖稳当,行文要舒展流畅;表意要准确周密。叶圣陶先生曾在《公文写得含混草率的现象应当改变》一文中指出:公文不一定是好文章,可是必须写得一清二楚,十分明确,句稳词当,通体通顺,让人家不折不扣地了解你说的是什么。① 要做到用语确切,应注意以下四个方面。

1. 注意词义的确定性

词语的意义必须明确,不能含糊其辞,模棱两可。要做到词义确定,一方面,要使用词典中规范的词语的意义。这些词语的用法和意义已被大众认可接受,不会产生歧义。不要使用或少用一些方言、俚语、口语词等。另一方面,要使用含义明确而限定的词,避免使用不确定的词。比如,新词在产生之初,往往意义不太稳定,在写作时应尽量避免使用,如"神马""浮云""给力"等,都是近几年的流行语,虽然在某些方面很有表现力,但不易为大众理解,所以写作时要避免使用。再如,有的单位的考勤制度,有一条是"病假、事假三天以上者,要报主管领导批准"。在这里,"三天以上"没有明确指出包不包括"三天",就令人费解。除此之外,使用简称时,也要遵循约定俗成的习惯,使用规范化的简称。

2. 精心辨析词义

汉语中有很多的同义词,粗看来意义差不多,细分析其含义是有严格区别的。因此,在选用词语时,要注意词语的词义轻重、范围大小、程度深浅、感情褒贬等细微差别,根据表达需要选择合适的词语。例如,"部署"和"布置"的差别则在使用范围的大小和词义的轻重上。"部署"指安排布置人力、物力、任务等,一般指大规模地、全面地、原则地安排配置,多指上级安排任务;"布置"指在一些活动中作出安排,多指具体的安排、配置。

3. 注意不同文种的风格色彩

语言的使用要合乎一定的语境。在不同的文种中,要注意措辞得体,选择合适的语言风格。祝词则要求用语充满热情、希望、褒扬之意,使人感到温暖和愉快,受到激励与鼓舞。庆贺信要求感情真挚、浓烈,给人鼓舞。上行文用语要体现出对上级的尊重,在写作时就不能妄自尊大、使用命令性语言。下行文既要坚持原则,又不要刻板教条,在用语上要态度明确。平行文则要用语谦虚,讲究礼貌。

4. 恰当使用模糊语言

模糊语言是指一种外延不确定、内涵无定指、在使用上有弹性的语言。比如,甲同学比乙同学表现优秀。这里的"优秀"便具有模糊性,因为很难把他们之间的差异量化。精确的模糊语言不同于语言的模糊。语言的模糊是表述不清,模棱两可,含混不清,让人难以理解。模糊语言是特定语境的产物,在定向表达上,它是明确的,同时又有很强的概括性;在定量上,它又是不确定的。在语言的表层,它是明确的;而在语言的深层,它又是模糊的,有弹性的。例如,"林区内列为国家保护的野生动物,禁止猎捕;因特殊需要猎捕的,按照国家有关法规办理"。猎捕国家保护的野生动物按照法规办理是明确的、肯定的,这是表层的意思;但按哪一个法规办理则是不明确、不肯定的,只用"有关"概括,这是深层的意思。所以在这里虽然使用了模糊语言,但表达周密、严谨。在秘书写作中,常用大量的模糊语言来表示时间、数量、程度、范围等。常见的模糊语言有以下四种。

① 表示时间的:近来、最近、届时、一直以来、如期、有时、长期等。

---

① 转引自王松涛、张文田等:《新编应用文写作技法》,中国社会出版社,1992年版,第22页。

② 表示范围的:有些、广大、所有、左右、上下、以内、有的等。
③ 表示程度的:巨大、特大、显著、普遍、重大、充分、足够、十分等。
④ 表示数量的:多数、少数、一些、许多、一系列、三番五次、个别等。

(二) 平实

平实是指在表情达意时要词妥句当,语言朴实无华,不矫揉造作,不堆砌辞藻,不修饰铺陈。在修辞上少用或不用比喻、拟人、夸张等,做到文实相符、平直自然、明白晓畅,达到"清水出芙蓉,天然去雕饰"的境界。

1. 不堆砌辞藻,不乱用修饰语

秘书写作的用语要求平白直叙,朴实无华,不堆砌辞藻,不乱用修饰语,以获得明快简洁的阅读效果。这与文学作品的语言要求是不一样的。文学作品追求生动感人的艺术形象,所以在语言的使用上要求生动性和形象性,追求韵律美。而秘书写作是"应时""应事"而作,其实用性决定了在写作时要直陈其事,在语言上要平白直叙,不堆砌辞藻,不乱用修饰语。

2. 不夸张,不溢美,表述直白

在写作时,要实事求是,不使用夸张、拟人等修辞手法,如实地反映事物的本来面目,让人觉得朴实清新。在文学写作中,为了鲜明地表达情感,突出事物的主要特征,往往会使用夸张、拟人、比喻等修辞。但这些修辞如用在秘书写作中,只会让人觉得华而不实、空洞无物、不真切自然。

3. 不文白夹杂,不故弄玄虚

在写作时,应使用大众都能理解的词语,避免使用生僻晦涩的、半文半白的词语。比如,在同一语句里面,一会出现"他",一会出现"其",一会又出现"之",这种做法只会让人觉得故弄玄虚,给人带来阅读和理解的障碍。

(三) 简明

简明就是写作时文笔干净利落,以最精练的语言表达最丰富的内容,达到"文约而事丰"的境界,古人讲究"意则期多,字唯求少",就是这个意思。要做到简明,应当注意以下三个方面。

1. 认识明确,抓住实质

在认识事物时,抓住其实质;在陈述事实时,抓住其关键;在阐明观点和看法时,要切合公务活动的实际,抓住工作的中心。文字的简明是和认识的明确、内容的简要联系在一起的。"始于意格,成于句子。"如果作者对事物的认识肤浅,写出的文章也必然是言不称物,文不达意。

2. 善于概括,删繁就简

应当从一个特定的目的、对象、要求出发,准确地抓住事物的特征,用语精练、概括。尽量使用短句,竭力将可有可无的字、句、段一律删去,真正做到"篇无累句,句无累字,圆润明密,言如贯珠"。

3. 适当使用文言句式和古语词

语言的发展是有继承性的。秘书写作的实用文体,古已有之,长期形成了固定的体式和表达习惯。有些意思用现代汉语表达反而不如文言简练、庄重。这些表达语长期使用便成了专门用语,如收悉、为盼、拟请等,这些专用语能有效地减少冗词赘余,起到白话文起不到的作用。

当然,我们在写作时,追求文字的简洁是以表意明白为前提的。如果片面地将简明理解为字面上的"简",只是单纯的"核字省句",从而忽视内容上的"明",那就不是真正意义上的简明,反倒成了文章的缺陷。

(四)严谨

严谨指运用语言叙事表意要分寸恰当、严谨周密。秘书写作要经常作一些说明性、阐述性、解释性、请求性、指示性的表述,如果语言表述不严谨,或口气不对,或分寸失当,或话不周密,轻则败坏组织名誉,重则带来不可弥补的损失。比如,法律文书的用语在定性和定量的表述上都要求严谨周密,用最恰当的词语来准确表述概念,判断是非,全面反映事物的本质特征,显示出事物间的"区别性"。用以传达党和国家方针、政策的公文在语言表达上稍有纰漏也会被人利用,给工作带来损失。要做到语言的严谨,必须注意以下三点。

①用语之义必须明晰。即用语应该直接晓之以理,告之以规,使读者明于行之,不能有弦外之音,不能用含蓄、暗示的手法曲折地表达某种意思。

②恰当使用长句。虽然秘书写作多用短句,以使表意单纯、节奏紧密。但有时为了表达的需要,也要适当使用长句。因为长句结构复杂,容量较大,能使表意周密严谨。

③使用书面语和专用语使表达精确严密,典雅庄重。对于一部分具有鲜明语体色彩的词,要注意其细微差别。

秘书写作的语言以确切、平实为主,但不等于说只能写成呆板、枯燥的文字,而应在确切、平实的基础上,着力增强语言的表现力。一些事务性文书,如工作简报、会议讲话稿、经验总结等就可以在比较抽象的论述及概括说明中,选取一些适当的比喻、典型的群众语言,使叙述的问题有感情、有趣味,如"豆腐渣工程""领头羊""霸王条款""阳光工程"(阳光执法、阳光政务)和"民生蛋糕"等,这些生动的语言能收到更好的表达效果。

秘书写作的语言特征是对整体而言的,具体到每一文种,又有所侧重。例如,"命令(令)"以庄重为主,体现出权威性,而"函""简报"等,则轻松活泼一些,语言可灵活多样。同国家机关行政公文相比,一般事务文书不是国务院规定、各级行政机关要规范使用的文种,在内部使用的情况多,一般不在公务沟通上与其他机关发生联系(如本单位总结、内部管理制度等就不能发给其他机关作沟通、处理公务用)。所以,一般事务文书在语言表达上往往随意得多,不像机关行政公文那样严肃、规范。总之,秘书写作的语言在使用过程中不要搞"一刀切",应使语言表达与文种的特点、作者的身份、读者的接受心理及客观交际环境相契合。

二、秘书写作的习惯用语

秘书写作的语言有它自身的特点。在长期的写作实践中,形成了自己的惯用语,大体上有以下几类。

(一)惯用词语

开头语:兹、兹有、兹因、奉、谨悉、为了、根据、按照、遵照、依照、关于、由于等,旨在表示行文的目的、依据、方式、对象等。

经办语：经、业经、兹经、复经、前经、经过、通过、均经等，说明文件承办过程中的情况。

收文语：前接、近接、悉、欣悉、据报、据查等，是引说来文时的用语。

综述语：为此、对此、据此、有鉴于此、现函复如下、现通告如下等，用在下文之前，引出过渡句，表明从缘由、根据、背景过渡到正文部分。

时限语：顷闻、顷接、顷奉、迅即、从速、届时、即日、应即、兹有、兹派、兹因等，表示事由的时间和发文部门提出问题的依据。

表敬语：谨、谨电、谨悉、谨启、惠存、恭请、敬请、承蒙协助、承蒙惠允、不胜感激等，表示对对方的尊敬和礼貌。

提示语：切、切实、切勿、务必等，用以提请对方特别注意。

期请语：请、拟请、恳请、务请、函请、务希、尚望、当否、妥否、请批示、请批复、请核准、即请查照、希即遵照、是否可行、是否同意，表达行文者的期望、请求。

结尾语：为要、为盼、为荷、专此布达、特此通知、特此通告、望遵照执行等，表示行文的意愿和目的。

雅语：雅语是比较典雅、庄重的书面语言，多用于上行文的结束语，如"以上意见，如无不妥，请批转各地区、各部门执行""以上意见当否，请批示"等。

敬语：敬语是一种谦词，多用于给上级、平行机关或不相隶属机关的行文，如"请""贵""承蒙"等。在结尾时常用"专此函达""敬希函复""特此函告"等。

称谓用语：第一人称用"我"或"本"，第二人称用"你"或"贵"，第三人称用"该"。

（二）文言词语

秘书写作中有些文种，特别是公文词语的运用在一定程度上受到了古汉语的影响，沿用了古汉语中的一些文言词语，如顷奉、为荷、兹因、拟、逾、亦、尚、予、此、业经、鉴于、会同等，这些文言词语具有庄重、简洁、凝练的特点，使用得当能起到"文约意丰"的效果。

（三）行业用语

在一些经济类、法律类等专用文书里面，会用到专业术语，这些术语的概括性和专业性很强。在使用时，应注意照顾到非本行业的读者对象，凡可用可不用的行业用语，尽量不用。非用不可时，则尽量加上注释。

（四）简称

秘书写作中经常用到简称，如"十七大""市政协""招生办""中纪委"等。使用简称可以使表达简明。但是在内容较为重要的文书里面，如法规性公文、指挥性公文里面就尽量少用简称。在使用简称时既要遵循约定俗称的习惯，也要避免歧义。有的简称在一定范围内使用时不会发生歧义，而如果在全国的范围内使用，不同地区的人们理解可能就不一样。比如，"南大"在江苏一带是"南京大学"的简称，但在"河北"一带则是"南开大学"的简称。故使用简称应注意规范，防止造成误解。

三、数词的使用

秘书写作中经常出现序数、量数、倍数、分数等，如使用不准确会影响意思的表达。

(一) 序数的表达

所谓的序数是指用以表现事物次序的数码字,如"第一,第二,第三""一、二、三"等。在使用时,要注意层次分明,通常第一层用"一"或"第一"来表示,第二层用"(一)"表示,第三层用"1."表示,第四层用"(1)"表示。另外,要注意序数的一致性,即在同一篇文章里,序数必须前后一致,不可乱编。

(二) 量数的表达

量数有增减之分。在表达时,要注意正确地使用。表示增超和减降量数,常常用"了"字,如"提高了多少,下降了多少"。表示现有数量常用"到、为、至"字,如"增长到多少,减少为多少"。

(三) 约数的表达

表达约数的词常见的有"上下、左右、来、多、些"。比如,"多"表达略微超出某一个数,"来"表达接近但又不足某一个数。

(四) "二"和"两"的区分

表示序数、小数和分数都用"二",不用"两"。但概数和一位数的基数只能用"两",不能用"二"。放在量词的前面,组成数量词,虽然也可以用"二",但多数是用"两"。

为了使表达更为准确,国家对数字的使用有严格的规定。有些情况要使用阿拉伯数字,如表示年代、时间,表示计数和计量。应当使用汉字的情况是数字作为词素构成词、词组、惯用语、缩略语或具有修辞色彩的语句,如"一般、朝三暮四、四大发明、三十功名尘与土、八千里路云和月"。

第六节 驾驭表达的技巧

表达方式是表述特定内容所使用的特定的语言方法、手段,是文章构成的一种形式要素。文章表达方式的确定和运用要根据行文的目的和内容的需要来选择。常见的文章的表达方式有叙述、描写、议论、抒情、说明五种。在秘书写作中,多使用叙述、议论和说明三种。

一、秘书写作的表达特点

(一) 直白性

秘书写作的目的是处理公私事务,其价值的实用性决定了秘书写作在表述上的直白性。不管是长篇的调查报告,还是几句话的条据,在写作时,都要求做到表述直接明白,让人一看就懂。而不会像文学作品那样,追求"言内意外",耐人寻味。比如,在叙述上,文学作品为了造成一种新奇的表达效果,往往使用倒叙、插叙、补叙等,但在秘书写作中,却多使用顺叙,为的是表意的直白性。

(二) 概括性

秘书写作的表述要求简约、概括,追求实用,重整体勾勒。比如,在秘书写作中,对事件的叙述要求简洁明快,反对繁文缛节。但在文学叙述中,对于事件的描写总是要求交代事情的起因、经过和结果,让读者对整个事件有全面、完整的印象,了解事情的意义。对于议论的使用,也往往是就事论理式的,不需要反复地推理和论证,并且议论要求客观、公正,不允许有个人感情色彩。

(三) 综合性

在秘书写作中,往往是综合运用多种表达方式。如果是反映事物的发生、发展过程,就会用到叙述。如果是对事物进行评析,阐发观点,就会用到议论。若解释概念,则会用到说明。当然,这些表达方式在同一篇文书中是交叉使用的,无法决然分开。孤立地使用一种表达方式很难有好的表达效果。

二、叙述的技巧

叙述是把人物的经历和事件的发展变化过程叙说出来的一种表达方式。它是秘书写作中最基本、最常用的一种表达方式。

(一) 叙述的使用时机

在秘书写作中,叙述可把已经发生的或者已经存在的事情表述出来,是最常用的表达方式。在下列时机或场合要用到叙述:一是介绍情况。比如,在报告中,通过叙述向上级报告所做的工作或反映工作进展情况;在计划中,通过叙述写本单位、本系统的实际情况来为计划的制订提供科学的事实依据;在通报中,通过叙述写明先进事迹或问题、事故情况。二是表明做法。比如,报告、通报、总结、述职报告中常常涉及对开展工作的方法的叙述。三是写成绩或问题时。在调查报告、述职报告、总结、通报等文种中常涉及对成绩或问题的叙述。

(二) 叙述角度单一

叙述角度是指从什么角度来"看"和"讲"事情。通常的叙述角度有第一人称、第二人称、第三人称。在秘书写作中,叙述角度单一,一般单一地使用第一人称或者第三人称。使用第一人称时,可以显得真实、亲切、富有人情味,如在述职报告、求职信、辞职信、慰问信中常用第一人称。使用第三人称叙述,表述者身处事外,显得客观、公正。在写作时,叙述的角度不能转换。这与文学写作有很大的不同。文学写作中,三种叙述角度不仅可以单独使用,而且三种人称之间还可以互相转换,使读者在阅读时有不同的视角享受。

(三) 叙述层次清晰

在秘书写作中,叙述的层次要求清晰有序,线索单一。一般是按照事物发展的自然顺序或事理的逻辑顺序来展开,是典型的顺叙,这样便于读者迅速地掌握事情的发展变化和来龙去脉,提高办事的效率。文学写作却不一样,可以有顺叙,也可有倒叙、插叙、补叙。为了追求艺术效果,文学写作常将时间、空间等因素错开排列,以达到新奇的表现效果。

(四) 叙述方式概叙

概叙是对所写的事件作简要概括的叙说,给读者一个总的印象。秘书写作用到的叙述是概叙。不管是在介绍情况还是表明做法的场合,都要求叙述清楚明白、简洁实用。比如,对事件的叙写要求用高度概括的语言交代清楚来龙去脉。

总之,秘书写作中,使用叙述应该做到头绪清楚,叙述的人称和线索明了,详略得当。

三、说明的技巧

说明就是用简洁的语言把事物的形状、性质、特征、成因、关系、功用等解说清楚。秘书写作中的说明往往是用于解说事理，说明工作的方法、步骤、应注意的问题等。

（一）说明的使用时机

在秘书写作中，常用到说明的情况有以下几种：一是解说概念的本质、特点，确定概念的外延和事物的范围。比如，法规性文书中往往会对法规中的条文规定进行解释，同时对其适用范围进行说明，便于下级执行。二是说明开展公务活动的手段、方法、措施等。比如，在计划中，涉及关于工作方法、工作措施的说明。三是说明发文机关的意见、要求、观点等。比如，在决定、通知、通报中常包含制发机关对完成工作的要求。四是划分事物的类别。五是说明事物的好坏、优劣、成败等。

（二）说明的要求

在使用说明的表达方式时，我们经常会用到比较说明、分类说明、数据说明、举例说明、诠释说明等不同的说明方法。但不管使用何种说明方法，在说明事物时，都要注意以下三点。

1. 态度客观

说明的内容只具有对客观事物发现、认知的性质，要防止把个人的好恶偏见等情感带入写作中。秘书写作虽然有主观性的特点，但本质上它更要遵循公务活动的规律，要反映公务活动的实际状况，只有这样才能更好地发挥其辅助管理的作用。

2. 内容科学

所谓的科学是指对客观事物的特征、本质、规律把握准确，只有这样才能够在工作的实践中起到指导作用。

3. 表达精确

在写作的过程中，所使用的说明的文字要表意准确，不含混，没有歧义。同时语言要精练，没有赘余。

四、议论的技巧

议论是议事论理，即作者对某一事物或问题进行分析评论，以表明自己的见解和主张。秘书写作中的议论，一般不作多层次、多角度的完整论证，而是直接对议论对象进行判断，得出结论，一语道破，起到画龙点睛的作用。

（一）议论的使用时机

议论是秘书写作中经常用到的表达方式，它表明作者对某个问题或现象的观点和态度。以下时机要用到议论：一是写经验或教训时。秘书写作中的总结、调查报告、通报、报告等在写经验或者教训时，往往要在摆事实或问题的基础上有所议论，目的是把感性认识上升为理性认识，以指导今后的工作。二是写原因分析时。比如，在写事故性通报、情况报告中，如果仅就事论事，不写清原因，就不能使人警醒，达不到教育或惩戒的目的，要想把原因写清楚，就要用到议论。三是点明事物的本质或问题等的实质时。比如，在写贺信、贺电、祝词等时，就要在概述对方成绩之后，用一两句话简要分析，点明精神的实质，以引导他人学习。

(二) 议论的要求

1. 就事论理式的议论

秘书写作中的议论不是长篇大论,不求完整的论点、论据、论证三要素,而是用夹叙夹议的方法在摆事实之后作适当的议论,以简短的文字表明事理。

2. 论据充分、可靠

秘书写作中的论据主要是各种事实材料和有关的数据。材料和数据是议论的基础,一定要真实可靠。同时,论据还要充分,这是使人信服的保证。

3. 客观、公正,不带个人色彩

秘书写作中的议论要求客观、公正。秘书写作中的议论是因公务目的或交流的需要,针对特定的事实表明观点和看法,以服务管理,推进工作,故议论应该客观、公正,不带主观色彩。

五、描写和抒情的技巧

秘书写作以叙述、说明为主,但也会用到描写和抒情。使用的描写方式是白描,即用最精练、最节省的文字粗线条地勾勒出鲜明的形象。鲁迅曾说,白描却没有秘诀。如果要说有,也不过是和障眼法反一调:有真意,去粉饰,少做作,勿卖弄而已(《作文秘诀》)。在写作中,对客观事物的描写要概括、传神,不夸张渲染,不精雕细刻,同时也不使用曲笔或陪衬。

抒情是直接或间接地抒发内心感情的一种表达方式,是文章打动读者、感染读者的重要手段。在秘书写作中,为了表达情感,会使用一些抒情性的句子。比如,在一些会议文书和礼仪文书的结尾处,会用到抒情,以使全文洋溢着热情,富有号召力和鼓动性。此外,秘书写作中的抒情多是间接抒情,即借事抒情和借景抒情。比如,婚礼祝词的开头往往借景抒情,表达对新人的祝福。

思考题

1. 请结合实例说明秘书写作中常用到的文本模式。
2. 秘书写作中提炼主旨有哪些要求?
3. 请举例说明秘书写作中叙述的技巧。
4. 下面是《国家环境保护"十二五"规划》中的一段文字,请认真阅读,找出其中的模糊语言,并能分析其用法。

当前,我国环境状况总体恶化的趋势尚未得到根本遏制,环境矛盾凸显,压力继续加大。一些重点流域、海域水污染严重,部分区域和城市大气灰霾现象突出,许多地区主要污染物排放量超过环境容量。农村环境污染加剧,重金属、化学品、持久性有机污染物以及土壤、地下水等污染显现。部分地区生态损害严重,生态系统功能退化,生态环境比较脆弱。核与辐射安全风险增加。人民群众环境诉求不断提高,突发环境事件的数量居高不下,环境问题已成为威胁人体健康、公共安全和社会稳定的重要因素之一。生物多样性保护等全球性环境问题的压力不断加大。环境保护法制尚不完善,投入仍然不足,执法力量薄弱,监管能力相对滞后。同时,随着人口总量持续增长,工业化、城镇化快速推进,能源消费总量不断上升,污染物产生量将继续增加,经济增长的环境约束日趋强化。

5. 请分析下面加横线词语的作用。

(1) 兹介绍××同志前往你处联系有关事宜,望予接洽。

(2) 我局拟于下周三开动员大会,届时,请贵所派员莅临指导。

(3) 来函已悉,所托之事,均已办妥。

(4) 妥否,请批复。

(5) 李明确系我院2011级旅游管理系学生。

(6) 有关事宜径向财政局申请。

第二章　行政公文（上）

公文是公务文书的简称，是人们在治理国家、管理组织的公务实践中使用的具有法定权威和规范格式的应用文。公务应该包括内务即内部管理和外务即处理其他社会组织的关系。公务通常分为政务和事务，政务是有关社会组织的人员安排、发展战略等重大事项工作；事务是社会组织全体成员从事的业务性、日常性工作。公文办理公务就是以文字的形式实施组织意志。

本书第二章和第三章主要介绍党政机关公文相关知识，主要依据是2012年4月16日中办和国办联合印发，并于2012年7月1日起施行的《党政机关公文处理工作条例》（以下简称《条例》），该条例的施行标志着1996年5月3日中共中央办公厅发布的《中国共产党机关公文处理条例》和2000年8月24日国务院发布的《国家行政机关公文处理办法》停止执行。至此，中国共产党机关公文和国家行政机关公文得到历史性统一。

第一节　行政公文概述

一、公文概述

（一）概念

党政机关公文是党政机关实施领导、履行职能、处理公务的具体特定效力和规范体式的文书，是传达贯彻党和国家方针政策，公布法规和规章，指导、布置和商洽工作，请示和答复问题，报告、通报和交流情况等的重要工具。

（二）主要特征

1. 公文内容的公务性

公文的"公"指的是社会组织或者广大的利益相关者。不管是起草者个人，还是领导个人，都不能用公文来表达私人情感。领导者本人只有在组织赋予的职责权限下，并且只能是社会组织的最高领导才能代表组织发出公文。公文的内容必须反映和传达社会组织的公务信息。

2. 公文格式的规范性

公文的格式有惯用格式和法定格式两种。惯用格式是约定俗成的,没有严格的限制,如普通公文中计划和总结的格式。法定格式则是权威机关规定的,必须严格按照格式写作。法定公文中的党政机关公文则更加严格,它是由最高权力机关及有关部门通过法规性公文严格规定了的格式,如《党政机关公文处理工作条例》的发布就是以中办和国办联合发出通知的形式来贯彻执行的。

3. 作者和读者的指定性

公文的作者只能是法定的社会组织及其法人代表,限于有权利进行公文写作的社会组织,必须依照法律在有关政府部门登记注册。至于动笔起草公文初稿的人,如秘书,应称为起草人,不是法律意义上的作者。公文的读者是特定的,在公文格式上有专门规定,如"主送机关""抄送机关"和"传达(阅读)范围"等。有的告知性公文可能会面向全国或全世界发出。

4. 法定权力的制约性

公文只能由法定的作者即签发人发出。法定的作者即社会组织的机关及其部门都规定了隶属关系和职权范围,其公文是这种隶属关系和职权范围的反映。写作公文和办理公文都有一定的规定性。也就是说,对于作者和读者,公文具有法规给予社会组织职权所产生的相应的制约性。

(三) 作用

总的来说,公文最基本的作用是凭证和依据。公文明确反映了作者的意图,对于作者来说是行使职权、办理公务的凭证,对接受一方来说是办理公务的依据。换言之,公文是发文机关的凭证,是主送(收文)机关办理公务的依据。具体来说公文还有以下作用。

1. 法规和准绳作用

法规性公文有宪法、法律和规章(如条例、办法等),在发出公文的社会组织的管理范围中有法规和准绳作用,全体成员都要遵守。有的党政公文也有一定的法规和准绳作用,特别是直接发布规定的命令、决定或者通知。

2. 指挥和指导作用

上级机关发出的下行文对下级机关单位具有指挥和指导作用。

3. 沟通和合作作用

知照性的公文、平行文,如公告、通告和函,有公务联系即沟通作用。几个机关部门联合发文,有合作作用。

4. 宣传和教育作用

一般来说,公文都有宣传和教育作用。而指导性公文,如意见、指示或者部分通知、批复,注重议论表达,理论性强,更具有明显的宣传和指导作用。

(四) 分类

公文种类繁多,可以从不同的角度进行分类。以下仅从学习写作的角度出发,将公文大致分类如下。

按作用分类,公文可分为专用公文、技术公文和通用公文三类。

1. 专用公文

这是机关各部门在各自的业务范围内专门使用的业务公文。国家政府机关部门的业务基本反映了社会生活的各个领域,如教育、国防、司法、商业等。在行政公文中,专用公文一般作为附件使用。

2. 技术公文

技术公文如说明书、图表等,在行政公文中一般作为附件使用。

3. 通用公文

这类公文全社会通用。

按方向分类,公文可分为下行文、平行文和上行文三类。

1. 下行文

下行文是上级机关对下级机关单位的行文,如命令、通知等。

2. 平行文

平行文是不相隶属的机关单位包括平级机关单位之间的行文,如行政公文中的函。另外,某些通知也有平行性。

3. 上行文

上行文是下级机关单位向上级机关的行文,如请示、报告和议案。

二、公文的行文规则

《条例》第4章第13条至第17条规定了党政机关公文的行文规则。它们是我国所有公文行文的主要依据。依据《条例》第4章第13条至第17条规定的5条规则归纳出以下需要强调的五个方面。

(一) 注重效用

《条例》第13条规定:"行文应当确有必要,讲求实效,注重针对性和可操作性。"公文不能随意发出,一定要讲究实效,这才能保证发文机关的权威性。如果公务不大重要,不必用公文反映,可以采取电话、谈话等方式办理。公文要少而精,否则就会没有针对性和可操作性,效率低下,产生官僚主义和文牍主义。

(二) 行文有则

《条例》第14条规定:"行文关系根据隶属关系和职权范围确定。一般不得越级行文,特殊情况需要越级行文的,应当同时抄送被越过的机关。"这是基本原则。党政机关的隶属关系和职权范围是由《中华人民共和国宪法》(以下简称《宪法》)所规定的。例如,《宪法》第107条规定县级以上地方各级人民政府行使的职权是"县级以上地方各级人民政府依照法律规定的权限,管理本行政区域内的经济、教育、科学、文化、卫生、体育事业、城乡建设事业和财政、民政、公安、民族事务、司法行政、监察、计划生育等行政工作,发布决定和命令,任免、培训、考核和奖惩行政工作人员"。党政机关工作的依据是宪法和法律,党政机关公文运行当然更要照此办理。

(三) 上下有别

《条例》第15条规定,向上级机关行文,应当遵循以下六个规则。

①原则上主送一个上级机关,根据需要同时抄送相关上级机关和同级机关,不抄送下

级机关。

②党委、政府的部门向上级主管部门请示、报告重大事项,应当经本级党委、政府同意或者授权;属于部门职权范围内的事项应当直接报送上级主管部门。

③下级机关的请示事项,如需以本机关名义向上级机关请示,应当提出倾向性意见后上报,不得原文转报上级机关。

④请示应当一文一事。不得在报告等非请示性公文中夹带请示事项。

⑤除上级机关负责人直接交办事项外,不得以本机关名义向上级机关负责人报送公文,不得以本机关负责人名义向上级机关报送公文。

⑥受双重领导的机关向一个上级机关行文,必要时抄送另一个上级机关。

《条例》第16条规定,向下级机关行文,应当遵循以下五个规则。

①主送受理机关,根据需要抄送相关机关。重要行文应当同时抄送发文机关的直接上级机关。

②党委、政府的办公厅(室)根据本级党委、政府授权,可以向下级党委、政府行文,其他部门和单位不得向下级党委、政府发布指令性公文或者在公文中向下级党委、政府提出指令性要求。需经政府审批的具体事项,经政府同意后可以由政府职能部门行文,文中须注明已经政府同意。

③党委、政府的部门在各自职权范围内可以向下级党委、政府的相关部门行文。

④涉及多个部门职权范围内的事务,部门之间未协商一致的,不得向下行文;擅自行文的,上级机关应当责令其纠正或者撤销。

⑤上级机关向受双重领导的下级机关行文,必要时抄送该下级机关的另一个上级机关。

(四)联合行文

《条例》第17条规定:"同级党政机关、党政机关与其他同级机关必要时可以联合行文。属于党委、政府各自职权范围内的工作,不得联合行文。党委、政府的部门依据职权可以相互行文。部门内设机构除办公厅(室)外不得对外正式行文。"

(五)抄送抄发

《条例》第15条规定:"原则上主送一个上级机关,根据需要同时抄送相关上级机关和同级机关,不抄送下级机关;受双重领导的机关向一个上级机关行文,必要时抄送另一个上级机关。"这样,便于协调工作,防止出现矛盾。例如,某市学校一件公务,既需要直接上级机关的审批,又需要经费支出,这就要将请示主送市教育局,抄送市财政局。而市教育局下发批复批准该项目给这个学校时,要抄送市财政局。

《条例》第16条还规定:"主送受理机关,根据需要抄送相关机关。重要行文应当同时抄送发文机关的直接上级机关;上级机关向受双重领导的下级机关行文,必要时抄送该下级机关的另一个上级机关。"对发文机关和下级机关来说,便于上级监督,避免出现重大差错;对上级机关来说,便于了解和掌握情况,统一管理。

此外,经批准在报刊上全文发表的党政法规和规章,应当视为正式公文依照执行。报刊上发表的法规都是面向社会通行的不涉密公文,经过上级的批准,下级社会组织应当视为正式公文贯彻执行。

三、公文格式

公文格式是指公文的具体组成部分的写作要求和标识规则。《条例》第 3 章规定:"公文一般由份号、密级和保密期限、紧急程度、发文机关标志、发文字号、签发人、标题、主送机关、正文、附件说明、发文机关署名、成文日期、印章、附注、附件、抄送机关、印发机关和印发日期、页码等组成。"公文版式按照《党政机关公文格式》国家标准执行。公文格式图示如下:

```
┌─────────────────────────────────────────────────────────┐
│ 份号(不少于 2 位)                      秘密程度(3 级)    │
│                                        紧急程度(3 级)    │
│              SS 发文机关标识(发文机关 + 文件)             │
│                                                          │
│         发文字号(机关代字+年份+顺序号)    签发人         │
│         ──────────────────────────────                  │
│              标题(发文机关+事由+文种)                    │
│         主送机关                                         │
│              正文(缘由+ 事项+ 结尾)                     │
└─────────────────────────────────────────────────────────┘

┌─────────────────────────────────────────────────────────┐
│     附件说明                                             │
│                                   公文生效标识           │
│                                      成文日期            │
│       附注                                               │
│       主题词                                             │
│       抄送机关                                           │
│     ─────────────────────────────────────────            │
│       印发机关                         印发时间          │
│                                                          │
│                                              二维标识    │
└─────────────────────────────────────────────────────────┘
```

置于公文首页反线(宽度同版心,即 156mm)以上的各要素统称眉首,置于反线(不含)以下至主题词(不含)之间的各要素统称主体,置于主题词以下的各要素统称版记。需要说明的是,这次新版《条例》以及《党政机关公文格式》国家标准执行后,新增了党政机关公文的"身份证",也就是公文的二维标识。公文二维标识的启用将更有利于公文的保密、检索和管理。

第二节 决议

一、决议概述

（一）概念

《条例》中阐述，决议是"适用于会议讨论通过的重大决策事项"的公文。

（二）特征

1. 权威性

决议是经过会议讨论通过才能生效并由领导机关发布的，是领导机关意志的反映。决议的内容事关组织或国家重要决策事项，一经公布，组织全体成员或全国上下都必须坚决执行。

2. 指导性

决议表述的观点和对事项的评价都具有指导意义。

（三）分类

决议一般分为公布性决议、批准性决议和阐述性决议三种类型。公布性决议是为公布某种法规、提案而写作的决议，批准性决议系为肯定或否定某种议案的文件，阐述性决议是对某些重大结论的具体内容加以展开阐述的文件。

二、决议的写作规范

决议的内容结构由首部和正文两部分组成。

（一）首部

首部包括标题和成文日期两个部分。

1. 标题

决议的标题有两种形式：一种是由发文机关（或会议名称）、事由和文种构成，另一种是由事由和文种构成。

2. 成文日期

成文日期即决议正式通过的日期。一般放在标题下，在小括号内注明会议名称及通过时间，也可只写年月日。

（二）正文

决议的正文由决议缘由、决议事项和结束语三部分组成。

1. 决议缘由

缘由部分一般简要说明有关会议审议决议涉及事项的情况，陈述作出决议的原因、根据、背景、目的或意义。

2. 决议事项

事项部分指写明会议通过的决议事项，或会议对有关文件、事项作出的评价、决定，或对有关工作做出的部署安排和要求、措施。

3. 结束语

结束语一般紧扣决议事项,有针对性地提出希望、号召和执行要求。有的决议可不单列这部分。

三、决议的写作要求

决议的内容一般是针对重大问题,是通过一定组织形式的会议讨论通过的决定,事关重大。在行文表述上应十分慎重。要求逻辑严密,用语精确,条理分明,具体明确。

四、例文选读

公文结构分析	案 例
标题:"发文机关＋事由＋文种"	×市第十四届人民代表大会第五次会议关于政府工作报告的决议
成文日期:	(2012年2月20日××市第十四届人民代表大会第五次会议第四次全体会议通过)
正文:	××市第十四届人民代表大会第五次会议经过认真审查,决定批准市人民政府市长×××所作的《政府工作报告》。

第三节 决定

一、决定概述

(一) 概念

《条例》中阐述,决定是"适用于对重要事项作出决策和部署、奖惩有关单位和人员、变更或者撤销下级机关不适当的决定事项"的公文。国家机关可以使用,人民团体可以用,企事业单位也可以用。

(二) 特征

1. 权威性

决定是下行文,一般由行政领导机关制发,要求下级贯彻执行。决定的权威性主要表现在领导性和规定性上。

2. 指挥性

决定比较集中地体现了上级领导机关对重要事项或者重大行动的决策,承载的是领导机关的指挥意图,具有较强的理论性、政策性,是指挥下级机关实施工作的准则。

3. 全局性

决定的全局性主要表现在内容上。决定用于对重要事项的决策,其规定的原则、措施以及有关事项能在相当长的时期内发挥效用,具有全局性。

(三) 分类

决定可分为知照性决定、指挥性决定和奖惩性决定。

1. 知照性决定

知照性决定是针对一个具体问题或者事项的决策,它一般包括表彰决定、处分决定、机构设置决定、人事安排决定或者某一具体事项的决定等。一般来说,这类决定内容比较单一,而且没有明确提出要求下级机关执行的内容。

2. 指挥性决定

指挥性决定是针对某一方面的工作或者某类问题,一般偏重于统一认识或者确定某一方面的方针。这类决定带有纲领性、法规性和指导性,不仅要求下级机关了解决定的内容,而且要求下级机关认真遵照执行。这类决定一般篇幅较长,说理透彻,能充分体现领导机关的意图,具有指挥的性质。

3. 奖惩性决定

奖惩性决定用于树立榜样,表彰先进人物和事迹,或者吸取教训,批评、惩戒错误现象。

二、决定的写作规范

决定的内容结构一般由标题和正文构成。

(一) 标题

决定的标题由发文机关、事由、文种三部分构成。如果是正式会议讨论的决定,在标题的下面要写明在什么会议通过或者批准。成文时间要以会议通过的日期或者领导人签发的日期为准,不能以起草或者打印的时间为成文时间。

(二) 正文

决定的正文由缘由、事项、结束语三部分组成。篇幅随内容而定。

1. 缘由

缘由部分主要说明为什么要作出这个决定,即作出决定的目的和意义,或者原因和根据。在内容上,缘由一般包括理论依据和事实依据两部分。它既可以是有关的政策、法规,又可以是来自实际工作方面的情况。这一部分要求文字精当,开门见山,语言概括。

2. 事项

事项部分要根据具体内容,并结合实际撰写清楚,如对某项工作确定的原则、提出的要求、作出的规定、提出的措施办法,或者对某事某人表明态度、作出安排和处置,或者对某一文件表示批准意见等。

3. 结束语

结束语部分写明落实决定的具体要求和措施,也可以提出希望和号召。这部分视情况而定,可以单独成段,也可以不写,也可与决定事项合在一起。

三、决定的写作要求

决定的标题要完整、规范。决定的缘由要准确、合理,有理有据。事项表述要明确、清楚。

四、例文选题

公文结构分析	案 例
标题:"发文机关+事由+文种" 成文日期: 正文:	××市人民代表大会常务委员会关于召开 ××市第九届人民代表大会第四次会议的决定 (2011年12月23日市九届人大常委会第二十一次会议通过) ××市第九届人民代表大会常务委员会第二十一次会议决定:××市第九届人民代表大会第四次会议于2012年2月中旬召开,会期6天。会议具体时间授权市人大常委会主任会议决定。会议的建议议程是: ①听取和审议××市人民政府工作报告; ②审查和批准××市2011年国民经济与社会发展计划执行情况和2012年计划(草案)的报告; ③审查和批准××市2011年财政预算执行情况和2012年财政预算(草案)的报告; ④听取和审议××市人大常委会工作报告; ⑤听取和审议××市中级人民法院工作报告; ⑥听取和审议××市人民检察院工作报告; ⑦选举事项。

第四节 命令(令)

一、命令(令)概述

(一) 概念

命令和令同属一个文种,令是命令的简称。《条例》中阐述,命令(令)是"适用于公布行政法规和规章、宣布施行重大强制性措施、批准授予和晋升衔级、嘉奖有关单位和人员"的公文。命令(令)是权威性最高的行政公文,一般由副省级以上的政府及其首脑发布。一般社会组织如企事业单位是不能使用命令这一文种的。

(二) 特征

1. 强制性

命令(令)内容涉及的一般都是重大事件,它们的发布是以有关法律和法规为依据的,带有明显的强制性。

2. 权威性

当命令(令)作为颁布法律、法规、规定、重大措施的文种时,虽然它本身不是法律或法规,但它可以确定法律、法规的生效日期和施行范围。

3. 严肃性

命令(令)涉及的一般都是重大、重要事项。只有全国人民代表大会常务委员会委员长、中华人民共和国国家主席、国务院总理、各部部长、各委员会主任可以发布命令。它们的发布是以有关法律和法令为依据的,一旦下达就必须遵守,不能随意更改。

(三)分类

根据《条例》规定,命令(令)可分为公布令、行政令和奖惩令三种。各种命令的内容和使用范围都有所不同。

1. 公布令

公布令用来公布依照有关法律制定的行政法规和规章。省市(包括全国人民代表大会授权的市)以上人民代表大会及其常务委员会所通过的法律,市以上政府机关制定的行政法规如细则、条例、办法等,都可以用命令(令)来发布。

2. 行政令

行政令用于公布重大强制性行政措施。这类命令通常指中华人民共和国主席根据全国人民代表大会的决定或者全国人民代表大会常务委员会的决定,采取重大强制性措施,如特赦令、戒严令、动员令等。各省、市、自治区人民政府均可发行政令。例如,国务院发布的《国务院关于严格保护珍贵稀有野生动物的通令》。

3. 奖惩令

对于工作中取得突出成绩、作出重大贡献或者有恶劣行径、影响极大的人员进行奖或惩,分为嘉奖令和惩戒令。惩戒令由错误事实、错误性质、惩戒项目三部分组成,在实践中很少使用,新的《条例》中已不再提及此种命令。嘉奖令是奖励的最高级别,用于奖励贡献突出的个人或集体。它的内容由先进事迹、性质和意义、奖励项目、希望和号召四部分组成。

二、命令(令)的写作规范

命令(令)的内容结构一般包括标题、发文字号、正文和落款四个部分。

(一)标题

命令(令)的标题通常有两种写法。一种是完整式标题,它由发文机关、事由、文种三部分构成。二是省略式标题,它有两种形式:发文机关名称加文种和事由加文种。

(二)发文字号

命令(令)的发文字号一般与其他行政公文的发文字号相同,有的命令(令)的发文字号直接使用文件的发文字号。发布令的发文字号只标注序号"第××号",省略了机关代字、年份。发令机关或者发令人从任职开始编列顺序号,到任职期满为止,下任再从头编号。

(三)正文

正文是命令(令)的核心部分。正文的内容主要包括命令缘由和命令事项两部分。因为上述三类命令内容有别,所以写作要求上也不尽相同。

1. 发布令

正文比较简短,由发布对象、发布依据、发布决定三部分组成。发布对象,即说明所发布的重要法规的全称,一般写于令首。发布依据,即说明发布对象通过、批准的机关或者会议,写在发布对象之后,用"已由"衔接。发布决定,即发布令的实施日期。

2. 行政令

正文部分包括缘由、事项和执行要求三个部分。原由写出命令的根据,扼要写清主要理由。这一部分不宜过长,要简洁、肯定、有力,高度概括发令原因。事项主要写出命令内容、措施,即发布机关作出的规定、要求。事项是行政令的主体部分,要求一目了然,便于执行,因而拟写时要行文简明,直陈直叙,条理分明。执行要求是命令措施的补充和对受令方的嘱咐,属正文的结尾部分。对于命令而言,执行要求不是可有可无的,要写得与前两部分密切相关,互相呼应。

3. 嘉奖令

正文要求较为翔实,包括嘉奖对象、原因、评价、希望号召这四个部分。其中重点部分是原因和评价。原因即嘉奖内容,要写出嘉奖对象的主要事迹、贡献及所体现的精神,写出他们的积极而深刻的影响,要写得全面、生动。结束语具有号召力,能使阅读者受到教育和鼓舞。有时为了简便,命令(令)也可以省略缘由部分,直截了当地发命令。

(四) 落款

命令的落款一般是署发令机关名称,或者发令人职务和姓名。其中发布令多数署发令人姓名。落款下方注明发令的年月日。

三、命令(令)的写作要求

命令(令)一般文辞简洁、准确、庄严,语气坚定、严肃,结构严谨、平直。但嘉奖令多要求篇幅长,内容丰富,感情色彩较浓,突出号召力和感染力。

四、例文选读

公文结构分析	案　　例
标题:"发文机关+事由+文种" 发文字号:按年度编号 签发日期: 正文:	**××省人民政府关于对××省电力公司的嘉奖令** ×政〔2007〕79号 （二〇〇七年十一月二十日） 　　近年来,××省电力公司认真贯彻落实党中央、国务院和省委、省政府有关电力工作的指示精神,坚持科学发展观,围绕构建社会主义和谐社会和建设社会主义新农村的主题,开拓创新,强化内部管理,优化电源结构,扶持优势产业,不断加快电网建设步伐,积极开拓省内外电力市场,各项工作迈上了新的台阶。500千伏主网架初步形成,农村电网结构不断优化,提前4个月完成"户户通电"工程。2005年净外送电30亿千瓦时,实现我省由电力净吸纳省份向净送出省份的历史性突破,近两年来外送力度不断加大,××作为全国重要火电基地的地位进一步巩固和加强。2007年主营业务净收入提前实现500亿元,成为我省第一家销售收入超500亿元的企业,为全省经济社会发展作出了突出贡献。 　　为表彰先进,在全省形成干事创业的良好氛围,省政府决定对省电力公司予以通令嘉奖,奖励资金2100万元(其中现金100万元)。希望省电力公司再接再厉,进一步加大投资力度,加快电网建设步伐,力争把××省电网做大、做强,争创更加辉煌的业绩,为建设和谐社会、促进中原崛起作出新的更大的贡献。

第五节　公报

一、公报概述

（一）概念

《条例》中阐述,公报是"适用于公布重要决定或者重大事项"的公文。公报也称新闻公报,是党政机关和人民团体公开发布重大事件或重要决定事项的报道性公文,是党和国家经常使用的重要文种。公报是应用写作的重要文体之一,一般凭借媒体播发。

（二）分类

公报可分为会议公报、事项公报和联合公报。

1. 会议公报

会议公报是用以报道重要会议或会谈的决定和情报的公报。这种公报一般用于党中央召开的会议。

2. 事项公报

事项公报是党的高级领导机关用以发布重大情况、重要事件的文件。高层行政机关、部门向人民群众公布重大决策、重要事项或重大措施时有时也沿用此类公报。

3. 联合公报

这是一种特殊用途的公报，用以发布国家之间、政党之间、团体之间经过会议达成的某种协议，如《中俄联合公报》。

二、公报的写作规范

公报的内容结构包括首部、正文和尾部三部分。

（一）首部

首部包括标题和成文日期。

1. 标题

公报的标题常见的有三种形式：一种是直写文种，如《新闻公报》；第二种是由会议名称和文种构成；第三种是联合公报，由发表公报的双方或多方国家的简称、事由、文种构成。

2. 成文日期

用括号在标题之下正中位置注明公报发布的日期。

（二）正文

正文包括开头、主体两部分。

1. 开头

开头即前言部分。会议性公报要求概述会议的名称、时间、地点、参加人员等；事项性公报要求用最鲜明、最精练的语言概述事件的核心内容，即何时、何地、发生了什么重大事件；联合公报要求概述公报的来由。

2. 主体

主体是公报的核心内容，要求把公报的内容完整、系统、有序地表达清楚。常见的有三种写作方式：一种是分段式，即每段说明一层意思或一项决定；第二种是序号式，多用于内容复杂、问题较多的公报；第三种是条款式，多用于联合公报。

（三）尾部

事项性公报和会议性公报一般没有尾部。联合公报要在正文之后写明双方签署人的身份、姓名、日期，并写明签署地点。

三、公报的写作要求

1. 符合法规政策

公报的事项是涉及国际或国内重大事项，一定要符合国家意志和组织意愿，它应该是国家法律、法规和方针政策在某些事项上的具体体现。

2. 语言准确贴切

公报的内容是重要的史料或者依据，因此语言要准确贴切，不能模棱两可，有异议。

3. 事项要客观真实

公报的目的是向社会发布有关方面需要周知的重要会议、事项,因此公报的事项必须具体明确,客观真实。

四、例文选读

公文结构分析	案　例
标题:"会议名称+文种"	**中国共产党第十七届中央纪律检查委员会 第七次全体会议公报**
成文日期:	(2012年1月10日中国共产党第十七届中央纪律检查委员会第七次全体会议通过)
正文:	中国共产党第十七届中央纪律检查委员会第七次全体会议,于2012年1月8日至10日在北京举行。出席会议的中央纪委委员117人,列席336人。 中央纪委常委会主持了会议。会议全面贯彻……高举……旗帜,以邓小平理论……为指导,深入贯彻落实科学发展观,回顾总结了……工作,科学分析了……形势,研究部署了2012年任务。全会审议通过了……工作报告。 中共中央总书记、国家主席、中央军委主席胡锦涛出席全会第二次大会并发表了重要讲话。吴邦国、温家宝、贾庆林、李长春、习近平、李克强、贺国强、周永康等党和国家领导人出席了会议。有关方面的负责同志参加了会议。 全会认真学习了胡锦涛同志的重要讲话…… 全会认为…… 全会指出…… 全会强调……
尾部:	全会号召,全党同志要……作出应有贡献!

第六节　公告

一、公告概述

(一)概念

《条例》中阐述,公告是"适用于向国内外宣布重要事项或者法定事项"的公文。公告并不常用,一旦使用,就会引起各方的关注和重视。

(二)特征

1. 发布内容的重要性

公告宣布的都是事关全局、在国内外能产生重大影响的事项。多见于宣布国家领导人的选举、出访、逝世,宪法、重要法规的颁布,军事演习,导弹发射等。

2. 发文权力的限制性

公告的发布权力被限制在高层行政机关及其职能部门的范围之内,即国家最高权力机关,国家最高行政机关及其所属部门,各省、自治区、直辖市行政领导机关,某些法定机关(税务局、铁路局、人民银行、检察院、法院等)。其他地方行政机关、党团组织、社会团体、企事业单位一般不能使用公告。

3. 发布范围的广泛性

公告是向国内外宣告事项,范围是最广泛的。

4. 发布方式的特殊性

公告一般不以红头文件的方式传播,而是以新闻的形式通过报纸、杂志、广播等新闻媒体发布。

(三) 分类

公告可分为重要事项公告和决定事项公告。

1. 重要事项公告

这类公告是国家较高级别的行政机关及其职能部门、国家立法权力机关及其常设机构或者被授权的国家新闻机构新华社用于向国内外宣布政治、经济、军事等方面的重要事项、重大事件。

2. 法定事项公告

较高级别的行政机关及其职能部门依据国家法律、法规,向国内外宣布法定事项的公告。这类公告具有一定的法规性。

二、公告的写作规范

公告的内容结构包括标题、发文字号、正文、成文日期。

(一) 标题

公告的标题有三种形式:一是由发文机关、事由、文种构成,如《财政部关于发行2004年凭证式(五期)国债(电子记账)的公告》;二是由发文机关和文种构成,如《国家税务总局公告》;三是只有文种,如《公告》。

(二) 发文字号

公告一般不用公文的常规发文字号,而是在标题下正中标示"第×号",有时候有些公告不标示发文字号。

(三) 正文

公告的正文由缘由、事项和结束语组成。

1. 缘由

缘由是指公告发布的依据、原因、目的、意义等,要简明扼要。有的公告可以省略缘由,一开头就交代事项。

2. 事项

事项是公告的主体部分,要把公布的事情条理清晰、用语准确、简明庄重地陈述清楚。内容简单的,用一段表述,无需分条列项;内容多的,可分若干段,分列条款进行陈述。

3. 结束语

通常用"现予公告"或者"特此公告"作为结束语。有时也可省略。

(四) 成文日期

公告的成文日期一般标注在正文的右下方,有时也可标注在有发文机关的标题的正下方。

三、公告的写作要求

一般情况下,公告是告知性、周知性文件,因此,在叙述事项和法规时应以"周知"为限。公告要求结构严谨、规范,语言庄重、简明,应多用叙述、说明。要直陈其事,一事一告。

四、例文选读

公文结构分析	案 例
标题:"发文机关+事由+文种" 正文:	**财政部关于发行2010年凭证式(五期)** **国债(电子记账)的公告** 　　根据国家国债发行的有关规定,财政部决定发行2004年凭证式(五期)国债(电子记账)(以下简称"本期国债")。本期国债为财政部利用计算机网络系统,通过承办银行营业网点柜台,直接面向个人投资者发行的、以电子记账方式记录债权的凭证式国债。现将有关事项公告如下: 　　①本期国债为固定利率国债,期限2年,到期年利率为2.40%,最大发行额为200亿元;本期国债发行期为2010年9月6日至17日(节假日除外),从2010年9月6日起息,到期(2012年9月6日)一次还本付息,不计复利。承办银行于到期日将本期国债本金和利息存入投资者指定的资金账户,转入资金账户的本息资金作为居民存款由承办银行按活期存款利率计付利息。 　　②本期国债发行对象为城乡居民个人(不向机构投资者发行),以100元为起点按100元的整数倍发售,单个账户购买本期国债最高限额为100万元;本期国债实行实名制,不可以流通转让,但可以按照相关规定提前兑取和质押贷款。(以下略) 　　特此公告。
发文机关: 成文日期:	中华人民共和国财政部 二〇一〇年八月三十日

第七节 通告

一、通告概述

（一）概念

《条例》中阐述，通告是"适用于在一定范围内公布应当遵守或者周知的事项"的公文。

（二）特征

1. 内容具体

通告的内容一般属于业务方面的问题，而且多为局部的、具体的问题，如交通、能源、邮电、金融、教科文卫等。因此，通告的使用频率较高。

2. 使用面广

通告的内容是一般事项，所以发文机关的级别和范围不受限制。

3. 形式特别

通告较多采用登报或者张贴的形式发布，不写抬头，无主送单位。

（三）分类

通告有法规性通告和知照性通告两大类。二者之间是以法规性的强弱为标准来区分的，没有绝对的界限。但二者在性质上有所区分，如《关于严厉打击非法生产添加瘦肉精的通告》，强制性措施较多，属于法规性通告；而《供电局关于停电的通告》，主要起通知事项的作用，没有强制性措施，属于知照性通告。

二、通告的写作规范

通告的内容结构一般包括标题、正文、成文日期和发文机关印章。

（一）标题

通告的标题有以下四种形式。一是由发文机关、事由、文种构成，如《中华人民共和国公安部关于在全国实施使用二代身份证的通告》。公布较重要的事项时用这种写法。二是由发文机关和文种构成，如《中华人民共和国财政部通告》。发文机关级别较高的可以采用这种写法。三是由事由和文种构成，如《关于加强摩托车交通秩序管理的通告》。这种写法最为常用。四是直接写"通告"二字。

（二）正文

通告的正文由缘由、事项和结尾组成。

1. 缘由

缘由是发布通告的原因、目的、依据。

2. 事项

事项是需要社会有关方面周知或者遵守的内容。内容简单的可以一段完成，内容多的应采用分列条款的形式完成。

3. 结尾

结尾可以是执行的日期,也可以是结束语"特此通告"。

(三)成文日期和发文机关印章

通告的成文日期一般标注在正文的下方,然后盖上发文机关的印章。由于通告是面对社会公众公布事项,因此无需写主送机关。

三、通告的写作要求

1. 符合法规政策

通告的事项是需要公众周知或者遵守的,它应该是国家法律、法规和方针政策在某些事项上的具体体现。

2. 语言通俗简洁

通告的对象是社会公众,因此语言要通俗易懂,即使是专业性的通告也应该少用专业术语,以便社会有关人员理解和执行。通告常以登报和张贴的形式发布,因此语言文字应尽量简洁。

3. 事项要具体明确

通告的目的是告知社会有关方面需要周知或者遵守的事项,因此通告的事项必须具体明确,有可行性,不能抽象笼统,让人看后无法执行。

4. 通告与公告区别使用

通告和公告都是告知性公文,都有公开、广泛等共同点,但它们也有明显的区别,不要混淆使用。

四、例文选读

公文结构分析	案 例
标题:"事由+文种" 正文:	**关于加强房屋租赁管理的通告** 　　为规范房屋租赁,坚决取缔非法租赁行为,市人民政府决定加强房屋租赁市场管理。根据《中华人民共和国城市房地产管理法》、住建部《城市房屋租赁管理办法》、《××市房屋租赁管理办法》等有关法律、法规、规章的规定,现就有关事项通告如下: 　　①本市东、西两城区范围内的房屋租赁和管理,适用本通告。 　　②市房管局负责本通告的组织实施。区房管部门负责本辖区内房屋(不包括涉外房屋和市属以上宾馆、酒店房屋)租赁管理。 　　…………
发文机关: 成文日期:	××市人民政府 二〇〇九年一月一日

第八节　意见

一、意见概述

(一) 概念

《条例》中阐述,意见是"适用于对重要问题提出见解和处理办法"的公文。它使用的范围十分广泛,组织或个人对某项事情或工作提出整改措施和建设性意见都可以使用这一文种。

(二) 特征

1. 指导性

虽然意见仅仅是对某些原有的政策规定或者没有明确,或者不相适应,需要上级机关进行及时指导的情况和问题,提出参考,但实际上有很强的指导性。在党政关联行文时、上下级之间有业务指导权而无行政主管权时宜采用意见这一文种。

2. 多向性

意见这一文种可以用于上行文、下行文和平行文。作为上行文,应按请示性公文的程序和要求办理。所提意见如涉及其他部门职权范围内的事项,主办部门应当主动与有关部门协商,取得一致意见后方可行文;如有分歧,主办部门的主要负责人应当出面协调,仍不能取得一致时,主办部门可以列明各方理据,提出建设性意见,并与有关部门会签后报请上级机关决定。上级机关应当对下级机关报送的"意见"作出处理或者给予答复。作为下行文,文中对贯彻执行有明确要求的,下级机关应遵照执行;无明确要求的,下级机关可参照执行。作为平行文,提出的意见供对方参考。

3. 建议性

所谓意见,就是有一定的建议、参谋和指导作用的看法。意见中所表达的态度是诚恳的,即使是下行文中的意见也没有决定或者通知等文种的强制性。

4. 针对性

意见中涉及的内容总是来自现实的需要,针对某一重要问题提出见解或者处理意见。

(三) 分类

意见分为实施意见和具体工作意见。

1. 实施意见

实施意见是为贯彻落实某一重要决定或中心工作所指定的实施方案,它重在阐发上级的有关精神,使下级单位对上级的文件精神有更深入的理解,同时提出较为具体的行动方案和工作安排。

2. 具体工作意见

具体工作意见指对如何做好某项工作提出的意见,所涉及的内容比较具体,有时还会有一些可操作性的办法、措施等。中央组织部发布的《关于提高县以上党和国家机关党员领导干部民主生活会质量的意见》，就是比较具体化的组织工作意见。行政机关的一些意见可以更具体地指向某项工作，如国务院办公厅2000年1月14日转发的，由交通部、财政部、公安部、国家计委联合制定的《关于继续做好公路养路费等交通规费征收工作的意见》。

二、意见的写作规范

意见的内容结构一般包括标题和正文两部分。

（一）标题

意见的标题一般有两种写法：一是规范的行政公文标题，即由发政机关、事由、文种构成；二是由事由和文种构成。事由要概括得清楚明确。

（二）正文

意见的正文作为主体，一般都有缘由和事项两部分，有的还有结束语和执行要求。

1. 缘由

意见的缘由主要写发布意见的背景、根据、目的、意义等，一般要求写得具体概括，叙述情况，说明依据，议论作用。

2. 事项

意见的事项即建议、措施和指导，这些要一一写明。如果内容繁多，可列出小标题作为各大层次的标题，小标题下再分条表述。

3. 结束语

有的意见要写出结束语，特别是批转意见，一般有"以上意见如无不妥，请批转各地执行"等语。

4. 执行要求

有些意见需要对贯彻执行的事项提出一些要求，可以作为具体事项列入条款，也可以单独在正文后写一段希望和要求。

三、意见的写作要求

意见是为解决问题而发的，有较强的针对性，这就要求撰写者认清实际情况，切中要害、抓住问题。意见的内容可以简约，也可以丰富，具体要依据实际需要而定。

1. 掌握好分寸

意见的行文方向具有多向性，对不同行文方向的意见，要掌握好文字表述时的分寸。意见是供别人执行或参照的，而行文对象不相同，所以表述和措词要准确。

2. 文种选用要慎重

在使用意见这一文种时，要注意其与相近文种的区别。

四、例文选读

公文结构分析	案　　例
标题:"发文机关+事由+文种" 主送机关: 正文:	××省专利试点工作实施意见 各省辖市人民政府,省直管试点县,重点扩权县,省政府各部门: 　　经国家知识产权局批准,我省被确定为全国专利工作试点城市。为了推动我省专利试点工作的实施,加快我省知识产权工作的开展,鼓励发明创造,营造保护知识产权的社会氛围,根据国家知识产权局《促进技术创新城市专利试点工作导则》和《专利工作评价标准》的要求,结合我省实际情况,特制定本实施意见。 　　(一)指导思想 　　以邓小平理论和"三个代表"重要思想为指导,贯彻落实科学发展观,适应中原经济区建设形势需要,加强专利战略和政策研究,通过加强和完善对专利知识产权的管理与保护,将专利工作纳入到科技创新的全过程,充分发挥专利制度在促进技术创新与经济结构调整中的作用,提高我省企事业单位进一步运用专利制度参与市场竞争的水平和能力。 　　(二)工作目标 　　1.专利申请与授权(略) 　　(三)工作内容 　　1.加强专利产权管理(略) 　　(四)工作要求和保证措施 　　1.加强组织领导(略) 　　以上意见,请各地各单位结合实际,认真贯彻执行。实施工作中遇到的问题,请径向省科技厅反映。
发文机关: 成文日期:	××省人民政府 二〇一一年十一月五日

第九节　通知

一、通知概述

(一) 概念

《条例》中阐述,通知是"适用于发布、传达要求下级机关执行和有关单位周知或者执行的事项,批转、转发公文"的公文。

（二）特征

1. 灵活性
通知的写法极其灵活，同一类通知的结构也可以多种安排，形式多样，灵活自由。

2. 广泛性
上至最高的行政机关，下至基层单位，都可以用通知行文；在内容方面，大到全国性的重大事项、行政法规，小到单位内部告知一般事项，都可用通知行文。

3. 指导性
通知在发布规章、布置工作、转发文件时，都明确阐述处理问题的原则和具体措施、方法，如需要做什么事，怎么做，达到什么要求等。

4. 不确定性
通知在行文方向上具有不确定性。通知多为上级机关向下级机关的行文，因此属于下行文。但在平级单位和不相隶属单位之间，必要时也可用通知行文，这时通知具有平行性。具有平行性的通知一般不带指导性，只表述告知性内容。

（三）分类

通知可分为事项性通知和批转性通知。

1. 事项性通知

这类通知用于传达要求下级机关办理和需要有关单位周知或者执行的事项。事项性通知具体可以分为以下四种情况。

第一，布置工作、安排活动。这种通知的内容是布置任务、作出指示、交代方法、阐明原则，指导性较强，如《国务院关于开展全国物价大检查的通知》和《永城市人民政府办公室关于开展全市安全生产大检查的通知》。

第二，解决实际工作问题。对实际工作中出现的某些问题，给予解决的原则、界限。内容政策性强，往往作为行政法规和地方性法规的补充或者试行性文件发布，如《河南省教育厅关于中小学聘用外籍教师有关问题的通知》和永城市住房公积金管理委员会下发的《关于住房公积金个人住房抵押贷款有关问题的通知》。

第三，告知召开会议事项。这种通知是组织召开会议的机关向参加会议的机关、单位行文，告知会议的内容、时间、地点和会议要求的通知，如《关于召开2012应届大学生应征入伍工作电视电话会议的通知》。

第四，发布文件。这种通知用于发布本机关制定的规章或者其他文件，如永城市人民政府办公室下发的《关于印发永城市2012年度工作要点的通知》。

2. 批转性通知

批转性通知是以传达外机关的文件为主要目的的通知。它具体可以分为以下三种情况。

第一，上转下。上转下指将下级部门来文转发给所属其他部门，所批转的文件包括报告、意见、纪要等，如河南省人民政府、中国人民解放军河南省军区《批转省教育厅、省军区司令部等单位在普通高等学校和高级中学开展学生军事训练工作实施意见的通知》。

第二，下转上。下转上指将上级部门来文转发给下属部门知照和执行，所转发的文件包括通知、决定、规定、意见、批复、复函等，如河南省人民政府《转发国务院关于加强出入境中介活动管理的通知》。

第三,平转平。平转平指将平级部门或者不相隶属部门的来文转发给所属下级机关,所转发的文件包括通知、决定、规定、意见、批复、复函等,如《国务院办公厅转发国务院体改办等部门关于城镇医药卫生体制改革指导意见的通知》。

从严格意义上讲,上转下属于批转文件,而下转上和平转平属于转发文件。原因在于对于下级机关的文件,应加以批准、认可,然后转发下去;对于上级机关、平级机关和不相隶属机关的文件则无权批准,只起传达作用。

二、通知的写作规范

通知一般由标题、主送机关、正文、成文日期和公文生效标识组成。但是,通知种类较多,结构和写法也比较灵活多样。下面分别介绍各类通知的基本写法。

(一) 批转性通知的写法

批转性通知的内容结构一般包括标题和正文。

1. 标题

批转性通知的标题有两种写法:一是由发文机关、转发(批转)、被转文件的标题和文种构成,如《国务院办公厅转发国务院体改办等部门关于城镇医药卫生体制改革指导意见的通知》;二是省略发文机关,如《批转省教育厅、省军区司令部等单位在普通高等学校和高级中学开展学生军事训练工作实施意见的通知》。在写这类通知的标题时要注意以下两个问题。

第一,当被转的公文是通知时,标题只需保留一个"通知",公式是"(发文机关)转发"加"(始发机关)原通知标题"。可以说,这种标题省略了文种。例如,《××省人民政府转发人事部关于××同志恢复名誉的通知的通知》,根据《条例》公文标题应该准确简要地概括公文主要内容的规定,此类通知可以省略最后的文种部分,即《××省人民政府转发人事部关于××同志恢复名誉的通知》。

第二,如果是多层转发的公文,可以省去中间过渡的机关,直接转始发文机关及其原公文标题,在正文中说明转发情况。例如,《河南省人民政府办公厅转发国务院办公厅转发国务院体改办等部门关于城镇医药卫生体制改革的指导意见的通知的通知》,应改为《河南省人民政府办公厅转发国务院体改办等部门关于城镇医药卫生体制改革的指导意见的通知》。

2. 正文

批转性通知的正文也可称为"批语",表明发文机关的态度,提出贯彻执行的要求。批语一般先表明态度,其形式是"原公文标题"加"已经×××同意,现转发给你们"或者"现将××××转发给你们",然后提出执行要求"请认真贯彻执行"。有时执行要求只有一句话,有时会根据实际情况提出比较详细的具体的执行要求。

一般情况下,批转性通知会与被转发的公文一起发布。因为需要贯彻执行的内容在被转发的公文中,所以批语和被批件两者都不能单独当做一份文件。这就是说,批转性通知一般由批语和批转件组成。

（二）事项性通知的写法

事项性通知的内容结构也包括标题和正文。

1. 标题

事项性通知的标题有三种形式：一是由发文机关、事由和文种构成；二是由事由和文种构成，这种写法最常见；三是只有文种，一般内容简单且不重要时才使用这种写法。

2. 正文

事项性通知的正文一般分为缘由、事项两部分。缘由部分说明依据、目的和意义。事项部分把布置的工作或者需要周知的内容分条列项地阐述清楚。主要的重要事项写在前面，重轻有序。常用"特此通知""请遵照（研究、参照）执行"等语结尾。

（三）会议通知的写法

会议通知是事项性通知的一种，正文包括缘由、事项和结束语。缘由部分说明召开会议的目的和意义。事项一般包括会议名称、会议时间、会议地点、会议内容、参加人员、报到时间和地点、需作什么准备等，其中会议名称、会议时间、会议地点、会议内容、参加人员几项必不可少。具体可参见本书第五章第一节会议通知的写作。

（四）发布文件通知的写法

这种通知属于事项性通知，但写法与批转性通知相同。

三、通知的写作要求

通知的主题要集中。通知的语言要简明扼要，最重要的是突出重点。通知要讲求实效，应及时、快捷，高效传递。

四、例文选读

公文结构分析	案　例
标题："事由＋文种"	**印发××省引进人才实行《××省居住证》** **暂行办法的通知**
主送机关：	各地级以上市人民政府，各县（市、区）人民政府，省政府各部门、各直属机构：
正文：	现将《××省引进人才实行〈××省居住证〉暂行办法》印发给你们，请认真按照执行。执行过程中遇到的问题，请径向省人事厅反映。
发文机关：	××省人民政府
成文日期：	二〇一〇年一月十日

第十节 通报

一、通报概述

(一) 概念

《条例》中阐述,通报是"适用于表彰先进、批评错误、传达重要精神和告知重要情况"的公文。通报、通告和通知都带有一个"通"字,但是三者"通"的范围是不一样的:通告面对发文单位内外社会群体,通知则面对发文单位管理范围之内,通报和通知相同。

(二) 特征

1. 知照性

通报传递了信息,起到告知通晓的作用,以期达到通报事项的影响力。

2. 典型性

无论是表彰通报还是批评通报,事例都应当是具有典型意义的、非一般性的事迹或者失误。

3. 教育性

不论是表彰还是批评,发通报的最终目的都是为了让人们从中受到教育。表彰通报是通过表彰先进典型,让先进思想发扬光大,鼓舞人们学先进,找差距。批评通报则是一方面让当事人认识错误,改正错误;另一方面是让人们吸取教训,引以为戒。情况通报是通过传达交流重要精神或者情况引起人们的注意。

(三) 分类

根据通报的适用范围,我们可将通报分为以下三类。

1. 表彰性通报

表彰性通报是党政机关、企事业单位和社会团体内部经常使用的一个通报文种。写好表彰性通报,对表彰先进、弘扬正气有非常重要的意义。

2. 批评性通报

批评性通报用于批评一些单位或个人所犯的较严重的错误,带有一定的普遍意义和教育意义。

3. 情况通报

情况通报是向有关部门人员传达重要情况、发布重要信息的通报文种。

二、通报的写作规范

通报的内容结构包括标题和正文。

(一) 标题

通报的标题通常有三种写法:一是由发文机关、事由和文种构成,如《国务院关于表彰国家科技部等单位长年深入基层开展扶贫工作的通报》;二是由事由和文种构成,如《关于违纪购房情况通报》；三是只有文种。

（二）正文

通报的正文一般分为情况缘由、分析评价、决定事项、希望要求四个部分。

1. 情况缘由

该部分概括叙述通报的事因，即事项发生的时间、地点、人物、原因、结果等，要抓准实质性问题。

2. 分析评价

该部分往往用一两句议论，简要分析评价通报的事情，要表明发文单位肯定或者否定的态度，揭示问题的实质，点明其意义所在，指出从中吸取哪些经验和教训。

3. 决定事项

决定事项指宣布对有关人员或者团体进行奖励或者处分的决定。

4. 希望要求

该部分指号召人们向表彰的人物和事迹学习或者要求大家从错误事实中吸取教训，引以为戒。

三、通报的写作要求

1. 要客观真实

通报中所表彰或者批评的事例，必须是真实可靠、客观存在的。写作前要对有关材料进行反复调查核实，务求准确反映客观事实。写作中不得对事实材料主观夸大或者缩小，更不能虚构或者捏造。

2. 要选取典型

通报要选取典型的、有代表性的、有普遍指导意义的事例，使通报具有教育性，真正起到教育鼓励或者引以警戒的作用。

3. 要把握时机

通报有很强的时效性。应抓住时机，及时将先进典型经验予以宣传推广；对反面典型予以揭露批评，引以为戒；对重大事项或者重要情况予以公布，引起重视，起到交流情况、指导工作的作用。

四、例文选读

公文结构分析	案　　例
标题:"事由＋文种" 主送机关: 正文:	**关于违纪购房情况通报** 各区房改办,市直各单位房改办,驻穗各单位房改办: 　　去年年底,我办在房改售房审核过程中发现个别职工弄虚作假二次购房等情况,给了通报批评。然而,近日我办再次发现个别单位和职工弄虚作假骗购住房,有的为多购住房伪造公章,有的为多得工龄折扣搞假配偶,有的为达到换购目的搞假职务,还有的单位把关不严,导致职工出现违纪购房等情况。现将14宗违纪购房情况通报如下: 　　①××房地产开发有限公司退休职工××(处级待遇),1996年8月以本人名义在配偶单位×××购买了房改房92.29平方米,已达本人职务住房面积标准。1999年10月,××原工作单位××房地产开发公司开始房改售房,××使用假公章,冒充配偶单位在购房申请书上加具审核意见,另购住房90.15平方米,违反规定购买两套房改房。(略) 　　上述单位和职工在已购房改房情况下,由于单位把关不严,有些单位甚至出具假证明,造成职工隐瞒事实,虚报资料,弄虚作假骗购公有住房,此类严重违反房改政策的行为,必须按有关规定严肃处理。对××公司、×××(略)等单位给予通报批评。对×××等14名职工的违纪购房问题提出处理意见如下: 　　①责成上述违纪购房职工对其违纪行为作出书面检讨,由其工作单位的纪检部门提出处理意见,并抄送上级纪委和我办备案。(略) 　　各级领导应加强对这项工作的指导和管理,严格执行房改政策。各单位在办理房改过程中应依法办事,如实申报,从这些违纪购房事件中吸取教训,引以为戒,杜绝类似行为的再次发生。我办在理顺去年房改售房遗留问题时将严格审核,发现住房制度改革政策性很强,关系到广大职工的切身利益,问题一律严肃查处。希望各单位高度重视,从严把好初审关。 　　特此通报。
发文机关: 成文日期:	××市人民政府 二〇一〇年九月一日

思考题

1. 什么是公文格式?国家为什么要对公文制订统一的标准格式?
2. 眉首、主体、版记各包含哪些要素?各要素的位置在哪里?
3. 为什么公文写作一定要选准文种?
4. 怎样拟写主送机关、成文日期、主题词和抄送机关?
5. 命令的发文字号与其他公文有什么不同?
6. 决定与命令的异同点有哪些?

7. 什么是通告？通告与公告有什么不同？

8. 根据所给材料拟写一份通报：

某市政府办公会议经研究决定，对五个在命名"文明单位"之后放松管理和教育，出现许多问题，造成不良影响的单位进行处理，撤销其"文明单位"称号，并向全体下属单位发文。

9. 下列标题存在什么问题？应怎样修改？

（1）关于夏粮入库的通知

（2）强台风紧急通知

（3）关于召开征购动员大会的通知

（4）××市人民政府转发商业局《关于进一步做好粮油供应工作的报告》的通知

（5）××县人民政府转发《××市人民政府转发〈××省人民政府关于禁止乱摊派、乱集资，切实减轻人民负担的通知〉的通知》的通知

10. 指出下面这份决定的不妥之处，并加以修改。

关于向×××同志学习的决定

各车间、班组、各党支部：

我厂装配车间工人×××在上月十五日的特大洪水灾害中，抢救国家财产不幸身亡。厂党委和厂委员会决定在全厂开展向×××同志学习活动。

一、学习×××同志公而忘私、奋勇保护国家财产的高尚品德，爱祖国爱人民，敢于牺牲的精神。

二、根据×××同志的生前的表现和愿望，追认×××同志为中国共产党员。

三、在全厂广泛宣传×××同志的先进事迹，运用这一典型对全厂党员职工进行一次努力奉献、坚持改革、敢于进取的革命精神。宣传科和工会要把×××同志的事迹编成小册子、墙报，广为发放。

四、各车间、班组、党支部要开展讨论，学习×××同志的优秀品质，开展比、学、赶、帮活动，争取生产上一个新台阶。

厂党委和厂委员会号召全厂党员、职工，化悲痛为力量，努力工作，创造更好的成绩，为改革开放事业作出更大贡献。

××厂党委

××厂委员会

××××年××月××日

第三章 行政公文（下）

第一节 报告

一、报告概述

（一）概念

《条例》中阐述，报告是"适用于向上级机关汇报工作、反映情况，回复上级机关的询问"的公文。报告是下级机关向上级机关汇报工作情况的主要文书载体，是使用率较高的行政公文之一。报告是陈述性公文，主要叙述事实。上级不作答复，不能夹带请示事项，但可以将建议性报告批转有关下级机关。报告一般在事情过程中或之后撰写。

（二）分类

报告种类较多。按内容划分，报告可分为工作报告、意见报告、情况报告、报送报告、答复报告。

1. 工作报告

工作报告是下级机关向上级机关汇报例行工作或临时工作情况时使用的一种报告。工作报告有综合报告和专题报告两种。

综合报告是用于总结综述系统性工作的报告，一般要提交大会进行讨论，如各级政府向同级人民代表大会所作的"政府工作报告"。正文结构有基本情况、成绩经验、教训不足和今后计划等部分。

专题性工作报告用于汇报某一方面的工作。每级政府都要向同级人民代表大会作此类报告，因此，专题性工作报告具有普遍意义。

2. 意见报告

意见报告也称建议报告，是业务部门就自己主管业务范围内的某项工作提出意见，要求上级予以审核、批准的报告。受职权范围和隶属关系限制，不能直接行文给有关单位，于是批转给有关单位遵守执行。

3. 情况报告

情况报告用于向上级机关反映工作中的新情况、新问题,一般是本地区、本单位发生的重大事件或者在一定范围内带有倾向性的情况,不局限于某一具体工作,不讲工作的进展情况,只讲客观存在的或者突然发生的情况。这类报告的时效性强。有些情况还要用电话预先报告,然后用书面报告。

4. 报送报告

报送报告是向上级部门报送文件、物件时,随同文件或物件一起发送的报告。报送报告要求写清楚报送材料(文件、物件)的名称、数量等,结尾写"请批阅""请查收",并加上附件。

5. 答复报告

答复报告是用于答复上级询问事项,如实回答上级部门所询问问题的报告。有的答复上级对群众来信中反映的问题;有的答复文件材料中反映的问题;有的是上级批示下级查办或者询问有关情况后,下级办理完毕需要书面答复。这是一种被动性的报告,内容针对性强、客观性强,不能答非所问,弄虚作假。

二、报告的写作规范

报告的内容结构包括标题、正文和落款三部分。

(一)标题

报告的标题可以省略发文机关,但是事由是不能省略的。此外,事由部分要简练、准确。

(二)正文

报告的正文一般由报告缘由、报告事项、报告结语三部分组成。报告缘由是报告正文的开头部分,简明地交代报告的根据、目的、背景或者总的基本情况,即为什么报告。然后用"兹报告如下""特报告如下""为此,特提出如下意见"等语过渡到报告事项。报告事项要围绕主旨展开陈述,写明主要情况、措施与结果、成效与存在的问题等。报告结语是报告的收束,多用"特此报告""专此报告""特此报告,请审阅(请审查、请查收、请审核)"等语,需要批转的,要用"以上报告如无不妥,请批转有关部门执行(请批转发布)"。

(三)落款

落款包括署名和时间两项内容。

三、报告的写作要求

1. 立意要新

一般行政公文的立意只要正确就可以了。报告中篇幅较长的种类,如工作报告就需要讲究立意。首先要明确主旨。在总结性报告中,主旨往往在正标题中表达出来。主旨要争取新颖、深刻。一篇总结性报告的水平质量往往突出地表现在主旨上。全文都要为说明主旨服务。

2. 内容要实

报告中的材料必须是真实的,要实事求是,有喜报喜,有忧报忧,一分为二,不能欺骗上级,以免造成工作上的失误。

3. 重点突出

在结构上要注意一个内在的要求:详略结合,重点突出。重要的层义,一定要突出出来,放在前面讲,认真论述。重点材料,也要放在前面叙述,还要详细地写。作为报告,往往所写的事情本身是典型的。要将其中能说明问题和主旨的重点详细地展开论述。这样,就能达到点面结合的要求。

4. 不夹带请示

《条例》规定,上级机关对报告是不批复的,因此报告中不能夹带请示事项。

5. 不能越级

《条例》第4章第14条规定:"行文关系根据隶属关系和职权范围确定。一般不得越级行文,特殊情况需要越级行文的,应当同时抄送被越过的机关。"不得越级报告的目的在于维持正常的公文办理程序,保证各级机关职能正常发挥。

四、例文选读

公文结构分析	案　　例
标题:"发文机关＋事由＋文种"	××市委关于二〇××年上半年 城市经济改革情况的报告
主送机关:	省委:
正文:	现将我市二〇××上半年城市经济改革情况报上,请指正。
附件:	附:《关于我市二〇××年上半年城市经济改革情况》一份
发文机关: 成文日期:	××市委 二〇××年×月×日

第二节　请示

一、请示概述

(一) 概念

《条例》中阐述,请示是"适用于向上级机关请求指示、批准"的公文。请示是下级经常使用的一种陈请性上行文。在日常工作中,人们在需要写作请示的时候常说"打个报告",甚至还有人仍在使用"请示报告"文种。这都是把请示与报告混为一谈,这就更加需要认清请示的特点,注意请示与报告的区别,掌握请示的写法。

(二) 特征

请示的特征可以在与报告的比较中看出,请示产生于事前,不能"先斩后奏",这是区别于报告的主要特征之一。

1. 陈请性

请示是向上级机关请求指示和批准的公文,行文内容具有请求性。而报告是向上级机关汇报工作、反映情况、答复上级机关的询问或者要求的公文,具有陈述性。

2. 求复性

请示的行文目的是请求上级批准,解决某个具体问题,要求作出明确答复。而报告的目的则在于使上级掌握某方面或者阶段的情况,不要求批复。

3. 超前性

请示行文时机具有超前性,必须在事前行文,等上级机关作出答复之后才能付诸实施。而报告则可在事后行文,也可在工作进行过程中行文,一般不在事前行文。

4. 单一性

请示事项具有单一性,要求一文一事。报告可以一文一事,也可以一文数事。

(三) 分类

根据行文的目的和内容的不同,请示通常可分为以下两种。

1. 事项性请示

这种请示是下级机关请求上级机关审核批准某项或者开展某项工作的请示,属于请求批准性的请示。这种请示多用于机构设置、审定编制、人事任免、重要决定、重大决策、大型项目安排等事项。这些事项按规定本级机关无权决定,必须请示上级机关批准。下级机关在工作中遇到人力、物力、财力等方面难以解决的事项,请求上级机关给予帮助、支持的请示,也是事项性请示。

2. 政策性请示

下级机关往往会在工作中碰到某一方针、政策等不明确、不理解的问题,或者碰到新问题和情况,要弄清楚和解决这些问题,可用请示行文,并提出解决的意见,请求上级机关给予明确的解释和指示。

二、请示的写作规范

请示的写法及结构,在行政公文中应该说是比较规范的,包括标题、正文和落款。

(一) 标题

请示的标题一般由发文机关、事由和文种构成,发文机关有时可以省略。不能将"请示"写成"报告"或者"请示报告",事由中也不要重复出现"申请""请求"之类的词语。

(二) 正文

请示的正文有缘由、事项和结束语三部分。

1. 缘由

缘由是请示事项和要求的理由及依据。要先把缘由讲清楚,然后再写请示的事项和要求,这才能顺理成章。缘由清晰与否,关系到事项是否成立,是否可行。缘由也关系到上级机关审批请示的态度。因此,缘由常常十分完备,依据、情况、意义、作用等都要写出。

2. 事项

事项包括办法、措施、主张、看法等。请示的事项,要写得具体、明白,符合法规,符合实际,具有可行性和可操作性。如果请示的事项内容比较复杂,要分清主次,一条一条地写出来,条理要清楚,重点要突出。不能把原由、事项混在一起,否则会让上级部门不知道要解决什么问题。

3. 结束语

请示的结束语有"妥(当)否,请批示""以上请示,请批示"等。结束语是请示必不可少的一项内容,不能遗漏,更不能含糊其辞。

(三)落款

落款包括署名和时间两项内容。

三、请示的写作要求

1. 一文一事

一份请示只能写一件事,这是《条例》所规定的,也是实际工作的需要。如果一文多事,可能导致受文机关无法批复。

2. 单头请示

请示只能主送一个上级领导机关或者主管部门。如果需要,可以抄送有关机关。这就可以避免出现推诿、扯皮的现象。

3. 不越级请示

不得越级请求。如果因特殊情况或者紧急事项必须越级请示时,要同时抄送越过的直接上级机关。除个别领导直接交办的事项外,请示一般不直接送达领导个人。

4. 不抄送下级

请示是上行公文,行文时不得同时抄送下级,以免造成工作混乱,更不能要求下级执行上级机关未批准和批复的事项。

四、例文选读

公文结构分析	案 例
标题:"事由+文种"	**关于人事股改为政工股的请示**
主送机关:	县政府:
正文:	为适应目前经济建设的需要,加强职工政治思想教育工作,经研究,拟将我局人事股改为政工股。 　　妥否,请批示。
发文机关:	××县××局
成文日期:	××××年×月×日

第三节 批复

一、批复概述

(一) 概念

《条例》中阐述,批复是"适用于答复下级机关请示事项"的公文。批复是直接上级用来答复下级请示的公文。请示和批复紧密结合,这在行政公文中是唯一的。

(二) 特征

1. 被动性

批复必须以请示为存在条件,先有请示后有批复。任何一份批复都是因为有请示才形成的,这一点和大多数主动行文的行政公文不同。

2. 针对性

批复内容有很强的针对性,请示什么事项就批复什么事项,绝不能离开请示的内容来批复其他。因此,批复的内容是由请示的内容来决定的。批复的针对性还体现在批复的主送单位只能是请示单位,涉及的有关单位可以抄送。

3. 权威性

请示的事项是发文机关无权解决的问题,批复来自上级主管部门,代表着上级机关的权利和意志,下级机关要在接到批复后严格按照批示要求认真执行,特别是有关重要事项或问题的批复,往往具有法规作用。

4. 指示性

批复,首先是批,即批准,对下级机关的请示表态,或同意、赞成,或不同意、不批准;然后是复,即答复、回复,是对下级机关请示事项的具体意见。不论同意与否,都是上级机关的指示。

(三) 分类

针对内容的不同,批复可以分为以下几类。

第一,直答性批复。此种批复指对上报请示的单位直接作出批复。

第二,具体性批复。此种批复指对下级机关请示的具体事项具体答复。

第三,指导性批复。此种批复指在答复下级机关请示事项时,就某一方面的工作或活动提出指导性要求。

第四,法规性批复。此种批复指在批准同意下级机关拟定的行政法规制度发布实施时使用的一种批复。

二、批复的写作规范

批复的内容结构包括标题和正文两部分。

（一）标题

批复的标题一般要求写明事由和文种。有些重要批复,标题要写出批复机关。

（二）正文

批复的正文包括批复缘由和批复事项两部分,主体部分是批复事项。缘由指批复的原因和根据,一般只用一句话说明请示的日期、标题和发文字号以及收文情况,有的不重要的批复仅仅写出"来文收悉"。最好写成"你×月×日《关于××××的请示》××〔2012〕×号文收悉"。事项指批复的具体内容。批复事项必须紧扣请示事项,逐条批复。批复事项的内容包括批复态度和批复意见。态度要鲜明,或者完全同意,或者部分同意,或者不同意。意见要具体,一般分条逐项列出,有的批复还提出具体处理意见。批复不能含糊不清,也不能回避不复。

三、批复的写作要求

1. 认真研究,掌握请示

批复针对请示,就要研究请示是否符合工作实际,是否符合政策法规。

2. 态度鲜明,批复清楚

同意还是不同意,原则同意还是完全同意,一定要鲜明地表示态度。有什么具体要求,分条分项,要在回复事项中说清楚。

3. 语言精练,篇幅短小

批复不需要长篇叙述和议论。语气要坚决肯定。

四、例文选读

公文结构分析	案　　例
标题:"发文机关＋事由＋文种"	国务院关于同意××省和××省人民政府 联合勘定的行政区域界线协议书的批复
主送机关:	××省、××省人民政府:
正文:	你们《关于呈请批准〈××省人民政府和××省人民政府联合勘定的行政区域界线协议书〉的请示》(晋政发〔2011〕91号)收悉。同意《××省人民政府和××省人民政府联合勘定的行政区域界线协议书》。请你们认真遵守协议书的各项规定,维护两省区边界地区的稳定,共同促进经济与社会发展。 　　此复
发文机关: 成文日期:	国务院 二〇一一年十一月二十八日

第四节 议案

一、议案概述

(一) 概念

《条例》中阐述,议案是"适用于各级人民政府按照法律程序向同级人民代表大会或者人民代表大会常务委员会提请审议事项"的公文。

(二) 特征

1. 法定性

按照国务院办公厅的规定,只有各级政府才能向同级人民政府代表大会提出议案,党团组织、社会团体、政府各部门、企事业单位等都无权提出议案。

2. 定向性

议案只能由政府行文,行文时发文机关可以署政府机关首脑的名字,但必须前加职务说明。政府的工作部门,即使是国务院部委也不能使用议案。

3. 法规性

凡纳入法律程序的事项,政府无权决定,必须提请各级人民代表大会审议。提请事项一般是关于国家主权、权力和利益的事情,如条约草案,或者是附有重要法律法规的草案,或者是政府机关主要领导人的任免等,严肃庄重,政策性、法规性极强。这些事项经人民代表大会审议通过后,有的可以形成法律条例,要求全社会遵守执行,有的交政府执行,有的则告知全社会知道。

4. 时效性

议案必须在各级人民代表大会或其常委会举行会议期间提出,否则不会被列为议案进行审议。

(三) 分类

议案可分为立法议案、政治议案和任免议案。

1. 立法议案

立法议案主要有两种情况:一是政府机构制定了某项法律或法规之后提请人大审议通过,二是建议、请求某行政机构制定某项法规。

2. 政治议案

政治议案用于提请审议办理重大政治事项和重大问题方案或者意见,如外交方面的重大原则问题、民族问题、国家主权问题等。

3. 任免议案

任免议案是用于提请审议决定政府机关主要领导人、驻外机构主要负责人任免的议案。

二、议案的写作规范

议案的格式与一般行政公文结构有所不同,写作上也有一些特殊要求。

议案是以政府名义行文的,其形式与其他行政公文略有不同,不套用现成的有正式文件版头的公文用纸,需要另行印制。议案结构一般包括发文字号、标题、主送机关、正文、签署、日期、主题词、印刷版记等部分。发文字号可以在标题右上方,也可以在标题右下方,甚至可以省略。其样式如下:

×× 〔2001〕× 号

××××关于提请审议
《××××××××××××》的议案

×××××:

××××××××××××××××××××××。

×××××××××××××××××××××××××××××。

××人民政府
××××年×月×日

主题词: ××　×××

×××××(制发机关)　　　　　　　××××年×月×日印

(共印××份)

议案的内容结构比较规范,包括标题、正文、签署三部分。

(一) 标题

议案的标题由发文机关、事由和文种构成,不能省略其中任何一项。

(二) 正文

议案的正文一般篇幅不太长,但是十分规范,其内容结构由缘由、事项、结束语构成。

1. 缘由

议案的缘由是提请审议批准事项的理由和依据,即为什么提出议案。缘由一般要求写得概括准确,说明提请审议事项的意义、作用以及有关背景。

2. 事项

议案的事项是在议案中提出要求审议的具体事项。行文时,把需审议的草案随文附上。如果事项是提请任免领导人,就列出要求任免的人的姓名及其职务。

3. 结束语

一般有"现提请审议""现提请审议,并请作出批准的决定""请审议决定"等结束语。

(三) 签署

议案的署名必须由政府机关首脑签署。国务院提交的议案,署总理的职务、姓名。市政府提交的议案,署市长的职务、姓名。

三、议案的写作要求

1. 熟悉法规、政策

由于议案的政治性、法规性很强,内容是重大事项,所以议案必须以法律、政策为依据。

2. 语言精练、庄重

议案篇幅不宜过长，缘由简明扼要，不必展开叙述和论述，语言要精练。同时，议案由政府提交自己的直接上级人民代表大会，所以要求语气庄重。

四、例文选读

公文结构分析	案　　例
标题："事由＋文种"	关于×××同志任职的议案
主送机关：	省人大常委会：
正文：	根据《中华人民共和国地方各级人民代表大会和地方各级人民政府组织法》的有关规定，现提请任命×××为省经济贸易委员会主任。 　　请予审议。
发文机关：	省长　×××
成文日期：	二〇一一年×月×日

需要特别指出，在人民代表大会举行期间，代表个人或者联名向会议提出的意见和建议，以议案形式提交会议处理，这不是以政府或者政府领导人的名义行文，不代表一级政府的意见，不属于行政公文。

第五节　函

一、函概述

(一) 概念

《条例》中阐述，函是"适用于不相隶属机关之间商洽工作、询问和答复问题、请求批准和答复审批事项"的公文。在行政公文中，函最为灵活，是唯一的平行文，适用范围最广。但是，日常管理工作中人们对函的认识有时不够准确，可能会出现这样的现象：忽视作为行政公文的函，对行政公文的公函和日常生活的私函分不清楚，特别是对请批函和请示含混不清。

(二) 特征

1. 多向性

平行机关之间，上下级之间，不相隶属机关之间，均可使用函。

2. 广泛性

函既可用于商洽工作，互通情报，询问和答复问题，也可用于向有关主管部门请求批准，或者主管部门批准事项。

3. 灵活性

党政机关、企事业单位、社会团体均可发函,格式比较灵活,内容单一。特别是便函可不拘泥于完整的公文格式,没有公文眉首和版记,主体也可以省略一些要素。

(三) 分类

从内容上分类,函可分为商洽函、问答函和请批函。

1. 商洽函

商洽函指针对某一事项与对方沟通商洽具体事宜的函。

2. 问答函

问答函针对来函或者来文事项作出答复的函。

3. 请批函

请批函是向平级的业务主管部门请求审批事项时使用的函。

从格式上分类,函可分为公函和便函。

1. 公函

公函多用于比较重要的具体事项,格式比较完整,使用公文纸,有发文机关标识、发文字号、公文生效标识(印章)等。

2. 便函

便函多用于一般事务性工作,没有完整的公文格式如标题,只有上款和下款,可用机关信笺,但是不标发文机关标识,不编发文字号,可以加盖机关印章,也可不盖。一般不入档案。行文对象往往是单一的,使用起来比较灵活方便。

从方向上分类,函可分为发函和复函。

1. 发函

发函指与平行或者不相隶属的机关单位商洽工作、互通情报或者向对方询问事项、提出要求等主动发出的函。

2. 复函

复函指被动地答复对方来函的行文。

二、函的写作规范

函的内容结构由标题、正文、签署组成。

(一) 标题

函的标题有两种形式:一是规范式标题,即由发文机关、事由和文种构成,如《××省科学技术委员会关于询问贯彻全省科学技术工作会议情况的函》;二是省略式标题,即由事由和文种构成,如《请配合做好搬迁工作的函》。便函可没有标题。

(二) 正文

函的正文由缘由、事项、结束语组成。

1. 缘由

缘由部分简明扼要地说明发出本函的原因、目的等。

2. 事项

事项作为函的主体部分,应根据需要写明商洽的内容,或者询问、答复的事项,或者请求批准的具体要求。

3. 结束语

不同类别的函,结束语也有所不同,如商洽函、互通情报函结束语用"此函""特此函达""特此函告"等;请批函、询问函结语用"请复""盼复""请研究复函"等;答复函结束语用"此复""特此函复"等。

(三) 签署

签署包括署名和时间两项内容。

三、函的写作要求

1. 直叙其事

函的写作最基本的要求是开门见山,直叙其事,不讲客套话,简洁地写出原因、事项即可。

2. 讲究礼貌

态度要诚恳,对平级或者不相隶属机关单位要平等待人。

3. 措辞得体

函用于不相隶属机关之间商洽工作、询问和答复问题、请求批准和答复审批事项。函可以在任何机关单位之间行文,不同的行文关系用语应有所不同:向上级行文应尊重、谦逊;平级单位之间应用平等、商量的口吻;对下级行文要严肃,但也不能盛气凌人。

四、例文选读

公文结构分析	案　例
标题:"事由+文种"	**关于增拨我校新增人员经费的函**
主送机关:	市教委人事处:
正文:	今年我校因教学工作需要,经市人事局批准录用、调入了11位同志。为此,请增拨新增人员今年的工资及各项补贴共××××元。请予核拨。(详见附表)
发文机关:	××大学人保科
成文日期:	二〇一一年十月十二日

第六节　纪要

一、纪要概述

(一) 概念

《条例》中阐述,纪要是"适用于记载会议主要情况和议定事项"的公文。

（二）特征

1. 纪实性

纪要必须是会议宗旨、基本精神和议定事项的概要纪实。对会议内容不能随意更改和增删，所记内容必须真实。如果材料失真，将会给贯彻执行会议精神造成困难，影响纪要的效力。

2. 概括性

纪要应以精炼的文字高度概括会议的主要内容和精神，充分反映会议内容中主要的、集中的、突出的、有倾向性的意见（包括有关结论和决定的主要内容），这样，对下一步工作才有真正的指导作用。要防止主次不分，甚至主次颠倒的情况，以免会议精神得不到如实的贯彻。

3. 条理性

纪要的内容不仅仅是简单的情况介绍，还要有必要的议论分析，讲清道理才能对工作产生启发指导作用。这就需要对会议讨论事项进行综合分析和整理加工。所谓条理性，即对会议议决意见，分类别、有层次、讲顺序地加以归纳。同时，表达形式上也应语言简洁，意思明确，切忌冗长。

4. 并行性

这是纪要在行文上的特点，纪要行文方式独特，如果报送上级，就必须使用报送报告；如果印发下级，则要使用通知。这一点，类似于发布令和被发布法规、批转性通知和被批转公文的情况。但是，纪要在行文中不是附件（附件往往是普通公文、技术公文或者专业公文），而是与报告或者通知合二为一，作为一份公文使用。

5. 特殊性

这是指纪要的称谓与其他公文不一样的地方，纪要一般使用第三人称写法。由于纪要反映的是与会者集体的意志和意向，常以"会议"作为表述主体，如"会议认为""会议指出""会议决定""会议要求""会议号召"等。

（三）分类

按照内容和性质，纪要大致可分为行政例会纪要、工作会议纪要和座谈会议纪要三类。

1. 行政例会纪要

行政例会纪要是领导机关召开办公会议或者行政例会时，根据会议研究决定的问题所形成的书面材料。

2. 工作会议纪要

工作会议纪要是社会组织召开专门性的工作会议，研究一些重大理论和实际问题得到共识，就共同研究的意见、办法所形成的书面材料。

3. 座谈会议纪要

座谈会议纪要是为解决某个主要问题，召集某些有代表性的人员参加，通过座谈讨论，形成比较一致的意见，然后将会议情况和讨论问题加以概括、整理而形成的书面材料。

二、纪要的写作规范

纪要写作的第一步是充分熟悉会议情况和材料,把握领会会议精神。然后,还要按照纪要特定的结构、写法和要求来写作。纪要的内容结构一般包括标题和正文。

(一)标题

纪要的标题有三种形式:一是由发文机关、会议名称和文种构成,如《××市人民政府第×次办公会议纪要》,这一类标题的写法多为例行会议纪要常用的标题形式;二是由会议名称和文种构成,如《全国卫生工作会议纪要》《××××座谈会纪要》;三是正副标题,如《探讨新时期文学的发展——中国当代文学研究会第二次学术讨论会纪要》,正标题反映会议的主要精神和内容,副标题反映会议名称和文种。

(二)正文

纪要的正文一般包括前言、主体和结尾三部分。

1. 前言(导语)

前言部分概述会议的基本情况,主要交代会议的召开单位、时间、地点、参加人员及主要议程。有的还要交代召开会议的动因和目的,主要领导同志的活动情况及会议产生的意义和作用等。

2. 主体

主体是纪要的核心,讲述会议的主要内容,要求准确简明地写出会议讨论的问题及结果,会议议决的事项,今后工作的指导思想、工作步骤、采取的措施等。这一部分的写作一般采用三种方式:概述式、归纳式、发言摘要式。

概述式即把会议讨论的内容、发言的情况综合到一起,概括地叙述出来。一般日常行政工作会议,讨论的问题比较集中,意见较为一致,概括地把会议的主要内容叙述出来即可。

归纳式即有些会议比较重要,规模比较大,讨论问题比较多,需要把会议的许多问题和意见,按内在逻辑顺序,归纳为几个方面或者几个问题,比较完整系统地写出来,以突出会议的中心和主旨。较大型的会议多采用这种写法。

发言摘要式即按会议发言的顺序,将每个人发言的主要意见归纳整理出来,以反映会议讨论的过程和会议结论的产生过程。这种写法能如实地反映各人的不同看法。一些讨论会、座谈会、研讨会的纪要常常采用这种写法。

3. 结尾

有的提出希望和要求,发出号召,要求有关单位认真贯彻会议精神,努力完成会议提出的各项任务。有的则不写结尾,会议的主要内容分述完了,全文也就自然结束。

三、纪要的写作要求

1. 掌握会议情况

写作纪要之前,最重要的是阅读会议性公文,了解会议有关情况。

2. 突出会议主题

会议主题往往是纪要的主旨或者中心所在。这就一定要把握和领会会议主题。在把握主旨这一纪要的核心之后,还要有重点、有条理、有详略地写作。

四、例文选读

公文结构分析	案　例
标题:"会议名称+文种" 时间: 正文:	**防控"春季流感"领导小组会议纪要** (2010年3月9日) 　　2010年3月9日,校防治"春季流感"领导小组组长、党委书记王德宠主持召开了防控"春季流感"领导小组会议,学校防治"春季流感"领导小组全体成员及相关单位负责人出席了会议。 　　会议主要内容: 　　(一)根据卫生部办公厅、教育部办公厅《关于加强学校春季流感防控工作的通知》(卫办疾控发〔2005〕8号)要求,就入春疾病防控的各项准备工作进行了研究和部署,同时提出以下要求。 　　①全校各级部门和相关单位要高度重视学生返校工作,各项措施只能加强。 　　………… 　　(四)研究讨论了学校在防治"春季流感"期间各种经费支出等问题。
发送机关: 成文日期:	防控"春季流感"领导小组办公室 二〇一〇年三月十日

思考题

1. 为什么请示的主送机关只能有一个?
2. 请判断下列情形应用哪种公文行文。
(1) 全国人大公布有关领导职务的任免。
(2) 市政府因市政建设需要,告知某路段住户必须限期搬迁。
(3) 某市税务局公布征收年度税款事项。
(4) 某市公安局交警支队车辆管理所告知搬迁事宜。
3. 指出下面这份通知的毛病,并作出修改。

××县人民政府关于召开经济工作会议的通知

县属各镇(乡)、局(行)、厂矿:

　　为总结经验,加速振兴我县经济建设的步伐,县政府决定在本月中旬召开经济工作会议,现将有关事项通知如下:

　　(一)参加会议人员为各单位主管经济工作的主要负责人;

　　(二)参加会议人员应认真准备有关经济工作情况及今后工作打算的材料,以便在会上汇报或者交流;

　　(三)参加人员应带齐日常生活用品及伙食费,并于15日5时到县政府报到;

(四)会议结束后,将布置今年下半年的工作安排。

以上通知,希遵照执行。

××县人民政府办公室
××年×月×日

4. 分析下面这份请示,指出毛病,进行修改。

关于把××县侨联、工商联定为正局级机构的请示报告

市编制委员会:

一、侨联是团结、联系广大归侨、侨眷和海外侨胞的人民团体。几年来,我县侨联在县委、县政府统一领导下,认真贯彻执行党的侨务路线、方针、政策,在团结和动员广大港澳台同胞、海外华侨和归侨、侨眷为我省四化建设作出贡献及争取台湾回归祖国等方面做了大量工作,取得一定成绩。但我县侨联机构级别尚未确定,同当前侨联的地位、作用和任务不相适应。为了进一步开创我县侨联工作新局面,根据国务院国发〔1980〕136号文、中共中央办公厅中办发〔1981〕29号文关于各地侨联组织应与同级人民团体同等待遇的精神,经县委、县政府同意,我委拟将××县侨联定为正局级机构,归口县委统战部管理。

二、我县工商业联合会于1984年恢复了机构,定编三人,但未予定级。新时期,工商联担负着教育原工商业者、"三小"成员,对内对外开展"三胞"联络,推行"一国两制"的实施和建设社会主义四个现代化的重任。为了加强管理,更好地开展工商业联合会的各项业务,适应新时期新特点的要求,经县委、县政府同意,我委拟将××县工商业联合会定为正局级机构,并请增加两个人员编制,归口县委统战部和县政协管理。

以上请示妥否?请批示。

(××县编制委员会印)
二○一一年一月八日

5. 分析下面批复的毛病,进行修改。

关于要求拨给抢修校舍专款请示的批复

××镇教育办:

你们的请示收悉。这次强台风的破坏,使你镇校舍损失惨重,造成许多班级无课室上课。经研究,可考虑拨专款15万元以内给你镇抢修教室,不足部分请自筹解决。

此复。

(××县教育局印)
二○一一年七月三十日

6. 请代某市工商行政管理局向上级写一份开展商业信用思想道德教育活动的意见。
7. 工作报告与情况报告有哪些区别?
8. 说明请批函和请示的区别。
9. 纪要正文主体有哪几种写法?

第四章 事务文书

事务文书是党政机关、企事业单位和社会团体在日常公务活动中处理事务、沟通信息、安排工作、总结得失、研究问题时所制定和使用的法定公文之外的各种事务性文书的统称。事务文书不属于正式文件,与法定公文相比,事务公文的使用更为灵活,它没有统一的规定的文本格式,也不必依循特定的程序进行处理,必要的时候可以直接向社会公布,或者公诸媒体,它在实际工作中应用非常普遍。本章主要介绍计划、总结、调查报告、简报、述职报告、典型材料、公示等几种常用的事务文书。

第一节 计划

一、计划概述

(一) 概念

计划是党政机关、企事业单位、社会团体以及个人,根据国家的有关方针政策、上级的指示精神以及自己的实际情况,对未来一定时期内的工作、生产、学习等事务作出筹划和安排的一种事务文书。计划是事务文书中的一种常用文体,也是人们在日常生活中使用频率很高的一种文体。《礼记·中庸》中说,"凡事预则立,不预则废",也是要求人们在做任何事情之前都要有所准备,有所计划。制订科学可行的计划,能够有效地减少工作中的盲目性,避免工作中可能出现的失误,从而高效高质地完成工作。

在实际工作应用中,计划按其成熟程度、时间长短以及其他因素,也可称为"设想""意见""方案""安排""规划""纲要""工作要点"等。"设想"是指还未成熟的、提供参考的计划,如《郑州市关于建设龙子湖大学城的设想》。"意见"是指内容完整、指导性较强的计划,如统计局的《关于加强和完善服务业统计工作的意见》。"方案"则是针对某一专项工作作出详尽安排的计划,如《医药卫生体制改革近期重点实施方案(2009~2011年)》。"安排"是指对短期内所做工作提出的具体计划,一般用于范围较小、时间较短、内容单一、要求具体的短期行为,如《××大学关于2009~2010学年寒假工作的安排》。"规划"是一种带有全局性、长远性和方向性的计划,它的适用时间较长、范围较广,如《中华人民共和国国民经济和社会发展第十一个五年规划》。"纲要"是指对全局范围内带有远景发展设想的某项工作作出的提纲挈领式的总体计划,如《国家中长期人才发展规划纲要(2010~2020年)》。"工作要点"则是一个单位在一定时间内工作计划的主要方面和要点,如《××学校2011年教务工作要点》。

(二) 特点

1. 预见性

计划是在工作实施之前制订的,是针对未来一段时间内的目标、任务而制订的具体可行的行动方案。制订计划的最终目的是为了发展,因此计划必须要有超前意识,要对今后工作中可能出现的问题和遇到的困难有充分的认识并提出切实可行的对策。

2. 可行性

制订计划的目的是为了实施,它不仅应具有预见性,而且应有可行性。因此在制订计划的目标、任务时要从实际出发、量力而行,目标的确定、任务的安排要切实可行,如果目标定得过高,任务过重,那就会挫伤大家工作的积极性;如果目标过低,则不能调动工作的积极性,直接影响工作的效率。

3. 约束性

计划一经通过和批准,就具有了法定公文的效力。它对所涉及范围内的人员的实践具有权威性和约束力。计划开始实施后,与之相关的活动必须严格按计划内容执行。各部门不得随意更改计划内容,或实施与计划内容相违背的活动。

(三) 分类

计划的种类很多,按不同的标准可以有不同的分类方法。

按时间分,计划有长期规划、年度计划、季度计划、月度计划等,如国家的"十二五规划"、《××单位2009年度工作计划》等。

按内容分,计划有工作计划、生产计划、科研计划、学习计划等,如某单位的质量检查计划、产品创新计划,某学校的自然科学研究计划,学生为自己制订的法律知识学习计划等。

按性质分,计划有综合性计划和单项计划。综合性计划是指一个单位或组织就其发展的整体目标和要求在一定时限内作出的总计划,如国民经济计划,某市高新技术产业区发展计划等。单项计划是指单位或组织就其整体工作中的某一方面作出的具体安排,如某个城市市区的道路绿化计划,体育教学中的跳绳单项教学计划等。

按范围分,计划有个人计划和组织计划,如个人的学习计划,单位的销售计划,国家各个领域的改革计划等。

在实际的工作应用中,这些计划的种类在同一篇计划中往往是同时存在的,如《××职业学院2010年度工作计划》,它既是工作计划,又是年度计划,也是组织计划。

二、计划的写作规范

计划常见的格式有三种:一是条文式,二是表格式,三是条文表格结合式。条文式是对计划的内容进行分条列项地表述;表格式是用表格的形式把计划的内容表现出来;条文表格式则是二者兼用,既有文字叙述又有表格的呈现。无论是哪种形式的计划,其结构还是比较相近的,一般都由标题、正文、落款这三部分组成。

(一) 标题

计划的标题一般由制订计划的单位名称、适用时限、主要内容和文种四个要素组成,如《郑州市铁路局 2007 年铁路建设计划》。在实际工作中根据需要,标题中也可以不出现单位的名称,只在落款处注明,或者省略时间而在正文中提出。如果计划尚处于征求意见、讨论、修改等阶段,则需要在标题后用括号注明"草案""初稿""征求意见稿""修改稿"等字样。

(二) 正文

计划的正文主要包括前言、主体和结束语三个部分。

1. 前言

前言是计划的开头,主要交代制订计划的依据、理由、目的、意义等方面的内容,即为什么要制订该计划,制订该计划的作用是什么。在不同的计划当中,这些内容可以有所侧重。

2. 主体

主体是计划的主要内容。这一部分内容具体来说又分为两个层次:第一层是计划的目标、任务及要求;第二层是实现这些目标的具体措施、步骤。首先,要写清楚计划的目标是什么,说明"做什么",也就是说,根据需要和可行性,提出本计划在期限内应完成的任务和达到的目标;其次,在提出任务和目标后,要提出具体可行的措施,明确做哪些工作,这些工作怎么去做,分哪几个步骤完成,还要一一写明完成的期限和人员分工,财力、物力的安排等。

3. 结束语

这部分内容是计划内容的补充,一般包括执行计划时应注意的事项,需要说明的问题,或者是未来的展望或要求,提出希望和号召等。

(三) 落款

在正文的右下方,要注明制订计划的单位名称和日期。如果在计划标题上已标明了单位名称,结尾处可不必重复,只需写明制订日期。上报或下达的计划,要在落款处加盖公章。

三、计划的写作要求

1. 切合实际,符合政策规定

计划的制订关系着计划的执行和目标的实现,一定要建立在本单位、本部门的实际情况的基础上,也一定要符合党和国家现行的方针政策,法律法规。

2. 目标科学,任务要具体

制订计划的目标时要做到科学性。既要积极又要稳妥;既能调动积极性,又不能让人产生畏难情绪。任务的表述也要做到明确具体,不能模棱两可。

3. 方法得当,措施可行

制订计划要做到重点突出,方法得当,措施具体可行,这样既便于执行,又便于检查。

四、例文选读

中国联通分公司党委 2010 年工作计划

2010 年是全面贯彻落实党的十七大作出的战略部署的开局之年,是我国改革开放 32 周年、移动通信进入中国 22 周年,是公司在激烈的市场竞争中,好中求快,寻求新发展,实现新跨越的关键之年,做好 2010 年工作意义重大。

面对新形势、新局面,2010 年公司党委工作的指导思想是:深入学习贯彻党的十七大精神,以邓小平理论和"三个代表"重要思想为指导,深入贯彻落实科学发展观,以加强党的先进性建设为主线,以加强领导班子建设为重点,以文明创建活动为载体,以构建和谐促进发展为目标,不断增强党建工作的活力和实效,进一步调动广大党员和干部员工的积极性、创造性,为实现公司"两加速,两提升"目标提供政治保证、思想保证和组织保证。六安分公司党委 2008 年工作计划如下:

(一)深入学习贯彻党的十七大精神,增强贯彻落实科学发展观的自觉性
……
(二)加强领导班子建设,努力提高领导公司科学发展的能力
……
(三)以党的基层组织建设为重点,加强党员队伍建设
……
(四)加强党风廉政建设,为公司健康发展提供保证
……
(五)以文明创建活动为载体,把思想政治工作和精神文明建设引向深入
……
(六)加强对工会、共青团等群众组织的领导,支持工会、共青团依法照章
……

第二节 总结

一、总结概述

(一)概念

总结是对已经完成的工作或某一阶段的工作等进行全面系统地反思、分析和研究,从中找出经验教训用以指导今后的实践工作而形成的一种事务文书。

总结是事务文书的常用文体。一个阶段的工作或学习,总蕴涵着人们的体力劳动和精神劳动,那么从已完成的活动中获取经验教训,避免在以后的工作中犯重复性的错误或者是再走弯路就显得十分必要。总结的写作过程是人们发现问题、分析问题、寻求解决问

题的过程,是人们把自我主观的、零散的感性认识上升为系统的、深刻的理性认识的过程。它在保存人类的智慧成果,交流信息,互通经验方面发挥着积极的作用。

(二) 特点

1. 真实性

总结的真实性体现在两个方面:一方面是材料必须真实可靠,对个人的主观努力、外界的环境因素、客观的偶然因素等的回顾分析都要做到客观公正;另一方面是结论的真实性,对取得的成绩、成功的经验不要夸大其词,对存在的问题也不能视而不见或故意隐瞒。只有客观真实地总结,才能达到总结的真正目的,发挥总结应有的作用。

2. 概述性

总结应以概括性的叙述为主要表达方式,这一点与计划有着明显的区别。它不必把工作的经过写得面面俱到,更不必进行细节描写,而只需交代清楚"做了什么""做得怎样"即可,通过一些概述性的语言总结经验和教训,提炼出规律性的东西,从而给人以启发和思考。

3. 理论性

由于总结是对已经完结的工作的回顾,因而它的写作势必要运用分析、归纳、综合等抽象的逻辑思维方法,把零散的、肤浅的感性认识上升到带有规律性的理性认识,以指导人们未来的实践工作,从而体现出总结较强的理论性。

(三) 分类

总结的种类很多,按不同的标准进行划分,总结可分为不同的种类。

按时间分,总结有月度总结、季度总结、年度总结等。

按内容分,总结有工作总结、生产总结、学习总结、科研总结、会议总结、活动总结等。

按性质分,总结有综合性总结和专题性总结。综合性总结是对单位、个人等某一阶段的工作进行比较系统、全面地回顾和总结,如各个单位在年终所进行的年终总结。专题性总结则是专门针对某一专项工作所作的总结,如《××公司 2008 年保密工作总结》《"十二五"节能减排工作总结》等。

按范围分,总结有个人总结、部门总结、单位总结、地区性总结、全国性总结等。

二、总结的写作规范

总结的内容结构一般包括标题、正文、落款三个部分。

(一) 标题

总结的标题有以下两种形式。

1. 公文式标题

公文式标题一般由单位名称、时间、内容、文种构成,如《××职业学校 2010 年教师考核工作总结》。如果在单位内部进行的总结,也可省略单位名称,只写时间、内容和总结种类,如《2011 年教学工作总结》,或者省略时间而在正文中交代,只写内容和总结种类,如《学习"科学发展观"重要思想的总结》。

2. 文章式标题

文章式标题的写法灵活多样。可以直接用总结中经验教训作为文章的标题,如《切实加强对领导干部的监督和制约》；也可以直接点出文章所写的主要内容，如《我市干部思想作风建设的成效及存在的问题》；或者采用正副双标题相结合的写法，如《与时俱进，开拓创新——××学校二OO九学年度工作总结》。

（二）正文

正文是总结的核心部分，一般包括前言、主体、结束语三个部分。

1. 前言

前言部分主要概述工作的基本情况，包括时间、背景、指导思想等，简要概括工作的主要内容以及取得的成效，使读者对总结的整体内容有所认识。

2. 主体

主体部分主要写主要做法、成绩与经验、问题和教训。要通过对工作情况的回顾，具体写明做了哪些工作，是怎样做的。还要对已经完成的工作进行分析研究，看哪些做法是成功的、行之有效的，从中归纳出带有规律性的认识以指导日后的实践；有哪些是做得不到位的或者需要更正提高的，也要实事求是地指出，提出建议，以利于今后工作的改进。

3. 结束语

结束语部分一般是写今后工作的努力方向，下一步的打算，对单位或个人提出的新要求和希望等。如果这一部分在正文中已经有所交代，也可省略。

总结的正文根据种类和需要不同，可以有多种写法，但基本思路主要有以下两种：一种是用"基本情况——主要做法——成绩及经验——存在问题及教训——下一步打算"的思路来结构文章；另一种是采用"横式结构"，用小标题标示，分别按照各个方面的工作来写，边写做法、成绩、经验，边写存在的问题及教训和打算。作者可以根据实际情况选择恰当的写法，并在具体的写作中对各个部分的安排有所侧重。

（三）落款

在正文的右下方注明总结的单位名称或个人姓名以及成文日期。如果总结将单位名称或个人姓名写在标题的下一行，那么落款处只写成文日期即可。用于上报的总结，落款处应加盖单位公章。

三、总结的写作要求

1. 深入实际，详细占有材料

要写好总结，必须深入实际，占有详尽的材料，特别是一些典型事例、数据。这些典型材料能使总结变得具体生动，有说服力。

2. 总结规律，揭示本质

总结的目的是为了指导今后的工作。因此，写总结要议事论理，通过概述，分析实际情况，加深对工作的理性认识。

3. 叙议结合，观点和材料有机统一

总结是通过对以往工作的回顾分析，找出有规律性的认识。在写作时，要摆情况，谈做法，讲经验。这就要叙和议结合。可以先叙后议，也可以先议后叙，亦可以夹叙夹议，做到用观点统帅材料，用材料说明观点，使观点和材料得以有机统一。

四、例文选读

办公室 2011 年工作总结

近年来,我们总公司办公室认真贯彻落实县委、县政府的各项安排部署,大力践行"××××"重要思想,本着"服务到位、协调到位、把关到位、参谋到位"的工作原则,充分发挥办公室的职能作用,较好地完成了各项工作任务。在具体工作中,我们主要有三个方面的做法和体会。现将 2011 年工作总结如下:

(一)围绕中心工作,搞好全方位服务

……

(二)做好日常工作,做好办公室工作计划,树立良好形象,开创办公室工作新局面

……

(三)改善机关容貌,创造良好工作环境

……

我们虽然取得了一定的成绩,但在工作中仍存在着差距和不足。有应付琐碎性事务多、下企业调查研究少的问题,有为领导提供有分量、有价值的内容不够全面的问题,有存在畏难情绪、工作推进力度不大的问题,等等。这些问题的存在,不同程度地影响着我们的工作。今后,我们将坚决加以纠正和改进,大力发扬求真务实、迎难而上、与时俱进、开拓创新的精神,积极做好办公室工作,以不断适应新形势,迎接新挑战,开创新局面。在 2012 年到来之际,做好 2012 年个人工作计划,争取将工作做到更好。

×××

××××年×月×日

第三节 调查报告

一、调查报告概述

(一)概念

调查报告是指对某一情况、某一问题、某一事件、某一经验等,经过在实践中对其客观实际情况的调查了解,将调查所得到的资料进行整理、分析后写出来的反映客观实际情况,揭示事物本质与发展规律的书面报告。它既要有详尽的、充分的关于基本情况的调查,又要有"去粗取精、去伪存真、由此及彼、由表及里"的分析研究,同时还要有符合客观事物的发展规律、具体可行的对策、建议。

调查报告在实际生活中的应用非常广泛,它可以为领导的决策提供依据和参考,对实际工作产生指导推动作用;也可以扶植新生事物,倡导先进经验;或者揭露社会丑恶现象,探讨发生悲剧和不幸的原因,起到"警钟"的作用。

(二)特点

1. 针对性

调查研究总是有着具体明确的研究对象和研究目的,它是针对某一具体的情况、问题、事件等进行的有的放矢的调查研究,目的是为了得出有价值的研究成果。调查报告针对性越强,其解决问题的实效性就越大。

2. 科学性

科学性是调查报告的生命线,失去了科学性,调查报告也就失去了其存在的意义和价值。调查报告的科学性具体表现在三个方面:一是材料的真实可靠。作者必须要在占有充分翔实的资料的基础上从事研究。二是分析研究过程的科学严谨,实事求是。这就要求作者要有严谨踏实、求真求实的工作作风和精神。三是调查研究结果的客观性、指导性与对策的可行性。作者要在分析研究的基础上,得出符合事物发展规律的认识,提出的建议也要具有指导性和可行性。

3. 典型性

调查报告的对象必须是典型的,而不是个别现象和特殊例子,所运用的材料要具有典型性,所得出的结论和规律也要有普遍意义,这是由调查报告以点带面、指导一般的功能所决定的。只有这样,写出来的报告才有较强的说服力,才具有现实意义和对工作的普遍性指导意义。

(三)分类

根据调查报告所反映的内容,可以将其分为以下五种类型。

1. 反映情况的调查报告

这类报告主要用于反映一个地区、某一领域、某一事物等的基本面貌,它可能提供全面的情况,或者反映出某种动态、倾向,以引起有关部门的重视,成为决策的参考依据。这类报告通常用于向上级报告工作,在写法上偏重于情况的全面性、客观性。

2. 总结典型经验的调查报告

这类报告通过对先进典型的深入调查分析,总结概括出具有启发和参考意义的经验和办法,以指导和推动整体工作。这类报告主体部分的写作应充分展开,既要有对典型材料的具体叙述,也要有对材料的总结分析研究;不仅要有感性认识,更要上升到理性认识,以发挥此类调查报告的指导意义和推广价值。

3. 介绍新生事物的调查报告

这类调查报告主要用于报告评价新生事物,它多在"新"字上下工夫,重在扶持和促进新生事物的成长壮大。在写作上一般要比较全面完整地反映新生事物的发展过程和成长规律,说明新生事物出现的社会背景,以揭示它的现实意义和社会作用。

4. 揭示问题的调查报告

这类调查报告主要是针对社会生活和工作中存在的不良现象和问题进行的调查,重在揭示问题弊端,指出其危害性,并且要分析产生此类现象和问题的原因,提出解决的建议和方法,以引起有关部门的重视,促进问题的解决。

5. 查明真相的调查报告

这类报告多针对社会和群众反映强烈的问题和事件进行调查,用确凿的事实揭示事实真相并作出正确的评价,以还历史本来面目。它的写作一般要交代清楚三个部分的内容:事物的本来面目、被歪曲的情况和处理意见。要写明事件被歪曲的原因和具体责任人,以起到教育引导的作用。

二、调查报告的写作规范

调查报告的内容结构通常包括标题、署名、正文三部分。

(一)标题

调查报告的标题主要有公文式标题和文章式标题两种形式。

1. 公文式标题

公文式标题一般由调查事由和文种构成,有的也注明调查报告的作者,如《沙湖大学学生工作处关于学生厌学的调查报告》《关于中学生上网情况的社会调查报告》《中国农村老年人生活现状的调查报告》,这种标题简洁明了,使读者一看便知调查的主要内容,是调查报告中最常用的一种标题形式。

2. 文章式标题

文章式标题的写作自由而且灵活,可以用标题直接概括调查报告的主要内容或观点,如《××市在改革开放中迅速发展的个体私营经济》《坚持改革是提高企业经济效益的必由之路》;也可以采用提问的形式以引起读者的兴趣,如《大学生缘何就业难?》《讨薪农民工裸体游行究竟羞辱了谁?》;或者采用正副标题结合的形式,正标题直接点明主题或结论,副标题说明调查的对象和文种,如《关注大学生的健康消费——当代大学生消费状况的调查报告》《打造投资兴业的"一方乐土"——对邯郸市优化发展软环境的调查与思考》。

(二)署名

调查报告一般都要求署名,以单位名义进行的调查要在标题正下方写出单位名称,有的需要加成文日期;以个人名义进行的调查要写出个人姓名以及所在工作单位的名称。有的署名也可加在正文结尾的右下方,以落款的形式署名。

(三)正文

调查报告的正文通常包括前言、主体、结束语三大部分。

1. 前言

调查报告的前言一般要简要地介绍调查的时间、地点、目的、背景、对象、范围、内容及调查方法等。其写法多种多样,没有固定的模式,可以以叙述为主,也可以以议论、说明为主,或兼叙述、议论、说明为一体。

2. 主体

调查报告的主体是对调查情况的具体展开。首先应对调查的情况进行详细叙述并分析,然后研究、分析事实材料所揭示的事物本质及其特点、规律、思考、启示等,最后得出调查的结论,并提出相应的建议或对策。主体部分内容丰富,结构安排力求条理清晰、简洁明快。它的写作直接决定着调查报告的质量,也决定着调查报告的价值。

3. 结束语

调查报告的结束语的写法多种多样,或总结报告情况,进一步深化主题;或提出希望、要求、建议等;或提出新的问题,展示发展趋势;或说明有关情况,如调查过程中遇到的而主体中没有提及的一些情况。无论采用哪种形式,都必须简洁有力,言简意赅。

三、调查报告的写作要求

1. 深入调查研究,占有材料

调查越深入,掌握的材料就越全面,这是写作的基础。对于材料的占有,既要有面上的,又要有点上的;既要有正面的,又要有反面的;既要有横向的,又要有纵向的。

2. 要抓住中心,突出重点

在写作时,要注意抓住典型的、有说服力的材料来说明观点,突出重点,使观点有较强的说服力。

3. 叙议结合,讲究语言艺术

调查报告一般使用第三人称,采用夹叙夹议的方法。叙是介绍情况,摆事实。议是提出问题,表明观点,这样会使调查报告有理论深度,给人以启示。

四、例文选读

农委关于农民工工作情况的调研报告
(2010 年 4 月)

为配合全国人大常委会听取和审议国务院关于转移农村劳动力,保障农民工权益工作情况的报告,全国人大农委于 2009 年 12 月至 2010 年 4 月对农民工工作情况进行了调研,组成了三个调研组赴江苏、陕西、云南、广西、广东等五省(区)开展调研,农委主任委员、副主任委员及部分委员采取多种方式对山西、吉林、四川、福建等四省进行了调研。农委听取了发改委、人力资源和社会保障部等十个部委工作汇报,提前听取和审议了国务院关于转移农村劳动力,保障农民工权益工作情况的报告。近年来,各地认真贯彻党的十七大和十七届三中、四中全会和中央经济工作会议精神,以扩大就业和维护农民工合法权益为重点,不断改进农民工工作,取得了较为明显的成效。同时,随着经济社会的发展和农民工群体结构的变化,农民工就业和维权面临着一些新情况、新问题。现将有关情况报告如下:

(一)农民工工作的基本情况

....

1. 采取有效措施稳定和扩大农民工就业,鼓励农民工创业

....

2. 注重农民工职业技能培训,不断提高培训补贴标准

....

3. 积极推进农民工参加社会保险,提高社会保险覆盖面

....

4. 切实维护农民工合法权益

……………

5. 改善和加强农民工公共服务工作

……………

6. 农民工工作机构和工作机制不断健全

……………

（二）农民工工作存在的主要问题

……………

（三）几点建议

……………

做好农民工工作是关系到国民经济稳定较快发展的重大战略问题，要充分认识做好农民工工作的长期性和复杂性，相关部门要进一步研究做好农民工工作的具体政策和措施。

第四节　简报

一、简报概述

（一）概念

简报就是对某方面信息的简短报道，是党政机关、企事业单位、社会团体等用来反映情况、指导工作、沟通信息、交流经验时使用的一种事务文书。

简报因其简短精要的特点使它备受青睐，它是事务文书中使用数量最多、应用范围最广的文种之一。它可以作为向上级机关或领导反映情况、汇报工作的文书，具有报告的功能；也可以是向下指导工作的文书，是上级领导开展布置工作的重要载体；亦可以作为单位内部传递信息、交流经验的文书，具有资料的性质。简报一般不公开发行，只在本系统或本单位内部交流使用。在日常工作中，简报又有"动态""简讯""要情""情况反映""情况交流""内部参考"等名称。

（二）特点

1. 简要性

简报正如同它的名称一样，要求篇幅短小精悍，内容简洁精炼。简报一般一稿一事，字数以千字左右为宜。对于综合性简报，则要把要写的材料进行归纳、提炼，抓住最能反映事物本质的特征来写，其他细枝末节则要摒弃。对内容较多的简报也可以分期编发，一期一个重点，避免几个观点纠缠在一篇简报里。简报的简要性要求秘书人员在撰写简报之前，必须对材料进行分析研究，精心挑选，选择出那些最能反映事物本质特点的典型材料加以使用，做到不堆砌，不罗列。要通过对材料的剪裁突出主题，缩短篇幅，使简报的主题充分而明确地表现出来。但同时也要注意，简报的"简"是在充分表达主题前提下的简，不可因一味求简而导致表达不清、逻辑不明。

2. 及时性

简报具有很强的时效性,它可以将工作进展情况以及工作中出现的新问题、新情况、新经验及时反映给上级机关及各个部门,是单位领导对一些问题作出决策的参考依据之一,也是推动工作的一个重要手段。赢得了时间,就赢得了工作的主动权,因此及时性对于简报而言具有至关重要的意义。这也就要求秘书人员要有比较敏锐的观察力和思考力,对问题要有较高的敏感性,构思快,动笔快,成文快。秘书人员应在平时工作中有意识地锻炼自己这方面的能力。

3. 新颖性

简报所反映的内容多是最近发生的新情况、新动态、新问题、新经验,如果简报只报道一些陈旧信息,它的价值便不能很好地体现出来。这就要求秘书人员要善于捕捉工作中出现的新情况、新苗头,开拓思维,更新观念,从不同的角度分析研究问题,找出解决问题的新思路、新方法,从而写出有新意、有价值、有生命力的简报。

4. 真实性

简报作为汇报工作、沟通信息、交流情况的重要工具,它的内容、材料、语言必须真实准确,作者对问题、情况的反映要实事求是。

(三)分类

按时间分,简报有定期简报与不定期简报,其中定期简报又可以分为日报、周报、月报等。

按性质分,简报有综合性简报和专题性简报。综合性简报是对某地区、某单位、某部门等一段时间内各个方面的工作情况和有关问题进行综述的简报,如《××学校工作简报》。专题性简报则是反映某一中心工作或重要的专项工作情况的简报,如《防汛工作简报》《××大学教学改革情况简报》等。

按功能分,简报有汇报性简报、报道性简报、总结性简报、介绍性简报等。

按内容分,简报通常有工作简报、会议简报、动态简报。

二、简报的写作规范

一篇完整的简报由报头、报体、报尾三部分组成。

(一)报头

报头在首页上方,在约占全页的三分之一的位置,下方用一条横线与报体部分隔开。报头包括以下几方面内容。

1. 简报名称

在报头居中位置用大号字标明简报的名称,如"××工作简报"" ××会议简报"等,大部分名称需用套红印刷。

2. 期号

在简报名称正下方居中标明"第×期",一般用阿拉伯数字,有的期号外面加小括号。如果是连续性简报则应先写"第×期",然后在后面加括号注明"总第×期"。

3. 编发单位

在期号之下左侧，顶格写明编印单位的名称。

4. 印发日期

在编发单位同一行的右侧，靠右顶格写明印发的年月日。

有的简报还在报头左上方注明"内部资料，注意保存"的字样，需要保密的简报则在报头左上方注明秘密等级，有的还在报头右上方加上编号。

（二）报体

报体是简报的核心部分，一般由标题、前言、主体、结束语构成。有的简报还会在标题之前加一段按语，就简报所涉及的内容、情况作必要的说明。

1. 标题

从形式上看，简报的标题一般有单行式标题和双行式标题两种，如《局领导集体参加"直通车"接访活动》《加大扶持力度 促进产业发展——市文化局召开文化市场服务对象座谈会》。有的还采用拟人、对仗、引用等多种修辞手法使标题更加形象生动，如《东部欲飞，西部何为》《咨诹善道，察纳雅言——南山区文化局召开人大代表政协委员座谈会》《四十九双手托起一片爱心》等。

2. 前言

简报的前言部分要简要地概括出全文的主要内容，点明简报最主要的事实。它的写法多种多样，常用的有叙述式、结论式和提问式。叙述式就是开门见山地点明人物或单位、时间、地点、具体事件、结果等内容。结论式就是先写出事情的结论或结果，在正文主体部分再交代具体的原因和情况。提问式即以一两个问题开篇以引起读者的注意，然后再通过下文的具体叙述来交代问题的答案。

3. 主体

主体部分是简报的重心所在，它要通过对典型材料的展开，对所反映的事实作全面的、具体的叙述和进一步的说明。主体部分可以按事件发生发展的先后顺序来写，也可以按空间变换的顺序来写，或者根据材料的内在逻辑关系，对材料进行归纳整理，总结出几种意见、几种做法、几种倾向等，逐一列出。

4. 结束语

简报的结束语是全文的收尾部分，它或者对主体部分的事实作简要评价，或者指明事情的发展趋势，或者提出希望及今后打算。如果主体部分已经把事情叙述清楚，也可以省略结束语。

（三）报尾

报尾在简报最后一页的末端，一般用两条平行横线与报体部分隔开，横线下方左侧注明简报发送的范围，送给上级机关的用"报：××"，送给同级或不相隶属单位的用"送：××"，发给下级机关的用"发：××"。在发送范围右侧或下方注明印刷的份数。

三、简报的写作要求

1. 注意真实性

简报所使用的材料必须真实、确凿，所写的人物、事件、时间、地点等必须真实无误。

真实性是写作简报必须遵守的基本原则。

2. 注意及时性

简报是用来指导工作、汇报情况、交流信息的,要抓紧时间发,否则时过境迁,就失去了存在的价值。

3. 注意简明性

简报要力求写得简明扼要,短小精悍。

四、例文选读

深圳市文化局2008年工作简报
第19期
深圳市文化局政风行风评议工作领导小组办公室编　　2008年9月19日

让文化成为市民的一种生活方式
——局党组书记、局长陈威同志做客《民心桥》

9月16日,局党组书记、局长陈威同志做客深圳广播电台"先锋898"《民心桥》节目,就加强公共文化服务体系建设,提升城市文化软实力等话题与广大市民进行互动交流,倾听听众朋友对我市文化建设的意见和建议。节目期间,广大市民踊跃打进电话和发送信息,就网吧审批、文物保护、演出票价、文化义工等问题建言献策,与陈威同志进行交流。

陈威同志首先介绍了我市文化建设情况。近年来,在市委市政府的高度重视下,我市不断加大公共文化服务体系建设,积极为市民提供丰富多彩的文化产品和服务,努力提升城市文化软实力,广大市民关心和参与文化建设的热情日益高涨,文化正成为市民的一种生活方式。

……………

在节目最后,陈威表示将继续倾听市民的心声,积极采纳市民对文化建设的建议,努力做好各项工作,为市民提供更加优质、高效的文化服务。陈威还借助节目,呼吁社会各界都来关心文化建设,支持公益文化事业,不断提升深圳的文化品位,努力让文化成为市民的一种生活方式。

局党组成员、副局长陈新亮和市政协委员、市政府纠风办评议员岳兵同志也一起走进直播室与市民交流。

报:×××,×××
送:×××,×××
发:×××,×××　　　　　　　　　　　　　　　　　　　　　　　共印××份

第五节　述职报告

一、述职报告概述

(一) 概念

述职报告是指机关、团体、企事业单位的领导和工作人员,向所属单位的人事部门、主

管领导或上级领导机关、群众等汇报自己在一定时期内履行职责、完成工作情况的一种自我评述性的书面报告。

述职报告是随着我国人事管理制度的改革而出现的一种实用性文体,单位的领导干部及职工在职位晋升、技术职务评定、岗位目标考核时,都需要在一定范围内进行述职,以便于主管部门及单位员工等对述职者在任职期间履行岗位职责的情况进行判断和评价。述职报告是单位、公司发挥民主监督的平台,有利于本单位职工了解领导干部的履职情况,增加工作的透明度;有利于督促本单位职工不断吸取教训,改进工作。同时,述职者向主管部门、专家组等陈述自己工作的成绩、不足和设想,便于上级领导和人事管理部门了解自己的工作能力,为上级选拔干部、职工公平竞争提供了基础和依据。

(二) 特点

1. 自我述评性

述职报告是参与述职的本人对自己一段时期内工作的回顾、总结、评价、反思。因此,述职报告具有很强的自我评述性:报告的内容选材必须在述职者本人的职责范围内而不能拿别人的材料为己所用;必须经由述职者本人总结归纳写作并在特定的会议上宣读而不能由下属代为完成;述职报告要坚持述、评相结合的原则,以述为主,论理为辅,要在事实的基础上加以概括总结,使报告有理有据,丰满立体。

2. 客观真实性

述职报告是述职者本人对自己工作德、勤、能、绩等各方面工作情况和工作能力的汇报,它对于述职本人以及单位都有着重要的意义,因此,撰写者必须要本着对本人、对单位负责的态度进行汇报,实事求是,客观严肃。工作的成绩和优点要写,不足和缺点也要指出,不能一味地讲自己的贡献,不虚美、不隐恶、不夸大。同时,分析问题要全面辩证,要处理好个人工作与集体工作之间的关系,要注意把个人成绩和集体成绩分清,正确评估自己在集体工作中所占的分量、所发挥的作用,不把别人、别部门的工作说成是自己的成绩。同时,对待失误和不足也要分清个人和集体的责任,正确分析自己的不足,不要"让功揽过"。

(三) 分类

按主体分,述职报告有个人述职报告、领导班子集体述职报告。

按时间分,述职报告有年度述职报告、任期述职报告、临时述职报告。

按内容分,述职报告有综合性述职报告、专题述职报告。

二、述职报告的写作规范

述职报告一般由标题、称谓、正文、落款四个部分构成。

(一) 标题

从形式上看,述职报告的标题主要有单标题和双标题两种。单标题可由单位名称、所任职务、任职期限、文种构成,如《××市工业局办公室主任××年度述职报告》,也可以省略其中的若干项,如《××年度述职报告》,或者直接以"述职报告"或"我的述职报告"作为标题。双标题由正副标题两部分构成,正标题用简练的语言概括报告的主旨、核心,副标题注明述职者的职务、任职期限和文种等,如《努力抓好"菜篮子"和"米袋子"——我的述职报告》。

（二）称谓

称谓是对报告对象的称呼，述职报告一般要在会议上宣读，因此要根据报告对象的不同选择不同的称呼，如"同志们""尊敬的各位领导、各位老师"等。

（三）正文

述职报告的正文一般由开头、主体、结尾三部分组成。

1. 开头

开头部分应概括介绍述职者的基本情况，包括何时任职，任何职务，工作职责以及对自己任职期间的总体评价。这部分应写得简明扼要，然后用"现将我履行工作的情况汇报如下"等过渡句提领下文。如一位高校图书馆馆长的述职报告，开头部分这样写道："我自1992年5月起担任图书馆馆长，至今已历时4年。4年来，我坚持履行高等院校图书馆的教育职能和情报职能，努力将××图书馆办成为服务于教学、科研的学术交流场所。下面分三部分向领导和同志们汇报。"[①]

2. 主体

主体部分是正文的核心，主体部分重点写述职者履行岗位职责的工作业绩，包括思想政治表现，工作成绩、经验等，要写得具体充实，然后写问题和教训，接下来还可写今后的工作设想或努力方向，这两部分应略写。在主体部分的写作安排上，述职者可以采用分类式写法，即将自己所做的工作分成几个大的方面，如思想政治工作方面、日常管理方面、队伍建设方面等进行分别阐述，这主要适用于工作职责范围较广、工作内容较多的述职报告。另外述职者也可以采用分条款式的写法，即将个人全部的工作情况分成几个要点进行述评，每一条反映自己的一项工作成绩或经验，然后再按照一定的逻辑顺序展开，如按照由主到次，由理论到实践，由重点到一般等的顺序进行写作。述职者还可以采用顺时式的写法，即将一个时期的主要工作按时间分段，分别叙述各个阶段的成绩和经验。这种写法多用于任期述职报告中。总之，无论采用哪种写作结构，都一定要把主体部分写得充实具体，重点突出。

3. 结尾

述职报告中一般用"以上报告，请批评指正""特此报告""以上报告，请予审查"之类的固定性语句作结。面对面的述职报告为表尊敬，述职者还常常加上"谢谢大家""请大家批评指正"之类的话语作结。

（四）落款

在正文的右下方，分两行注明述职者的姓名和述职日期。

三、述职报告的写作要求

1. 实事求是

述职者必须要本着对本人、对单位负责的态度进行汇报，实事求是，客观严肃。要全面辩证地处理好个人工作与集体工作之间的关系，处理好成绩和不足的关系。

---

① 张金英等：《应用文写作基础》，高等教育出版社，2008年版，第156页。

2. 突出重点

要抓住职责范围，对自己过去一段时期内的工作进行回顾、总结、评价。在材料的安排上要注意重点突出，主次分明，突出自己的贡献和特色，不能事无巨细，面面俱到。

3. 评议结合

述职报告不仅要述职人叙述自己履行职责的情况，还要报告人依据岗位规范和职责目标，对自己任期内的表现作自我鉴定，自我评价。所以述职报告要坚持述、评相结合的原则，以述为主，论理为辅，要在事实的基础上加以概括总结，使报告有理有据，丰满立体。

四、例文选读

我的述职报告①

2007 年 3 月 15 日，我从市委研究室调到市经济环境监察中心工作。5 月 14 日，市经济环境监察中心发出 2007 年 1 号文件《关于市经济环境监察中心领导成员分工的通知》，明确我分管"万人评机关"、和谐机关建设工作和市经济环境监察中心综合文字工作。7 个多月来，围绕分工，按照职责，我尽心尽力开展工作，竭尽所能完成任务，成为科学发展观的积极倡导者和和谐社会的主动建设者。现将有关情况述职如下：

（一）关于"万人评机关"工作

2007 年的"万人评机关"工作，总体上沿袭了往年的做法，年中和年末各集中测评一次，方式方法基本不变，其目的，就是要稳妥推进机关作风建设，这一目的通过过去一年的努力已基本实现。实事求是地讲，去年的"万人评机关"工作，大量的工作都是在同事们帮助之下完成的。不过我是个闲不住的人，在工作中，我坚持理论联系实际，认真研究和观察"万人评机关"工作的基本规律，主动听取收集社会各界及方方面面的意见，酝酿成熟了新一年"万人评机关"工作的改革方案。这个方案的核心内容是：

①规范称呼。……

②下移重心。……

③改进方式。……

④下放权力。……

⑤运用结果。……

需要说明的是，这个方案纯粹是个人建议，是我为完善"社会评议机关"工作所尽的绵薄之力。

（二）关于和谐机关建设工作

2007 年，是全市机关作风建设开展集中整顿的第四个年头，这一年，市委、市政府根据党的十六届六中全会《关于构建社会主义和谐社会若干意见》的文件精神，将和谐机关创建列为今年机关作风建设的主题，在全市 82 个市级机关部门中组织开展

---

① 钱俊：《我的述职报告》，载《应用写作》，2008 年第 3 期。

了声势浩大的和谐机关创建工作。作为个人来讲,我主要做了如下工作:

①是构建正确的和谐理念,并尽最大可能推广之。……

②是瞄准合适的创建抓手,并全力以赴实践之。……

③是探索长效的创建机制,并与时俱进谋划之。……

(三) 关于综合文字工作

市经济环境监察中心是市政府的派出机构,其主要职责就是为经济发展提供良好环境,或者说是与不良行政行为作斗争。

…………

我清醒地知道,一年来,由于种种原因,我起草的文字材料质量不高,指导实践的意义不大,几乎没有向外发稿,没有享受到写文章的快乐,也没有注重发现和培养有写文字材料潜力的人才,这应该是我 2007 年工作的最大缺陷。需要特别指出的是,由于我 2007 年刚刚来到新的工作岗位,对经济环境监察中心工作研究不深、介入不多,加上以前在服务招商引资过程中,对姜堰的经济环境有很多的切肤之痛,所以,我始终觉得我手中的笔有千钧之重,我要用更多的时间学习经济知识,研究部门职能,同时深入基层,亲历亲为,这样才能够实现理论高度和实践深度的有机结合,写出一些精品力作。

往事不可改变,未来需要创造,新的一年,我将从头开始,超越自我,创造佳绩!

以上是我的 2007 年述职报告,请领导和同志们批评指正!

述职人:钱俊
2008 年 1 月 5 日

第六节 典型材料

一、典型材料概述

(一) 概念

典型材料是关于先进典型的文字材料,是指为宣扬社会实践活动中的先进人物事迹、先进工作经验而写成的书面材料。典型材料是个人或集体进行先进事迹和典型经验的沟通、交流、学习的书面材料,也是评选先进、竞争优胜的重要依据。同时,通过对先进人物事迹的宣传,有利于在社会上树立典型,激励大家向模范人物学习,从而在社会上形成积极向上、争当先进的良好风气。

(二) 特点

典型材料作为一种常用的事务文书,其主要特点有以下三点。

1. 真实性

真实是典型材料的生命,材料中所叙述的先进事迹、先进经验必须是现实生活中客观存在的事实,而不能是虚构的。如果典型材料中出现了虚假的成分,那就从根本上否定了典型的意义。真实,不仅要求整个事件和人物存在的真实,而且要求细节上的真实,包括人物的语言、行为,事件的过程都不能随意改动。这就要求作者在写作时必须忠于生活,要真实地再现生活中的典型人物和典型事件。

2. 典型性

任何典型都不同于一般,典型的价值就在于它本质上超越平凡,在于它具有榜样的作用。因此,典型材料所反映的内容必须是同类事物中最具有典型性、最能反映事物本质特征、最能揭示事物发展规律的材料,只有这样,典型材料才能实现其教育感化、引导社会的功能。

3. 质朴性

典型材料的写作主要是通过实实在在的事实说话。这就要求在语言文字的表达上,一定要善于选择那些实在、贴切的词语。不要过多选用作修饰成分或言过其实的形容词,不要讲空话、套话,要简洁明了。

（三）分类

按典型材料的对象,典型材料可以分为个人典型材料和集体典型材料两种。个人典型材料即反映先进人物的先进事迹、取得的成绩、优秀品质和情操等的材料,如《航空机务队维修经理先进事迹材料》。集体典型材料主要是反映先进集体值得推广的成功做法或在工作中取得的显著成效,如《县委创新和推进基层党建工作典型材料》。

按典型材料的内容,典型材料可分为典型事迹材料和典型经验材料。典型事迹材料是反映个人或集体在工作中的先进工作事迹的材料,如《优秀创业女性标兵典型事迹材料》。典型经验材料是集体为了表彰先进、传播事迹、交流和推广经验所写的文字材料,如《解决家庭"零就业"典型经验材料》等。

二、典型材料的写作规范

典型材料的结构一般由标题和正文两部分构成。

（一）标题

典型材料的内容标题主要有公文式和一般文章式两种写法。

1. 公文式标题

公文式标题由典型材料所写的对象、事由、文种构成,如《关于××同志抗震救灾的先进事迹》《党风廉政建设先进个人事迹材料》等。

2. 一般文章式标题

一般文章式标题往往比较自由,一般由概括典型材料的主题得来,如《更新理念、创新模式、完善机制,创建学习型党支部》,鲜明地概括该支部在创建工作中的主要成绩。一些典型材料还采用正副双标题的形式,由正标题点明主题,副标题标明典型材料的对象,如《构筑灾区生命绿色通道——张德吉同志抗震救灾先进事迹报告材料》。

（二）正文

典型材料的正文由开头、主体、结尾三部分组成。

1. 开头

典型材料的开头部分一般要简要地介绍一下典型对象的背景情况和主要成绩。个人的典型材料要在开头部分介绍典型人物的基本情况,如姓名、工作单位、职务、工作业绩等;集体的典型材料则要交代开展工作的背景,工作的基本情况和主要成绩。

2. 主体

主体是典型材料的核心部分。这部分要具体叙述先进人物的先进事迹或单位的先进经验以及成功的做法,要通过典型的事例、精确的数字以及理论化的概括来突出典型对象的工作成绩和优秀表现。在具体的写法上,一般是把典型材料按一定的逻辑顺序分成几个部分,每一部分用小标题标明,各部分内容围绕标题展开,各个部分既独立又统一。如在《职业道德建设先进班组事迹材料》①一文中,作者将该班组的成绩分为"加强班组职工思想道德教育""强化管理,夯实班组基础工作""加强职工道德、保证顾客满意"三个部分,分别从不同方面叙述了先进集体的主要事迹及主要成绩,条理清晰,且富有说服力。

3. 结尾

典型材料的结尾可以指出先进典型的意义和价值,发出号召,提出新的希望和要求等。一些典型材料也可以省略结尾,由正文部分自然收尾。

三、典型材料的写作要求

1. 选材要典型,注意新颖性

典型材料就是要通过宣扬典型来弘扬正气,传播经验。所以选材时一定要选择最有说服力的典型性的、新颖性的材料。这些材料是时代精神的反映,有很强的现实意义。

2. 语言质朴,简洁明了

典型材料的写作,主要是通过实实在在的事实说话。这就要求在语言文字的表达上,一定要善于选择那些实在、贴切的词语,不要讲空话、套话,要简洁明了。

3. 叙述具体,议论得当

典型材料要以叙述为主,兼用议论、抒情。叙述要反映具体的细节,议论要挖掘出典型所蕴涵的价值和意义。

四、例文选读

安监局依法行政先进事迹材料

2008年,××县安监局在认真贯彻落实国家、省、市对安全生产的决策和部署的同时,坚持依法行政理念,坚持"安全第一、预防为主"的方针,立足依法治理,强化监管,深化整治,突出重点,落实责任,综合治理,有效预防和减少了各类事故的发生。
……

(一)加强执法监督检查,治理整改事故隐患,有效控制重大恶性事故的发生
…………

---

① 岳海翔等:《公文写作培训教程》,中国言实出版社,2010年版,第370~371页。

（二）突出重点，重拳出击，集中力量开展安全生产专项整治执法活动
…………

（三）利用多种形式，深入开展安全法制宣传教育活动
…………

（四）建立安全生产控制指标体系，层层签订安全生产责任目标
…………

（五）积极探索，勇于创新，努力构建安全生产监管新体系
…………

第七节　公示

一、公示概述

（一）概念

公示是党政机关、社会团体、企事业单位等发布的事先预告公众周知，用以征询公众意见、接受公众监督的一种应用性文体。

公示不同于行政公文中的"公告"文体，虽然两者都有公开告之的特点，但公告"适用于向国内外宣布重要事项或者法定事项"，如公布国家重要领导人的出访、任免、逝世以及其他一些国家重大事项等，它具有很大的权威性。而公示的使用则相对自由一些，适用范围也更加广泛，它可以是党政机关选拔干部的公示，发展党员的公示，也可以是学校聘用人员的公示，事业单位的评优评先公示，或者是其他方面的如招标结果公示、收费价格公示、捐款捐物公示等。在发布形式上，可以通过报纸、电台、电视台等新闻媒体传播，也可以采用网上公布的形式。可以说，公示作为一种常用的事务文书已经被广泛地应用于各行各业的工作之中。

（二）特点

1. 公开性

公开性是指公示的内容要通过一定的途径向一定范围内或特定范围内的人员公开出来，与公示的情况和内容相关的单位或人员有权了解、知道公示的具体过程和结果。

2. 告知性

公示的告知性包括两个方面的含义：其一是将公示的具体情况告知大家，如录用人员的过程及结果，发展党员的人选及其基本情况；其二是为了接受公众的监督，以改进工作。在公示中，我们常常会看到"现将××情况予以公布，欢迎社会各界给予监督""如有不同意见，请在×天之内向××反映情况"等字句，这是公示文体的一种典型特征。失去了告知性，也就失去了公示的意义。

3. 科学性

公示的公开告知性决定了公示的内容必须具有科学性，相关单位在公示之前要本着

实事求是、认真负责的态度对公示的对象进行公正、公平的考量和分析，拒绝虚假和暗箱操作。公示的内容要清晰明了，公示的时间要科学合理，要给公众充足的参与监督的时间。

二、公示的写作规范

公示的内容结构通常由标题、正文、落款三部分组成。

（一）标题

公示的标题一般采用公文式标题的写法，由单位名称、事由和文种三要素构成，如《××省民政厅关于救灾捐款捐物接收和发放使用情况的公示》《中铁二十局集团有限公司新建云桂铁路南宁枢纽Ⅱ标第三批甲控物资招标结果公示》。有时也可以省略单位名称，只写明事由和文种，如《发展党员公示》。少数时候也可直接写为《公示》。

（二）正文

公示的正文部分写法比较固定，一般要写清楚以下几个方面的内容。

1. 公示缘由

一般要在公示的开头部分，用简洁的语言概括出发布公示的目的、依据和原因。

2. 公示事项

要写明公示的具体事项，如录用人员的公示要交代清楚拟录人员的姓名、年龄、性别、民族、政治面貌、文化程度、专业水平、工作优势等，招标结果的公示要将招标情况、拟中标单位、中标项目、中标价等交代清楚，发展党员的公示要包括拟发展人员的姓名、性别、出生年月、工作单位、职务、入党时间等情况。

3. 公示期限及联系方式

公示期限是指公示的有效期，即公示的起始及截止日期，公示只在这个期限内接受公众的监督。同时公示还要注明受理公众反馈意见的部门及其地址、邮编、联系电话等。

（三）落款

在正文的右下方要注明发布公示的单位名称和公示的日期。

三、公示的写作要求

1. 内容要真实

由于公示所涉及的多是公众比较关心的问题，所以公示中所涉及的内容必须真实，不能虚假。

2. 发布方式要适当

公示既可以采取张贴的形式，也可以采取正规文件的形式，还可以采取通过报纸、广播、电视等新闻媒体或者网上传输的形式，将公示内容公布于众。发布公示时，要根据其发布的范围和具体内容的表达需要采取适当的发布方式。

3. 语言要准确精练

公示的篇目短小，语言要力求言简意明。

四、例文选读

发展党员公示

根据《中国共产党章程》和《中国共产党发展党员工作细则》精神,经党支部考察初审,我单位刘世成同志,基本具备入党条件(或符合共产党员标准),计划于今年×月份讨论吸收为中共预备党员(或转为中共正式党员)。刘世成同志基本情况如下:

刘世成,男,1973年10月出生,本科学历,现在××岗位工作,任××职务。2004年1月申请入党,2007年2月被吸收为入党积极分子,入党介绍人为田颖和赵利伟。

欢迎广大党员干部群众对刘世成同志发展入党的工作程序及本人在理想、信念、政治立场、思想作风、工作表现、群众观念及廉洁自律等方面进行民主监督。如对上述同志有不同意见,本着实事求是,认真负责的态度,请在七天内向党支部或上级党组织如实反映情况。

联系人:党支部书记金志远
联系电话:×××××××

××党支部
二〇〇八年三月五日

思考题

1. 请结合自己实际情况,拟写一份学期的个人学习计划。
2. 请以自己就读学校的大学生为调查对象,写一份关于"大学生消费水平"的调查报告。调查可以采用问卷调查的形式,内容包括学生的消费水平、消费来源、消费结构、消费观念等方面。
3. 某大学为丰富学生的校园生活,推动校园文化的繁荣发展,于2010年5月举办为期一个月的校第九届"大学生科技文化艺术节"活动,内容主要包括"走向世界"英语演讲比赛,"迎接挑战"计算机技能大赛,"唱响未来"校园歌手大赛,"谭山惠丰"书法、美术、篆刻、摄影作品展评,"开心一刻"相声、小品大赛,"灿烂青春"征文比赛等。请以该校艺术节组委会的名义,拟写一份艺术节活动开展情况的简报。
4. 下面是一篇题为《2011年法制教育工作总结》的部分内容,请概括各段的主要内容并将小标题填写在横线上。

(1)_____

学校成立了一把手为组长、分管教育教学工作的副校长和法制副校长(聘请辖区派出所所长担任)为副组长,相关部门负责同志和法制辅导员为成员的"法制教育领导组",组建"未成年人保护委员会"和"预防青少年犯罪领导组",由"法制教育领导组"的成员和学生家长委员会代表组成,形成了一个校内外结合的法制教育管理体系。

(2)_____
　　配齐了在"法制教育领导组"领导下的三支工作人员队伍,即以法制副校长、法制辅导员、心理咨询顾问、家长委员会代表等组成的校外辅导人员队伍;以教导处、德育处、少先队大队部和班主任组成的队伍,以班主任及相关学科教师组成的施教人员队伍,各类人员分工明确,职责健全。
　　(3)_____
　　学校将法制教育纳入目标责任制实施范围,和学校其他工作一起布置、一起执行、一起检查、一起总结,形成了既有齐抓共管,又有各负其责的工作格局。
　　5．××大学党支部计划发展×××为中共预备党员,请根据下面的材料,写一份公示。
　　×××,女,××大学数学系2008级(1)班学生,1989年10月出生,现任(1)班班长,数学系学生会副主席。2009年9月向党组织递交申请,2010年12月被吸收为入党积极分子,2011年5月参加业余党校培训并结业。

第五章　会议文书

会议是人类活动的一种高度集中形式，是实施领导和管理的一种重要手段。为了使会议顺利举行，需要一系列文字材料，以反映会议的过程、内容和成果，这些文字材料就是会议文书。会议文书是机关应用文中的一类常用文体。会议文书包括安排会议程序的会议通知、会议议程、会议须知、主持词等文种，反映会议动态的会议简报、情况反映、会议信息动态等文种，显示会议精神或成果的开幕词、闭幕词、会议报告、专题讲话、讲话稿、会议纪要、提案、会议决议、会议决定、公报等文种。各种会议文书都有着自己的特点和功能，也都有着自己独具的基本格式和写作方法。

本章主要讲述会议通知、开幕词、闭幕词、会议记录、会议简报和讲话稿等文种的写法。

第一节　会议通知

一、会议通知概述

（一）概念

会议通知是上级对下级、组织对成员或平行单位之间部署工作、传达事情或召开会议等所使用的应用文。会议通知是会议准备工作的重要一环，是我国党政军各级机关乃至企事业单位、群众团体经常使用的公文文种，是应用写作中常见的一种文体。

（二）作用

会议通知和其他类型的通知一样，具有应用广泛、使用频率高、时效性强、内容单纯、行文简便的特点。但其主要作用是用于通知开会事项。

二、会议通知的写作规范

会议通知的内容结构包括标题、正文和落款三部分。

（一）标题

会议通知要正确地写明标题。根据公文处理的有关规定，公文标题应该具备三个要素,即发文机关、公文内容和文种。会议通知的标题也应具备这三个要素,一般情况下不得省略。标题要简明扼要,一般是会议主题的提炼概括。会议通知的标题一般由制发机关名称、会议名称加"通知"组成,如"××市委关于召开全市科技工作会议的通知"。

(二) 正文

会议通知的正文要写明会议是谁决定召开的,开会的时间、地点、会期、参加人员、议题,与会人员应做哪些准备以及对参会人员的要求。

(三) 落款

落款写在会议通知正文的右下方,署名要写制发通知单位的全称或者规范化简称,制发通知的时间写在落款的下方。

会议通知的基本结构包括以上三大部分,此外,会议通知的写作须把握一些必备的构成要素。不论何种类型的会议,会议通知都应该具备某些必备要素,如果缺少这些要素,通知内容就不完整,会引起歧义,甚至有碍会议正常进行。

1. 主办单位

会议由什么单位主办要写清楚。

2. 会期、会址和会议名称

会期、会址和会议名称的表达句式是"××年×月×日至×日在××市召开××会议"。会期使用的年月日要用阿拉伯数字表示。如果会期在同一月份,可在"至"字后省略月份,如2011年10月18日至21日;如果会期不在同一月份,则在"至"字后保留月份,如2011年10月18日至11月5日。会址要按照规范语词表述,不能随意简略。会议名称虽已在通知标题中出现,但还需在正文中予以表述。会议名称由会议主题(或会议参加者)和会议类型两部分组成。会议类型指代表会议、全体会议、工作会议、电话会议、座谈会、学术研讨会议等。

3. 会议内容

会议内容是通知的实质部分。有些通知在这部分中需写明会议召开的目的和指导思想,可用简洁的语言予以表述。对会议的任务、会议的议题以及将要议决的事项,则应详细写清楚。

4. 参加会议人员

参加人员包括出席人员和列席人员。这是会议的主体。参加会议人员不能笼统写成"有关负责同志""相关人员"等,应写明出席对象、职务、人数等。

5. 报到时间、地点

报到时间的表述可分为两种情况:一是模糊表述,即笼统规定在某天报到;二是精确表述,即明确地规定在某天某时前报到。报到地点是会议召开地,但不同于会址。会址可以笼统地说,而报到地点必须详细具体,越详细越具体越好,可以具体到某一房间、某一厅室。

6. 会议相关费用说明

首先,需不需要缴纳会务费,若需要交的话,交多少钱要交代清楚;其次,食宿由主办方安排提供还是参加会议人员自行解决及费用承担等细节都要表述清楚。

7. 联系人和联系方式

如果漏掉了联系人及联系方式，一旦出现问题不便于及时进行联系。

8. 落款和制发通知时间

落款为会议主办单位。制发通知时间不能漏写，不能因为通知中已经写明开会时间就可以省略不写会议通知的制发时间。

三、会议通知的写作要求

1. 结构完整，内容全面，有关事项具体明确

这方面的内容在会议通知的写作里已经说明，此处不再赘述。

2. 准确使用会议通知中的常见词语

写作会议通知要注意准确使用"参加""出席""列席"这几个词。"参加"适用于列席和出席会议的全体人员，"出席"适用于有发言权和表决权的人员，"列席"只适用于有发言权但没有表决权的人员。当会议有表决议程时，就要用"出席"和"列席"两个词来区分有表决权和没有表决权的人员；当会议没有表决议程时，可以只用"参加"一词，将所有与会者都说成是"参加人员"。

要正确使用"报道"和"报到"。根据《现代汉语词典》对两词都的释义，两个词都是动词，报到是指向组织报告自己已经来到。例如，新生今天开始报到。报道是指通过报纸、杂志、广播、电视或其他形式把新闻告诉群众。例如，报道消息。一些会议通知将两个词混淆使用，明明是表述报告到来的，却用了"报道"一词。

3. 文字简练，篇幅简短

会议通知不是文艺作品，也不同于政论文章，它具有简明扼要、直书不曲的特点。所以，拟写时必须用词准确、合乎语法、言简意明、意尽言止，切忌冗长累赘、啰里啰嗦。

四、例文选读

2011 年全国自然辩证法教学与学科建设学术研讨会

会议通知

根据中共中央宣传部、教育部《关于高等学校研究生思想政治理论课课程设置调整的意见》（教社科〔2010〕2 号）的精神及部署，教育部社科司正在部分高校进行新课程试点，2011 年秋季将在全国高校普遍实施。研究生思想政治理论课有关课程教学改革与发展乃至整个自然辩证法学科建设与发展相关问题的研讨，具有特别迫切及重要意义。为此，中国自然辩证法研究会定于 2011 年 5 月 19～22 日在郑州大学召开"2011 年全国自然辩证法教学与学科建设学术研讨会"。

会议主题：自然辩证法课程改革与学科发展对策。专题内容包括四个系列：

①硕士生思想政治理论课改革发展对策（须选课 18 学时 1 学分：《自然辩证法概论》或《马克思主义与社会科学方法论》）；

②博士生思想政治理论课改革发展与对策（必修课 36 学时 2 学分：《中国马克思主义与当代》）；

③博士生与硕士生思想政治理论课教学体系的有机衔接；
④自然辩证法学科建设发展与对策。

本次会议由中国自然辩证法研究会教育与普及工作委员会、郑州大学共同主办，郑州大学研究生院、郑州大学马克思主义学院承办，河南省自然辩证法研究会协办。会议会期3天，会议规模约100人。

有关会议事项具体通知如下：
①开会时间：5月19日报道，5月20~22日开会及考察。
②报到地点：郑州高新技术开发区郑州烟草科技公寓酒店。
③会务费用：600元人民币，交通及住宿费用自理。
④联系人：徐治立（xuzhiliw@163.com），谈新敏（tanxm@zzu.edu.cn）

中国自然辩证法研究会
郑州大学

注：这是一份学术研讨会会议通知，内容较为简单。正文写明开会的时间、地点、会议主题、会议主办单位、会期、规模，但是未写明对参会人员的要求及与会人员应做哪些准备。另外，这份会议通知还强调了一些具体事项，包括会议日程安排、报到的时间和地点、费用承担情况、联系人及联系方式。虽然写明了住宿费用自理，但没点明住宿谁来统一安排还是参加人员自行安排。为提高会议质量，拟制会议通知时，应该考虑那些虽属"细枝末节"但必不可少的因素。另外，该通知落款缺乏制发通知的时间。最后还有错别字问题，"5月19日报道"中的"报道"，正确写法应为"报到"。

第二节　开幕词

一、开幕词概述

（一）概念

开幕词是各级党政机关、社会团体、企事业单位举行隆重会议时，由大会主持人或有关领导人在会议开始前所作的讲话。它是大会的序曲，一般是提纲挈领地说明召开会议的背景和意义，目的及任务，会议的组织和人员出席情况，介绍会议议程，表明对大会的希望和要求等。

（二）作用

开幕词的内容是整个大会所遵循的宗旨，主要作用有四个方面：一是宣告作用。宣告会议正式开幕，给会议造成一种隆重气氛。如果是具有重要历史意义的会议，开幕词必将随着会议的一系列重要文件一起载入史册。二是提示作用。明确交代会议的议程，扼要说明会议的开法、原则，交代会议的主要精神，起到点题作用。这样的提示使与会人员明确会议主题,做到心中有数,便于积极主动地参与讨论。三是指导作用。阐明会议宗旨,提出会议任务,说明会议目的、指导思想和重要意义,把整个会议的基本精神概括出来,这对开好会议将起着重要的指导作用。四是激励作用。开幕词的结束语往往写对会议的希望和要求,能够将与会人员的积极性调动起来。

二、开幕词的写作规范

开幕词的内容结构由标题、时间、署名、称谓和正文五部分组成。

(一)标题

标题的写法有多种:一是根据讲话中心内容拟制一个标题,这个标题要反映出开幕词的中心意思,如毛泽东在中共"八大"的开幕词题目《谦虚使人进步,骄傲使人落后》;二是由会议名称加文种构成,如《邓小平文选》第三卷的开首篇《中国共产党第十二次全国代表大会开幕词》;三是采用主副标题的形式,将主要内容或中心思想概括为一句话作为主标题,由会议名称、文种组成的内容作为副标题;四是直接写"开幕词"三个字。

(二)时间

开幕词的时间即在会议上讲话的具体时间,×年×月×日,一般写在标题之下,用括号括起来。

(三)署名

署名即致开幕词或闭幕词的领导人姓名。写在时间之下,正中。如果标题中有领导人姓名,就不另署名了。

(四)称谓

称谓又叫呼语,即对与会人员概括性、有礼貌的称呼。恰当妥帖的称呼,可使与会者倍感亲切。称呼要根据会议性质和与会人员的身份来确定,如"同志们""朋友们""代表们"之类。称谓位于正文之前,要顶格写。

(五)正文

正文由开头、主体和结语组成。

开幕词的开头部分一般是宣布大会开幕,或向代表表示欢迎、祝贺;主体部分主要说明本次大会的议程和任务,并提出一些今后的基本方针;结语部分一般向代表们提出开好大会的希望和要求,有一句表示祝愿的话,如"预祝大会圆满成功"。

三、开幕词的写作要求

1. 全面了解会议情况,准确掌握会议精神

这是开幕词写作的前提,因此,开幕词写作前,要学习、查阅有关会议文件和资料,以便了解会议召开的历史背景,会议准备情况,应邀出席的领导、代表、宾客等情况。

2. 内容得体

开幕词要准确阐明会议的宗旨、任务和要求等方面的内容,对大会的历史背景、议程、目的、任务了如指掌,这样的开幕词才能够对会议主旨起画龙点睛的作用。

3. 篇幅结构简明

开幕词的篇幅要尽可能简短,切忌长篇累牍。

4. 语言富有号召力

语言要庄重热情,明快通俗,生动活泼,热情洋溢,富于鼓励性和号召力。

四、例文选读

在第六届中国京剧艺术节开幕式上的开幕词
文化部党组书记　部长　蔡武

尊敬的×××书记、×××省长、×××主席,同志们,朋友们:

今晚,第六届中国京剧艺术节在美丽的×城隆重开幕了。我谨代表文化部和第六届中国京剧艺术节组委会,向参加京剧节的全国各地京剧艺术工作者和海内外嘉宾朋友表示热烈的欢迎!向为京剧节作出重大贡献的××省委、省政府,以及热情好客的××人民表示衷心的感谢!

…………

现在,我宣布,第六届中国京剧艺术节开幕!

注:文中的"×××书记、×××省长、×××主席",可以直接概括说成"各位领导"。

第三节　闭幕词

一、闭幕词概述

(一) 概念

闭幕词是党政机关、群众团体、企事业单位举行较隆重会议闭幕时,由大会主持人或有关领导在会议结束时所作的讲话。闭幕词被人们称为会议的尾声。

(二) 作用

闭幕词的主要作用是宣布会议闭幕,概述会议任务的完成情况、会议成果及其意义,肯定与会者的积极努力,向为会议作出贡献的单位或个人表示谢意,提纲挈领地提出新的工作任务,提出希望、号召和要求等。

二、闭幕词的写作规范

闭幕词和开幕词一样,其内容结构由标题、署名、时间、称谓和正文五部分组成。

(一) 标题

闭幕词的标题写法与开幕词的类似。常见的写法是《××××大会闭幕词》或《×××在××大会上的闭幕词》或直接写《闭幕词》。也有根据讲话中心内容和主题思想拟制一个标题的,如毛泽东的党的七大闭幕词标题为《愚公移山》。偶尔也有主副标题的写法,将主要内容或主要观点概括成一句话作为主标题,再用"××大会闭幕词"作为副标题。

(二)署名

署名即致闭幕词的领导人姓名。写在时间之下,正中。如果标题中有领导人姓名,就不另署名了。

(三)时间

同开幕词一样,时间指致闭幕词的具体时间,×年×月×日,写在标题之下正中,用括号括起来。

(四)称谓

称谓一般也跟开幕词的相一致,位于正文之前,顶格写。可根据不同会议性质和不同与会人员类型,对这些名称进行灵活选用,但一定要讲究称谓的全面、准确、礼貌、有序。

(五)正文

正文由开头、主体和结语组成。

闭幕词的开头一般要用简洁的语言,说明大会经过全体代表的努力,已经胜利完成使命,即将闭幕的情况。主体部分主要是对大会进行概括总结,并提出贯彻大会精神的要求和希望。其中概括总结的部分,要列举会议完成的任务和取得的成果,不能过于空泛笼统。提出要求和希望的部分,也要突出会议精神,体现会议宗旨。闭幕词的结语通常比较简单,最常见的说法是,"现在,我宣布,××××大会胜利闭幕"。

三、闭幕词的写作要求

闭幕词和开幕词的写作要求基本一致。首先要了解整个会议的会议精神,熟悉会议议题和会议决议。总体来说,对闭幕词的要求主要是简洁流畅,富于鼓动性和号召力。闭幕词写作时,应注意闭幕词的内容必须与开幕词相对应。开幕词中提出大会的议程和任务,闭幕词要对每项议程的完成情况进行总结分析;开幕词中提出今后的基本方针,闭幕词中要对完成大会任务发出号召;开幕词庄严宣布大会开幕,向与会者代表提出希望,闭幕词要向为大会作出努力的人员表示感谢,最后宣布大会胜利闭幕。

四、例文选读

政协第六届××市委员会第一次会议闭幕词

(2011年5月23日)

王振会

各位委员、各位同志:

政协第六届××市委员会第一次会议,在中共××市委的坚强领导下,在市人大常委会的大力支持下,在市人民政府的亲切关心下,通过全体政协委员的共同努力和有关部门的积极参与,圆满完成了各项议程。市委、市人大、市政府领导出席大会并参加小组讨论,与委员们面对面协商议政、通报情况、听取意见,充分体现了市委对政协工作的高度重视。市级有关部门的负责同志听取大会发言、参加委员小组讨论、征求委员们对有关工作的意见和建议,对政协工作给予了大力支持。在此,让我们以热烈的掌声向他们表示衷心的感谢!

会议期间,各位委员以对党和人民高度负责的精神,以尽心尽力履行职责的态度,以实事求是的作风,紧紧围绕市政府工作报告、"十二五"规划纲要(草案)等进行热烈讨论,积极建言献策,在协商议政中增进了共识,增长了见识,凝聚了力量。

中共××市委书记××作了重要讲话,分析了我市当前面临的机遇与挑战,对我市今后五年经济社会发展的目标任务、发展思路、工作重点和主要措施作了深入的阐述,对政协工作提出了希望和要求。我们要深刻领会,进一步振奋精神、团结拼搏、务实创新,努力开创政协工作新局面,为建设川陕甘结合部经济文化生态强市作出新的更大贡献。

①坚持正确的政治方向,着力提高服务大局的能力。……

②坚持改革创新,不断提高建言献策的质量。……

③坚持真抓实干,不断提高参政为民的实效。……

各位委员、同志们,中国共产党领导的多党合作和政治协商制度,是中国特色社会主义民主政治建设的重要组成部分。我们要站在提高党的执政能力、巩固党的执政基础和全面建设小康社会的高度,认识和热爱政协工作,主动参与构建党委高度重视、政府大力支持、政协积极主动、社会广泛参与的工作机制,推动我市政协事业新发展,更好地发挥政协在全市经济社会发展中的作用,以优异成绩庆祝中国共产党成立90周年。

各位委员、同志们,政协第六届××市委员会第一次会议,在中共××市委的领导下,经与会委员和同志们的共同努力,开成了一个民主团结的大会,鼓劲聚力的大会,自强奋进的大会。这次大会圆满成功,市委组织部、市委宣传部、市委统战部、市公安局、市委群工局、市级新闻单位、市电业局、市规划和建设局、市文化体育和新闻出版局、凤台宾馆、×××国际大酒店、八二一运业有限责任公司等单位,付出了辛勤劳动,让我们以热烈的掌声表示感谢!

现在,我宣布,政协第六届××市委员会第一次会议胜利闭幕!

第四节 会议记录

一、会议记录概述

(一) 概念

会议记录是由会议组织者指定专人,如实、准确地记录会议的组织情况和会议内容的一种机关应用性文书。会议记录一般用于比较重要的会议或正式的会议,它要求真实、全面地反映会议的本来面貌。

(二) 作用

会议记录的作用主要有三点:一是传达贯彻会议精神和决定的重要依据。会议记录忠实地记录了会议的全貌,会议记录为会后分析研究,处理解决问题,贯彻、传达上级会议精神,检查会议决定事项的执行情况提供了依据和凭证。二是会议记录是会议简报、会议纪要的重要素材。会议进行过程中连续编发的会议简报和会议纪要可以对会议记录进行一定的综合、提要,但不得对会议记录所确认的内容进行歪曲和篡改。三是备案作用。会议记录是一种没有打印和盖章的特殊文件,作为机关文书的一部分,可以立卷归档,作为档案材料保存,作为与会人员在会议上发表的意见和会议作出的决定、决议、结论的原始记录。

二、会议记录的写作规范

会议记录的内容结构由标题、会议组织概况、主体和结尾四部分组成。

(一) 标题

会议记录标题要求简洁、醒目,让人一看就懂。它一般由会议名称和文种组成,如"×××市城南开发区组委会办公会议记录"。如果使用专用的会议记录本,"记录"二字可省略,只写会议名称即可。

(二) 会议组织概况

会议组织概况包括会议时间、会议地点、与会人员三个方面的情况。

1. 会议时间

会议时间指要写明年月日,上午、下午或晚上,×时×分至×时×分,总体原则是精准。一般视会议的重要性而定,该精确到什么程度就精确到什么程度。

2. 会议地点

会议地点即写明会议举办的地点,如"××会议室""××礼堂""××办公室"等。

3. 与会人员

与会人员包括主持人、出席人、列席人、缺席人、记录人等。记录顺序不能混淆、错位,部门和职务也要记清,如主持人:姓名(部门+职务);出席者:姓名(部门+职务)。根据会议的性质、规模和重要程度的不同,出席人一项的详略也会有所不同。有时可以只显示出席人的身份和人数,如"各部门经理""全体与会代表"等。记录顺序为位高者和个体优先。列席者,集体名号,包括列席人的身份、姓名,可参照出席人的记录方法,如缺席者:姓名(部门+职务)+缺席原因。如果有重要人物缺席,应作出记录,记录方式为记录人:姓名(部门+职务),如××办公室秘书。

(三) 主体

这部分开始记录会议的进程,随着会议的进展一步步完成,没有具体的固定模式。主体部分主要包含会议的议题、会议讨论和发言、会议决定和决议。议题是会议的落脚点,也是发言者展开论述的聚焦点,是会议的主旨所在,因此记录应翔实。记录者应忠实地记录会议上每位发言者的发言和有关动态。一般来说,会议决议是讨论之后形成的重点,且概括性比较强,记录者宜重点把握。这些是一般会议都有的项目,但侧重点与先后次序会有所不同。

(四) 结尾

可将主持人宣布的散会一项记入结尾部分,也可以将散会一项略去不记。

最后,由主持人和记录人对记录进行认真校核后,分别签上姓名,以示对此负责。

三、会议记录的写作要求

1. 会议记录要书写规范,字迹清晰,记事准确会议记录是反映集体领导活动的历史记录,是日后工作查考的重要依据,是一种重要的档案材料,因此要书写规范,字迹清晰,才能方便日后查阅。另外,记录时要准确把握讲话人的语气语调,这样才能忠实于讲话人、发言人的原意。如果原话太过口语化,可以转化成同等意义的书面语;原话意思不完整的,可稍微修改使之完整。但不能随意作内容和意思上的修改。

2. 会议记录要完整

会议记录对会议的时间、地点、出席人员、主持人、议程等基本情况,对领导讲话、与会者的发言、讨论和争议、形成的决议和决定等内容,都要记录下来,一般没有太多的选择性。

3. 会后及时整理,查漏补缺

会议记录是现场快速记录,由于时间紧迫,来不及选择推敲,记录中难免出现错别字。还有,在记录过程中为了节约时间而使用的一些缩略语、代码等,都需要在会后及时进行补充修改。

4. 要重视会议记录载体材料的质量问题

纸张、字迹材料耐久,能使会议记录中的信息发挥作用和长远留传。从这个意义来说,会议记录簿(本)这种载体材料就是会议记录信息赖以存在的物质基础和基本条件,质量越好,起的作用越大。

四、例文选读

产学研讨论会议记录

时间:2011年2月16日上午

主持人:毛××

出席人:黄××、王××、陈××、陈××、张××、黄×

列席人:林××、徐×、李××、梁×、朱××、吕××、郑××、李滨、张××、董××、夏××、陆××、刘××、任××、冯××、范××

①毛××同志传达了全国第二次产学研讨论工作会议精神和2011年全省教育工作要点。要求要结合上级指示精神,创造性地开展工作。

②会议决定,王××同志协助毛××同志主持学院行政日常工作。各单位、部门要及时向分管领导请示、汇报工作,分管领导要在职权范围内大胆工作,及时拍板。如有重要问题需要学院解决,则提交办公会议研究。

毛××同志再次重申了会议制度改革和加强管理问题。毛××强调,院长办公会议是决策会议,研究、解决学院办学过程中的重大问题。要形成例会制度,如无特殊情况,每周一上午召开,以确保及时研究问题、解决问题,提高工作效率。具体程序是,每周四前,在取得分管领导同意后,将需要解决的议题提交办公室。会议研究决定的问题,即为学院决策,各单位、部门要认真执行,办公室负责督促检查。

毛××就有关部门反映的教学管理中的若干具体问题,再次重申,一定要理顺工作关系,部门与部门之间、机关与分院之间、分院与分院之间一定要做好沟通、衔接工作,互相理解,互相支持。机关职能部门要通过努力工作来树立自己的形象。基层分院要提高工作效率,对没有按时间控制点完成任务的要提出批评。要切实加强基础管理工作,查漏补缺,努力杜绝教学事故的发生。

③会议决定,要进一步关心学生的生活问题。责成学生处结合教室管理等工作,落实好学生的勤工俭学任务。将教工餐厅移到二楼,一楼餐厅全部供学生使用,以解决学生就餐拥挤问题。针对校外施工单位晚上违规施工,影响学生休息问题,会议责成计划财务处立即与高教园区管委会反映,尽快妥善解决。

④会议决定,要规范学生的技能鉴定工作。学生毕业之前须取得中级以上技能证书,才能发给毕业证书。由产业园设计中心(考工站)具体组织学生的报名、培训和考核工作。

⑤会议决定,要加强对外交流和学习。争取利用暑假期间,组织教工到境外考察学习。

⑥针对今年的招生工作,会议决定,召开一次专题会议,统筹解决今年招生中的重大问题。

注:以上是一篇产学研讨论会会议记录,主要在"会议组织概况"方面存在问题:首先,缺会议地点、会议记录人和缺席人员情况;其次本单位内部会议也应该列出主持人的职务,如"毛××院长"。该会议记录的主体部分内容比较翔实,条理也很清晰,而结尾略去不记也是可以的。

第五节 会议简报

一、会议简报概述

(一) 概念

会议简报是大中型的重要会议期间或会议结束后,主持者引导会议进行,向与会者或向上级及有关单位简明扼要地通报会议情况的书面报道。会议简报可以视会期及规模在会议期间或会议结束后编发一期或多期。

(二) 作用

会议简报以反映会议活动为主要对象,以反映会议进程、作用、成果及重要领导的活动为主要内容,主要作用有以下四个方面:一是汇报作用,帮助领导同志和有关方面及时掌握会议情况;二是沟通作用,帮助与会人员之间交流信息,以及机关管辖范围内各单位之间交流经验;三是传达和贯彻会议精神和决议的作用;四是备案作用,档案部门通常把会议简报同其他会议文件一起列为永久性保存的档案材料,以便于日后查阅。

需要注意的是,会议简报一般在编报机关管辖范围内各单位之间交流,不宜甚至不能公开传播,特别是涉外机关和专政机关主办的会议简报更是如此。有的会议简报,往往是专给某一级领导人看的,有一定的保密要求,不能任意扩大阅读范围。

二、会议简报的写作规范

会议简报的内容结构由报头、正文和报尾三大部分组成。

(一)报头

会议简报报头由刊头、期号、编发单位、印发日期和间隔线组成。刊头,即会议简报名称,如"××会议简报",通常特体制版居中横排。刊头下面是期号,可统一编号,也可写上年度再编号,用阿拉伯数字或小写汉字。期号下面左侧是主编单位全称,如"××办公室编""大会秘书处"等,右边是印发日期。下边印一条直线,即间隔线。整个报头占首页三分之一左右。另外,视简报内容,保密要求,还可以增加简报编号、密级(或使用范围和要求)等要素。示例如下:

××市六届×次会议
简报

(第×期)

中共××市委办公室　　　　　　　　　　　　　　　　××年×月×日

(二)正文

正文由标题、开头、主体和结尾四部分构成。

1. 标题

简报内容的不同决定了对标题的风格的要求不同。一般来说,标题有三种类型:一是概括性标题。概括性标题即用比较抽象的论述或评论来概括,如《今年政府应办几件实事》,其特点是在陈述中立意,这是一种最基本的形式。二是具体性标题。标题中的时间、地点、数量等具体概念都表述很清楚,如《我市工业系统上半年实现利润逾千万元》,实实在在地交代事物内容。这类标题具有准确性和严肃性。三是形象性标题。内容丰富、形式活泼、文风泼辣的文章,宜用形象性标题,如《未来的发展是放在质的升级上》。

2. 开头

会议简报的开头一定要开门见山,用简短的文字,准确地概括会议的内容,说明会议的宗旨,切入基本事实或核心问题,给人明确的印象。会议简报开头可根据主题需要,采用叙述式、结论式、提问式、描写式等表达方式。

3. 主体

主体是会议简报的主要部分,主要刊登与会领导和参加人员在大会期间的有关会议发言,以及会议议题和决议。与会议议题无关的内容一般不在会议简报上出现。

4. 结尾

不是所有的会议简报都要有结尾,但如果文体与主旨需要,"结尾"断不可省。简报结尾可以写会议召开的意义和前景瞻望。

(三)报尾

报尾在正文结尾之下,与正文结尾用一道横线隔开。在报尾上要写明印数、发送对象,在发送对象名称之前,要分别冠以"报送"(对上级)、"转送"(对同级)、"分发"(对下级)字样。

三、会议简报的写作要求

1. 内容实事求是,格式规范

会议简报要能反映出本次会议的基本情况,内容要准确,分析评价要科学客观,格式要规范。

2. 注意口语与书面语言之间的转换

转述和引用大会领导人发言的时候,要注意避免口语化,因为口语带有很强的地方色彩和随意性,因此要将口语转化成规范的书面语言。

3. 把握时效性

会议简报有一定的时效要求,所以要有很强的时效观念。

总之,会议简报编写要灵活、变化,避免公式化。

四、例文选读

中国高等教育学会
理科教育专业委员会第四届常务理事会工作会议简报

2010年12月2日至5日,中国高等教育学会理科教育专业委员会在厦门大学召开了第四届常务理事会工作会议。教育部高等教育司司长张大良、国家自然科学基金委计划局局长孟宪平、教育部高教司理工处副处长吴爱华等领导出席了会议。副理事长、兰州大学副校长安黎哲,南京大学副校长谈哲敏,吉林大学副校长赵继,武汉大学副校长李斐,郑州大学副校长宋毛平,理科教育专业委员会顾问、北京大学原副校长王义遒,原副教务长李克安,以及厦门大学、清华大学、复旦大学、浙江大学、南开大学、四川大学、山东大学、上海交大、华中科技大学、中山大学、贵州大学、《高等理科教育》杂志等40余个常务理事单位的70余位代表参加了大会。受林建华理事长委托,副理事长安黎哲主持了本次常务理事会工作会议。

开幕式上,厦门大学副校民邬大光发表了热情洋溢的欢迎辞,并预祝会议取得圆满成功。

教育部高教司张大良司长作了题为"贯彻落实教育规划纲要,推进高等理科教育改革"的主旨报告。

国家自然基金委计划局孟宪平局长就国家基金委"十二五"发展规划的基本思路与部署作了大会报告,他向与会者详细介绍了国家基金委战略研究工作的概况、"十二五"规划的框架和重点工作部署等情况。……

南京大学教务处张亚权副处长、郑州大学宋毛平副校长、复旦大学教务处应质峰副处长、浙江大学教务处金蒙伟副处长分别就基础理科拔尖创新人才培养、理科应用型人才培养、大学生科学素养教育、工科生的理科教育四个方面代表4个课题组汇报了研究工作进展。人才培养、大学生科学素养教育、工科生的理科教育等议题进行了认真讨论,并拟定了下一阶段的研究计划和落实了任务分工等。

在总结会上,理科教育专业委员会顾问王义遒作了大会发言。……

副理事长安黎哲作了大会总结,他指出……

大会感谢厦门大学为会议的召开提供的宝贵支持和热情周到的服务。

第六节　讲话稿

一、讲话稿概述

(一) 概念

讲话稿是个人或个人代表集体在重要会议、集会上发表演讲、发言时所用的文字稿件。广义的讲话稿又称演讲稿,包括一般会议上的开幕词、闭幕词、工作报告、发言、演讲、谈话等的文稿及一些特定场合所用的欢迎词、祝词、贺词等。这里所说的讲话稿是指领导讲话稿,是狭义的,指领导人在会议上用于口头发表的、带有一定指示性或指导性的文稿。

(二) 作用

重要的会议,要有领导讲话、代表发言、分组讨论等项目,所以领导讲话稿是一种常用的会议文书。领导讲话稿提倡由领导人自己撰写,也可由领导授意,秘书代写,最终由领导审定使用。其主要作用有以下三种。

一是备忘作用。在一些庄重的场合公开讲话,既要全面充分地表现讲话人的主观意愿,又要符合特定场合需要,做到条理清楚、主旨明确、表达无误,这就要求预先写讲话稿,为讲话人提供必要的书面准备。讲话稿可以避免临场发挥过分紧张而出现内容杂乱、顾此失彼、主旨模糊的现象。

二是传达贯彻上级精神的作用。领导讲话是领导者进行领导活动、行使领导职能的一种重要方式,它具有鲜明的倾向性和针对性,它所表达的思想、观点和所提出的任务、要求,原则上是与会者要贯彻执行的。所以说,各类会议上的领导讲话是传达贯彻上级精神、安排工作的重要形式之一。

三是备案作用。讲话稿不仅体现会议、集会的意义和性质,更重要的是指出解决各项专门问题的原则、意见,对于改进工作、解决问题都具有重要的指导作用。一些重要发言讲话也是形成会议决议的基础材料和原始依据。

二、讲话稿的写作规范

讲话稿同开幕词、闭幕词一样,其内容结构由标题、时间、署名、称谓和正文五部分组成。

(一) 标题

讲话稿标题形式灵活:一是可以作者自拟,将主要内容或中心思想概括为一句话,如《深入推进报废汽车回收拆解企业升级改造　努力提升行业整体水平》;二是由会议名称和文种构成,标明讲话性质和内容,不写讲话人,如《在××会议上的讲话》;三是前两种标题的结合,采用主副标题的形式,将主要内容或中心思想概括为一句话作为主标题,由会议名称、文种组成的句子作为副标题,如《抓住水利改革发展机遇 促进水利工程协会又好又快发展——在中国水利工程协会第二次全国会员代表大会上的讲话》;还有一种是后来发表或行使文件时,由编辑人员或秘书人员补加的,可以突出讲话人的职务、姓名和讲话性质,如《××同志在全省档案工作会议上的讲话》。

(二) 时间

将讲话当天的日期用汉字书写,加括号置于标题下方中央。

(三) 署名

署名即在会议上发表讲话的领导人姓名,有的前面还冠以讲话人的职务。写在时间之下,正中。如果标题中有领导人姓名,就不另署名了。

(四) 称谓

同开幕词和闭幕词一样,根据会议的性质、与会者的身份,可以分别使用"同志们""各位代表""各位专家学者""女士们,先生们"等。位于正文之前,顶格写。

(五) 正文

正文由开头、主体和结束语组成。

1. 开头

讲话稿的开头有多种写法,一般来说主要有下列类型:一是开门见山,直接提出讲话的主题。在传达精神、布置工作的会议上的讲话较多采用这种开头。二是强调时间、空间,概略描述场面。庆祝大会上的讲话多采用这种开头。三是表示对大会的祝贺,对听众的慰问和致谢等。上级领导出席下属某部门或系统会议时的讲话较多采用这种开头。

2. 主体

主体部分是讲话内容的全面展开,是讲话稿的核心部分。无论什么类型的讲话,主体部分内容不外乎这样几个方面:或主要回顾过去、展望未来,或主要介绍工作情况,或主要提出工作建议、意见和要求。根据讲话人身份、工作分工的不同及听众心理需求特点,主体部分选择适当的讲话中心,并围绕这一中心展开。

3. 结束语

结束语要结在必然收束的地方。通常是根据主题需要发出号召,提出希望,表示祝愿等,如"祝愿大家节日快乐、阖家欢乐""谢谢大家"等。

三、讲话稿的写作要求

1. 主题鲜明,重点突出,忌重复冗长

讲话稿的写作要围绕一个中心话题,抓住要点全面展开,但切忌面面俱到。领导讲话稿不管针对什么问题,表明什么观点,拥护什么方针,传达什么政策,批评什么错误,提出什么要求等,都要集中明确。

2. 语言精练,表达生动,忌打官腔

有些领导在台上讲话时,台下的听众或心不在焉,或窃窃私语,或左顾右盼,或昏昏欲睡,这样的讲话根本达不到预期的目的。造成这种情况的原因可能是内容空洞,也可能是语言枯燥、表达生硬,引不起听众的兴趣。语言通俗、表达生动是领导讲话稿的基本特点之一。为此,要使用生动活泼的语言,要有启发性和吸引力。

3. 台上台下,双向交流,忌平淡冷漠

讲话稿在引起台下人思想和感情的共鸣时,才算是真正被听众接受了。事实上,讲话稿虽然是一个人说、众人听的单声话语,但台下听众用表情与讲话人进行交流,决定了讲话不是单向性的,而是与听众的相互交流。为此,撰写讲话稿时必须心中有听众,要预测听众可能出现的反应,力求与听众形成共鸣。

4. 写出讲话人的个性风格

把握领导意图,换位领会,沟通领会,联系领会。

四、例文选读

抓住水利改革发展机遇
促进水利工程协会又好又快发展
——在中国水利工程协会第二次全国会员代表大会上的讲话

水利部部长　陈雷
(2011年6月10日)

同志们:

在水利系统认真学习贯彻中央一号文件精神、奋力推进水利跨越发展之时,中国水利工程协会召开第二次全国会员代表大会,总结协会成立以来的工作成绩,选举新一届理事会,颁发2010年中国水利工程优质(大禹)奖,为首批通过全国水利建设市场主体信用等级评价的单位授牌,颁发2009～2010年度水利水电工程建设工法奖牌。这是广大水利工程建设管理者的一次盛会,也是水利工程协会发展进程中的一件大事。在此,我代表水利部,向大会的召开表示热烈的祝贺!向为水利工程建设管理作出突出贡献的先进单位和个人致以崇高的敬意!向长期奋战在水利战线上的广大建设、管理、设计、施工单位的干部职工表示诚挚的问候!

中国水利工程协会是我国水利工程领域成立的第一个全国性行业自律组织。自2005年成立以来,在周保志会长和第一届理事会的团结带领下,水利工程协会积极履行服务政府、服务社会、服务会员的宗旨,不断提高管理和服务水平,短短六年走过了一条从无到有、从艰苦创业到快速发展的道路,在加强行业自律、促进行业发展、提供政策咨询、维护会员合法权益等方面发挥了重要作用。

(一)会员队伍不断扩大

…………

(二)管理水平不断提高

…………

(三)信用体系不断健全

…………

(四)评优考核不断强化

……………

（五）行业服务不断优化

……………

（六）自身建设不断加强

……………

同志们，站在新的起点上，水利工程协会肩负的任务更加艰巨，责任更加重大。让我们以这次会议为契机，深入贯彻落实科学发展观，积极践行可持续发展治水思路，把握发展机遇，不断开拓进取，扎实做好工作，努力开创水利工程协会发展新局面，为推动水利改革发展新跨越作出新的贡献！

最后，预祝大会取得圆满成功！

思考题

1. 会议通知的必备因素有哪些？
2. 谈谈开幕词的写作要求。
3. 简述会议记录的写作要求。
4. 综合分析会议记录和会议简报的联系与区别。
5. 从广义上说，开幕词、闭幕词和讲话稿都属于讲话类文书，请你结合实例谈谈三者的写法和写作要求。

第六章 礼仪文书

我国素有"礼仪之邦"的美称,礼仪文书便是人们在各种礼仪场合中所使用的文书。随着现代社会的发展,它在塑造个人和组织形象、增进人际关系等方面发挥着越来越重要的作用。礼仪文书与其他文书相比,有其自身的特点和写作要求。在文辞上,它应通顺流畅,文雅得体,符合礼仪要求;在情感的表达上,它要求真挚恳切,情溢文中。因此,作为秘书,掌握礼仪文书的写作知识和写作要领,是提高秘书技能必不可少的一个方面。本章便主要介绍了祝词、欢迎词、欢送词、答谢词等几种常用礼仪文书的基本知识及其写作规范,以期更好地方便大家学习和工作。

第一节 祝词

一、祝词概述

祝词也称做祝辞,它是指对人或事表示良好祝愿的言辞或文章。它一般使用于喜庆的场合,如婚嫁乔迁、升学参军、延年长寿、房屋落成等。祝词和贺词在某种场合可以互用。

祝词根据祝贺的内容不同可以划分为事业祝词、寿诞祝词、婚礼祝词、节日祝词、祝酒词等类型。

二、祝词的写作规范

祝词的内容结构由标题、称谓、正文和落款四部分组成。

(一) 标题

祝词的标题大体有以下几种写法:由内容范围、文种名称构成,如"×××协会成立二十周年祝词";由致辞者、内容范围、文种名称构成,如"××市长在××经贸洽谈会上的祝词";直接写文种名称,如"祝寿词"。

从形式上看,有单一标题法,如"新年祝词";也有正副标题式,如正题是"一心向党开拓未来",副题是"庆祝中国共产党成立90周年致辞"。

（二）称谓

称谓又叫"称呼""抬头"，在标题之下第一行顶格书写，以示尊重。对人的称呼按照书信写作的要求来写即可。祝事业的直呼单位或部门名称即可，要注意称呼的先后顺序和亲切感。在国际公关活动中，应依照国际上的习惯称谓。

（三）正文

正文由开头、主文、结束语组成。

1. 开头

开头根据不同的祝贺对象写明祝贺内容。如节日祝贺要写"致以节日的祝贺"，会议祝词要写"向××大会表示热烈的祝贺"，寿诞祝词要写"向您××大寿表示衷心的祝贺"，祝酒词中可用"为××干杯"。

2. 主文

这部分是祝词的核心，写法比较灵活，针对不同的祝贺对象，不同的祝贺动机，写出相应的祝贺内容。但总的来说，都应包含下面几层意思：首先，应向受祝贺的单位或人员表示祝贺、感谢或问候，或者说明写祝词的理由或原因；其次，对已作出的成就进行适当评价或指出其意义；再次，写表示祝愿、希望、祝贺之语，也可以给被祝者以鼓励。

3. 结束语

正文结束后常用一句礼节性的祝颂语结束全文。如节日祝词写"祝大家节日快乐"，新年祝词写"祝大家在新的一年里幸福安康"，祝寿词写"祝您健康、长寿"。

（四）落款

在正文的右下方署祝者的名称（单位或个人）以及发祝辞的年月日。如果在标题部分已注明，此处可省略。

三、祝词的写作要求

1. 了解祝词对象

在写作祝词之前，要先对祝词的对象有充分的了解，只有这样，才能有的放矢，突出祝词对象的特点，使人感到温暖，受到激励。

2. 用语准确、通俗、优美

祝词的形式灵活，语言要求较高，要达到准确、通俗、优美。准确指对人、对事都要客观公正，实事求是，不能因为是祝词，就过分地夸张；通俗即深入浅出，雅俗共赏，而非流于庸俗，落入俗套；优美指祝词不仅能传情达意，而且能给人以美的艺术享受，这种优美有时并不在于其华丽的辞藻，而主要在于其构思的巧妙，能够给人以耳目一新之感。

3. 流露真情实感

祝词表达的是美好的祝愿，是令人高兴和愉快的事，但能否达到这样的效果，主要在于祝词者的感情流露是否真实。所以，写祝词一定要发自肺腑，要流露出真情实感。

四、例文选读

共同促进世界和平与发展
——2012年新年贺词
中华人民共和国主席　胡锦涛

2012年的新年钟声即将敲响。在这辞旧迎新的美好时刻,我很高兴通过中国国际广播电台、中央人民广播电台和中央电视台,向全国各族人民,向香港特别行政区同胞和澳门特别行政区同胞,向台湾同胞和海外侨胞,向世界各国的朋友们,致以新年的祝福!

2011年是中国"十二五"时期开局之年。面对复杂多变的国际形势和艰巨繁重的国内改革发展稳定任务,中国人民同心协力、锐意进取,继续推进改革开放和社会主义现代化建设,经济保持平稳较快发展,全面建设小康社会取得新进展。中国加强同各国的交流合作,积极参与促进世界经济增长和金融稳定、完善全球经济治理、解决国际和地区热点问题等国际合作,为促进人类和平与发展作出了新的贡献。

在新的一年里,我们将高举中国特色社会主义伟大旗帜,以邓小平理论和"三个代表"重要思想为指导,深入贯彻落实科学发展观,继续处理好保持经济平稳较快发展、调整经济结构、管理通胀预期的关系,加快推进经济发展方式转变和经济结构调整,着力保障和改善民生,努力巩固经济社会发展良好势头。我们将坚持"一国两制""港人治港""澳人治澳""高度自治"的方针,同广大香港同胞、澳门同胞携手努力,保持香港、澳门长期繁荣稳定。我们将坚持"和平统一、一国两制"的方针,继续推动两岸关系和平发展,维护中华民族根本利益,增进两岸同胞共同利益。

和平、发展、合作是时代的呼唤,是各国人民共同利益之所在。当前,世界多极化、经济全球化深入发展,各国相互依存日益加深,但世界经济复苏的不稳定性不确定性上升,国际和地区热点此起彼伏,世界和平与发展面临新的机遇和挑战。中国将继续恪守维护世界和平、促进共同发展的外交政策宗旨,坚持独立自主的和平外交政策,始终不渝走和平发展道路,始终不渝奉行互利共赢的开放战略,在和平共处五项原则的基础上发展同各国的友好交往和互利合作,积极参与应对全球性问题的国际合作。

我相信,只要各国人民戮力同心、同舟共济,我们一定能够战胜前进道路上的各种困难和风险,在推动建设持久和平、共同繁荣的和谐世界的征程上不断迈出新的步伐。

最后,我从北京祝大家在新的一年里幸福安康!

第二节　欢迎词

一、欢迎词概述

欢迎词是指宾客到来时，主人为表示热烈欢迎，在座谈会、宴会、酒会或重要集会、会议上发表的热情友好的讲话。它多用于对外交往的各种欢迎场合，如参加某个庆典仪式或某个重要会议，上级领导莅临，外单位考察团前来参观、交流经验、联系业务等，国际交往当中外国元首、政府首脑、友好团体等的来访，均需用到欢迎词。在正式的外交、社交场合，对宾客的热烈欢迎之情便演化为声情并茂的欢迎词。

二、欢迎词的写作规范

欢迎词的内容结构一般由标题、称谓、正文、落款四部分组成。

（一）标题

欢迎词的标题写法一般有两种：一种是单独以文种命名，如《欢迎词》；另一种是由致词人、活动内容和文种名共同构成，如《××在××宴会上的欢迎词》。

（二）称谓

称谓要求写在开头顶格处，在写作时应有亲切和尊敬之感。如姓名要用全称，在姓名之前还要加上"尊敬的""亲爱的"等词，姓名后也要加上其头衔，对外国元首来访应根据其国情加上"阁下""总统""陛下"等敬语。称谓除了要写得富有感情色彩之外，还应注意不要有遗漏，要能包括所有来宾。所以在写作时，除了要突出主要宾客外，还要加上一些表示泛称的称呼语，如"女士们、先生们""同志们""朋友们"。

（三）正文

欢迎词的正文一般由开头、主文和结尾三部分构成。

1. 开头

开头用亲切、得体的话表示欢迎之意，通常应说明现场举行的是何种仪式、发言者的心情、代表什么人向哪些来宾表示欢迎。

2. 主文

这一部分一般要叙述彼此之间的交往、双方的情谊，阐述共同的立场、观点、目标、原则等内容，较具体地介绍来宾在各方面的成就及在某些方面作出的突出贡献，同时指出来宾本次到访或光临对增加宾主友谊及合作交流所具有的现实意义和历史意义。对于初次来访者，还可多介绍本组织、本会议的有关情况，以增进感情和彼此的了解。这一部分在表述时要真诚而委婉，特别是对于双方关系的表述要得当。对于存在的矛盾和分歧，应以谨慎的态度、友好的姿态、委婉的言辞作出恰如其分的表达。

3. 结尾

再次表达欢迎或祝贺之意。

（四）落款

单纯用于讲话的欢迎词无需署名。如需刊载，则应在题目下或文末署名，并写上日期。如果标题中已出现了致词人的姓名，则落款只写明日期即可。

三、欢迎词的写作要求

1. 称呼要有礼

这主要体现在称谓中。称谓的写作应有尊敬之意和亲切之感。

2. 感情要真挚

不管是何场合的欢迎词，都应做到语言亲切，热情有礼，饱含真情。在态度上要注意分寸，做到不卑不亢。

3. 表达要有针对性

欢迎词要针对不同的对象、不同的场合作出有针对性的讲话。不同的来宾来访的目的不一样，所欢迎的情由也应有所不同，要针对不同的对象表达不同的情谊和欢迎态度。另外，欢迎词的表达也要看场合，该严肃的严肃，该轻松的轻松。

4. 篇幅要简短

篇幅短小，言简意赅。一般的欢迎词都是一种礼节性的外交或公关辞令，并不是为了阐述实质性问题的，故宜短小精悍。

四、例文选读

胡锦涛总书记会见中国国民党主席连战一行的欢迎词
（2005年4月29日）

尊敬的连战主席和夫人，尊敬的吴伯雄副主席、林澄枝副主席、江丙坤副主席，尊敬的国民党大陆访问团的全体成员：

大家好！

四月的北京春意盎然，在这美好的季节里，我们迎来了中国国民党主席连战先生率领的国民党大陆访问团。今天的会见是我们两党主要领导人历史性的会见，我为此感到非常高兴。首先，我代表中共中央向连主席和夫人，向各位副主席，向访问团的全体成员表示热烈的欢迎，并致以良好的祝愿。

……………

非常感谢连主席和各位听完我的欢迎词，谢谢大家。

第三节　欢送词

一、欢送词概述

欢送词是指宾客离去时，主人为表示对客人的欢送之意，在一些会议或重大庆典活动、参观访问等结束时发表的热情友好讲话。中华民族向来重情义，在正式的外交和礼仪场合，惜别之情和祝福之意便可通过欢送词表现出来。

二、欢送词的写作规范

欢送词的内容结构一般由标题、称谓、正文、落款四部分组成。

（一）标题

标题写法一般有两种：一种是单独以文种命名，如《欢送词》；另一种是由致词人、活动内容和文种名共同构成，如《××在××宴会上的欢送词》。

（二）称谓

称谓的写作要求和欢迎词相同，在写作时应有亲切和尊敬之感。

（三）正文

欢迎词的正文一般由开头、主文和结尾三部分构成。

1. 开头

开头用亲切、得体的话表示欢送之意，通常应说明现场举行的是何种仪式、发言者的心情、代表什么人向哪些来宾表示欢送；也可以简述来宾来访的这段日子的一些经历、一些大事、一些结局及其所产生的现实或历史意义，再表达对宾客的欢送之意。

2. 主文

这一部分一般要简述访问或会议的经过，所取得的成果、收获，具有的现实或历史意义。同时也可以对在接待中的不周之处表示歉意与抱歉，期望今后多交流。在表述对来宾的希望及祝愿时，要注意所用言辞的分寸，既表达惜别之情又不可过于低沉。

3. 结尾

再次表达热烈欢送或希望重聚之情。

（四）落款

单纯用于讲话的欢送词无需署名。如需刊载，则应在题目下或文末署名，并写上日期。如果标题中已出现了致词人的姓名，则落款只写明日期即可。

三、欢送词的写作要求

1. 感情要真挚，用语要热情

欢送词的感情要真挚，自然。语言应亲切友好，热情有礼，切忌语言粗俗。

2. 表达要有分寸

在一些重要的社交场合和国际交往中，欢送词即要表示友好又要坚持自己的立场原则，维护自身的利益。

3. 篇幅要简短

篇幅短小，言简意赅。

四、例文选读

许智宏在北京大学 2008 年毕业典礼上的讲话

老师们，同学们，家长朋友，各位来宾：

大家好！

北大已经走过 110 年的风雨历程，一代又一代最优秀的中国知识分子，从这里走向世界。而我作为北大的校长，也非常有幸，和师生们一道，经历了北大历史上发展最快、最平稳的一段黄金时期，我校的国际声誉也不断提高。我回母校担任校长已近九年，每当毕业生离开的时候我都会代表学校，代表全校师生，给同学们祝福，给同学们提出很多希望，我希望每一个从北大走出去的年轻人，都能奋发有为，洁身自好，脚踏实地，志存高远，都能继承这所大学伟大而光荣的传统，做无愧于国家，无愧于人民的北大人！

今年的毕业典礼，我觉得非常特殊，因为 2008 年不是一个平常的年份。

············

多难兴邦，我希望，每一个 2008 届的北大毕业生，记住这四个字。也让我们共同祝愿，我们伟大的祖国，我们伟大的母校，能够在风雨之后，迎来新的辉煌！

谢谢大家！

第四节　答谢词

一、答谢词概述

答谢词是指在特定的公共礼仪场合，客人所发表的对主人的热情接待和支持表示谢意的讲话，亦可是荣升某种职务、获得某种荣誉时对人们的信任和支持表示感谢的文稿。自古以来，人们就提倡"礼尚往来""知恩报德"，于是在人际交往中便有了"谢"的言行：或握手，或鞠躬，或以言辞道谢，或以纸笔作书（写成谢函、谢帖等），倘若在庄重的礼仪场合，那便要温文尔雅地致"答谢词"了。

二、答谢词的写作规范

答谢词的内容结构一般由标题、称谓、正文、落款四部分组成。

（一）标题

标题写法一般有两种：一种是单独以文种命名，如《答谢词》；另一种是由致词人、活动内容和文种名共同构成，如《××在××宴会上的答谢词》。

（二）称谓

称谓的写作要求和欢迎词相同，在写作时应有亲切和尊敬之感。

（三）正文

欢迎词的正文一般由开头、主文和结尾三部分构成。

1. 开头

开头用亲切、得体的话对主人的盛情表示感谢，以表达致词人的情感。

2. 主文

主文是致辞的中心内容，可以回顾这段时间双方愉快的经历，赞扬主人为发展双方关系所作出的贡献，肯定这次来访及会议的影响或意义，提出进一步发展关系的强烈愿望。答谢词所表述的虽然主要是自己的见解，但是当自己的答谢处于对方的"欢迎词"或"欢送词"之后时，最好能将对方的意见引述过来，融入自己的意见之中。这样做，不仅可以丰富致词的内涵，而且也可巧妙地融洽双方关系，增强和悦气氛。

3. 结尾

再次表达感谢之情。

（四）落款

单纯用于讲话的答谢词无需署名。如需刊载，则应在题目下或文末署名，并写上日期。如果标题中已出现了致词人的姓名，则落款只写明日期即可。

三、答谢词的写作要求

1. 感情要真挚

既然要"答谢"，就应该动真情、吐真言，这就是所谓"真挚""坦诚"；虚情假意、言不由衷或矫揉造作，只能引来对方的反感。况且，"答谢"本身就是一种"言情"方式，既然要"言情"，就应热烈奔放、热情洋溢，给人以如坐春风的温煦感。

2. 处理好"客套"和"内容"的关系，表达有分寸

"客套"是礼仪的表现，"内容"才是实际的东西。一方面，需要客套；但另一方面，客套要为内容服务，不宜过多，更不宜过分，以免造成对方的反感。在表述双方的关系、原则和立场时要注意分寸。

3. 语言要雅俗共赏

这是对致词语言的辩证要求。与其他的演讲文书一样，答谢词是诉诸听觉的，要想让人听得顺心悦耳，就应将优美雅洁的书面语与活泼生动的口语有机融合，以获得琴瑟和弦、雅俗共赏的美感。

四、例文选读

中国国民党主席连战在胡锦涛总书记举行的欢迎仪式上的答谢词

胡总书记,各位女士、先生:

今天本人跟内人以及中国国民党三位副主席,率同很多的朋友,大家一起应胡总书记的邀请能够来访问大陆,访问北京、南京、西安、上海,我要在这里首先表示最由衷的感谢。过去这几天,所有的工作的同仁们,大家都尽心尽力,让我们旅程非常顺利,非常的愉快,也特别的感谢他们。

…………

这次56年以来头一次国民党主席和副主席,党的干部能够到南京紫金山中山陵向中山先生致敬,心情感伤、复杂,但是我们也非常的感谢。中山先生弥留的时候一再要大家和平奋斗来救中国,和平奋斗事实上不是那个时候的一个专利,而是大家要共同努力,一直到今天,我都信奉不渝。秉持这样的精神,我都相信双方假如继续加强我们相互的理解和信任,我相信一定会给我们两岸所有的人民带来更好的、更多的安定,更好的、更多的繁荣,同时更重要的是给两岸带来亮丽光明的希望和未来,这是我今天在这里首先跟总书记和各位表达的一些意见。谢谢。

第五节 讣告

一、讣告概述

讣告也叫讣文或讣闻,是报丧告知性文书。"讣"原指报丧的意思,"告"是让人知晓,讣告就是告知某人去世消息的一种丧葬应用文体。它由死者所属单位组成的治丧委员会或者家属发出,且要在遗体告别仪式之前发出,以便让死者的亲友作安排和准备。讣告可以张贴于死者的工作单位或住宅门口,较有影响的人物去世,还可登报或通过电台向社会发出,以便使讣告的内容迅速而广泛地告知社会。

我国现行讣告形式有三种:一般式、公告式、新闻报道式。一般式讣告是普通人逝世的时候所用;公告式讣告则隆重、庄严,往往用于对人民、对社会作出重大贡献的知名人士的逝世,它往往是由党和国家机关、团体作出决定发出,一般是采用张贴或通过报纸、广播、电视发布;新闻报道式是把有一定影响的人物的逝世作为消息在媒体上公布,旨在晓谕社会。

二、讣告的写作规范

讣告的内容结构一般由标题、正文和落款三部分组成。不同类型的讣告写法有所区别。

（一）一般性讣告

这种讣告是人们常用的讣告。

1. 标题

在开头一行中间写"讣告"二字，或在"讣告"前冠上死者的姓名，如"×××讣告"。字体要大于正文的字体。

2. 正文

正文内容包括三个方面：第一，写明死者的姓名，身份，因何逝世，逝世的日期、地点，终（享）年岁数；第二，简介死者生平，着重简略介绍死者生前具有代表性的经历；第三，通知吊唁，包括开追悼会的时间、地点及其他事项。

3. 落款

署明发讣告的团体或个人的名称，以及发讣告的年月日。需要联系的，应当注明联系电话。

（二）公告式讣告

1. 标题

标题有两种形式：第一，标出发公告或宣告的单位名称和死者的姓名，如"中共中央、全国人大常委会、国务院""×××同志逝世"；第二，标明文种"公告"或"宣告"。

2. 正文

正文包括两方面内容：第一，公布死者逝世的消息，如死者的职务、姓名、逝世原因、时间、地点以及终年岁数；第二，简介死者生平和对死者的评价，以及对死者表示哀悼之情。

3. 署明公告或宣告时间

随后或同时还要发出治丧委员会名单和治丧委员会公告。治丧委员会公告要写明"××× 治丧委员会公告"，交代对丧事的安排和具体的事项，署名并写上公告的时间。

（三）新闻报道式讣告

这种讣告作为一则消息在报纸上公布，旨在让社会各界人士知道。这种讣告的内容和形式一般很简单，但也有较详细的。

三、讣告的写作要求

1. 语言应庄重、严肃、准确、简练

讣告的语言必须是寄托着浓重的哀思的，在用语的选择上要注意选用一些带有沉痛悼念色彩的词语，避免使用一些带有明快、欢乐色彩的词语。比如，讣告的结尾往往是"特此讣告""谨此讣闻"，以亲属名义发出的讣告往往用"哀告（泣告）"。

2. 内容详略得当

要根据逝者的身份、地位决定内容的详略。知名的人士一般要详写，且对人物的评价、介绍一定要实事求是。普通人则宜略写。

3. 按传统习惯，写讣告只能用黄、白两种纸

一般情况，长辈之丧用白色纸，幼辈之丧用黄色纸。在报纸上发布的常常要加上黑框，以示致哀。

四、例文选读

讣　告

中国共产党优秀党员、中国人民大学环境学院教授王庆玉同志因病医治无效,于2011年6月25日早8点50分逝世,享年85岁。

王庆玉同志1926年9月14日出生于河北井陉,1946年陕西扶轮中学高中毕业,曾在上海师范专科学校化学专业学习,1950年12月华北大学俄文专修科毕业,同年进入中国人民大学财贸系商品检验教研室工作,曾任我校商品学系基础教研室主任,利用世界银行贷款建立了测试分析中心实验室,1991年获得北京市优秀教师称号,于1992年退休并享受退休老专家待遇。王庆玉同志四十余年的教育生涯中,奋发进取,兢兢业业,诲人不倦,为我校理工科建设作出突出贡献,为国家商品检测事业培养出一大批德才兼备的有用之才。对于王庆玉同志的去世,谨此表示沉痛的哀悼。

王庆玉同志遗体告别仪式于2011年6月29日(星期三)上午10时在八宝山殡仪馆莲花厅举行。前去告别的同事、朋友、学生请于2011年6月29日上午9时在人大求是楼(灰楼)前(东侧)或世纪城时雨园东门上车前往。

特此讣告。

王庆玉教授治丧小组
2011年6月25日

第六节　悼词

一、悼词概述

悼词是对死者表示哀悼、缅怀、敬意的言辞或文章,它有广义和狭义之分。广义的悼词指向死者表示哀悼、缅怀与敬意的一切形式的悼念性文章,狭义的悼词专指在追悼大会上对死者表示敬意与哀思的宣读式的专用哀悼的文体。

二、悼词的写作规范

悼词的内容结构一般包括标题、正文、落款三部分。

(一) 标题

标题的写作有三种情况:一是在悼词正文前写上"悼词"二字,二是主持人在追悼会上要用"××同志致悼词",三是贴出、刊印时要用"在追悼××同志大会上的悼词"。

（二）正文

正文的开头部分通常要用沉痛的心情、沉痛的语言写出对逝者的悼念之情。要尽可能全面而准确地写明去世者生前的身份或担任的各种职务名称，何种原因在何年何月何日几时几分不幸去世及终年岁数。

正文的主体部分承接开头，写对逝者的缅怀。一般先按时间先后顺序介绍去世者的生平事迹，包括对逝者的籍贯、学历以及生平进行集中介绍，应突出逝者对社会的责任和贡献。接着对死者的思想、精神、作风、品质、修养等作出综合的评价，介绍其对他人和社会产生的积极影响。这一部分的写作可以先概括，再具体；也可先具体再概括总结。

正文的结尾部分主要写明生者对死者的悼念及如何向死者学习、继承其未竟的事业，化悲痛为力量，为国家、为社会作出更大的贡献等内容。最后要写上"永垂不朽""精神长存"或"安息吧"之类的话。

（三）落款

悼词一般在开头就已介绍了参加追悼会的人员情况，所以悼词的最后落款一般只署上成文的日期即可。

三、悼词的写作要求

1. 评价得当，实事求是

悼词的目的是介绍逝者的生平事迹，歌颂逝者生前的功绩，让人们从中学习逝者好的思想作风，继承逝者的遗志。但是这种歌颂是严肃的，不夸大，不粉饰，要根据事实，作出合理的评价。

2. 基调哀而不伤

悼词既要充满悲痛的感情，又要让人们在对逝者的追思中，化悲痛为力量。

3. 语言简朴、严肃

悼词在写作时应力求做到语言简朴、严肃，真挚自然，既能表达对逝者的缅怀、悼念之情，又给人以慰藉和鼓励。

四、例文选读

在马克思墓前的讲话

3月14日下午两点三刻，当代最伟大的思想家停止思想了。让他一个人留在房里不过两分钟，当我们进去的时候，便发现他在安乐椅上安静地睡着了——但已经是永远地睡着了。

这个人的逝世，对于欧美战斗的无产阶级，对于历史科学，都是不可估量的损失。这位巨人逝世以后所形成的空白，不久就会使人感觉到。

正像达尔文发现有机界的发展规律一样，马克思发现了人类历史的发展规律，即历来为纷繁芜杂的意识形态所掩盖着的一个简单事实：人们首先必须吃、喝、住、穿，然后才能从事政治、科学、艺术、宗教等等。所以，直接的物质的生活资料的生产，从而一个民族或一个时代的一定的经济发展阶段，便构成基础，人们的国家设施、法的观点、艺术以至宗教观念,就是从这个基础上发展起来的。因而,也必须由这个基础来解释,而不是像过去那样做得相反。

不仅如此。马克思还发现了现代资本主义生产方式和它所产生的资产阶级社会的特殊的运动规律。由于剩余价值的发现,这里就豁然开朗了,而先前无论资产阶级经济学家或社会主义批评家所做的一切都只是在黑暗中摸索。

一生中能有这样两个发现,该是很够了,即使只要能作出一个这样的发现,也已经是幸福的了。但是马克思在他所研究的每一个领域,甚至在数学领域,都有独到的发现,这样的领域是很多的,而且其中任何一个领域他都不是浅尝辄止。

他作为科学家就是这样。但是这在他身上远不是主要的。在马克思看来,科学是一种在历史上起推动作用的、革命的力量。任何一门理论科学中的每一个新发现——它的实际应用也许还根本无法预见——都使马克思感到衷心喜悦,而当他看到那种对工业、对一般历史发展产生革命影响的发现的时候,他的喜悦就非同寻常了。例如,他曾经密切地注视马赛尔·德普勒的发现。

因为马克思首先是一个革命家。他毕生的真正使命,就是以这种或那种方式参加推翻资本主义社会及其所建立的国家设施的事业,参加现代无产阶级的解放事业,正是他第一次使现代无产阶级意识到自身的地位和需要,意识到自身解放的条件。斗争是他的生命要素。很少有人像他那样满腔热情、坚韧不拔和卓有成效地进行斗争。最早的《莱因报》(1842年),巴黎的《前进报》(1844年),《德意志-布鲁塞尔报》(1847年),《新莱茵报》(1848~1849年),《纽约每日论坛报》(1852~1861年),以及许多富有战斗性的小册子,在巴黎、布鲁塞尔和伦敦各组织中的工作,最后,作为全部活动的顶峰,创立伟大的国际工人协会,——老实说,协会的这位创始人即使别的什么也没有做,单凭这一结果也可以自豪。

正因为这样,所以马克思是当代最遭嫉恨和最受诬蔑的人。各国政府——无论专制政府或共和政府,都驱逐他;资产者——无论保守派或极端民主派——都竞相诽谤他,诅咒他。他对这一切毫不在意,把它们当做蛛丝一样轻轻拂去,只是在万不得已时才给以回敬。现在他逝世了,在整个欧洲和美洲,从西伯利亚矿井到加利福尼亚,千百万革命战友无不对他表示尊敬、爱戴和悼念。而我可以大胆地说:他可能有过许多敌人,但未必有一个私敌。

他的英名和事业将永垂不朽!

恩格斯写于1883年

第七节　碑文

一、碑文概述

碑文是指刻在碑上的文书。我国制碑的习俗历史悠久,早在春秋战国时期就有碑的出现,当时的碑都不刻文字,后来有人刻上相应的文字,就逐渐形成各种碑文。从汉朝以后,刻碑的风气逐渐普及。中国的名胜古迹竟形成独特的"碑石林立"的民族特色。因此,碑文竟成了使用范围极广的实用文体。

碑的种类繁多,归纳起来,碑文可以分为以下五类:一是记功碑文。它是一种记述功德的碑文,主要用于歌颂人民英雄或先进人物,又叫功德碑。二是墓碑文。它包括标名碑文和简介死者生平碑文。三是庙宇碑文。它是指庙宇修补或重建时立碑记事,以示后人。四是纪念碑文。这类碑文主要是为了纪念著名人物和历史事件,一般由国家机关或社会团体所建,如人民英雄纪念碑的碑文。五是记事碑文。它主要是记载当时较为重要或有意义的事情的碑文,主要有建筑碑文,文人雅事碑文,天灾人祸碑文等。

二、碑文的写作规范

碑文没有固定的结构,在形式上可以说不拘一格。一般而言,碑文的内容结构由标题、正文、落款三部分组成。

(一) 标题

标题一般是以碑之所在地或碑记之事、碑主人姓名为题,如《××先生捐资建校纪念碑》。

(二) 正文

不同种类的碑文,其正文的写法不一样。记功碑文要具体叙述功德之事;墓碑文要写出墓主人的身世经历,突出其事迹、性格特点;庙宇碑文应侧重叙述古迹的兴废历史,景点以及重建过程中的有关事项;记事碑文要写出事之经过,意义和影响。结语往往是对碑文述说的内容作总结,或写出对英雄人物、先进个人的赞叹和感激之情,或写出对死者不幸逝世的哀悼之情,或写出立碑的重要意义。

(三) 落款

落款部分写上立碑人的身份和姓名及立碑的时间。

三、碑文的写作要求

1. 客观公正

碑文要流传后世,不管是歌颂功德,还是写人记事,都要注意客观真实。不管褒也好,贬也好,以不失事实为贵,以公允持平为美。

2. 叙事简洁

碑文一般篇幅短小,写作时要选取最能表达人或事本质的内容,叙事简洁,表达准确,用语朴实。

3. 抒情真挚

碑文的写作要充满深厚的感情,只有这样才能感染人,启迪人。

四、例文选读

人民英雄永垂不朽

  三年以来,在人民解放战争和人民革命中牺牲的人民英雄们永垂不朽!

  三十年以来,在人民解放战争和人民革命中牺牲的人民英雄们永垂不朽!

  由此上溯到一千八百四十年,从那时起,为了反抗内外敌人,争取民族独立和人民自由幸福,在历次斗争中牺牲的人民英雄们永垂不朽!

思考题

1. 名词解释:欢送词;答谢词;讣告;悼词;碑文。
2. 请结合例文谈谈欢迎词和答谢词在情感表达上的侧重点。
3. 请自找一份庙宇碑文,分析其结构和写法。
4. 某市要举办"第二十届国际茶文化节",请你以该市市长的名义起草一份欢迎词,对前来进行经贸洽谈的来宾表示欢迎。
5. 在新年即将到来之际,请你以校学生会主席的名义给全校教师写一份节日祝词。

第七章　信函文书

信函文书是指机关、团体、企事业单位或个人在日常工作、生活中，向外单位或个人传递信息、表达意见、说明情况、证明事情所使用的文书。它一方面具有凭证作用，另一方面具有表意功能，是日常生活中不可或缺的一种应用文书。本章主要介绍感谢信、慰问信、贺信、求职信、辞职信、介绍信、证明信、倡议书、建议书和申请书的概念、分类、特点、结构及写作要求，着重学习、掌握它们的写法，能根据需要正确选择并使用不同的文体。

第一节　感谢信

一、感谢信概述

（一）概念

感谢信是各级机关、企事业单位、社会团体和个人，对帮助、支持自己工作的单位或个人表示感谢的信函。

感谢信除了表达对单位或个人的关怀、支援、帮助的谢意之外，还带有表扬之意，它体现了人们相互间关心、感激之情。感谢信可以直接给对方或对方所在单位，也可以张贴在对方单位内或所在地的公共场所，还可以交给报纸刊登或电台广播、电视台播映。

（二）特点

1. 真实性

真实性主要体现在两个方面：一是感谢的对象要真实；二是叙述的事情要真实准确，如时间、地点、人物、事件的经过和结果要交代清楚。

2. 感激性

感谢信应充满热情洋溢的感激之情。行文述事时要带着真挚的感情，使所有看到信的人都受到感染。

3. 表扬性

感谢信不仅有感谢的意思，而且有表扬的含义。旨在把对方助人的精神和行为宣扬出来，以期发扬光大。

(三)分类

感谢信依据不同的标准可以有不同的分法。

按感谢对象的多少来分,感谢信可分为写给集体(群体)的感谢信和写给个体(个人)的感谢信。

写给集体(群体)的感谢信指个人为了感谢集体在困境时给予自己的关心和支持而写的感谢信。写给个体(个人)的感谢信是个人或单位或集体为了感谢某个人曾经给予的帮助或照顾而写的感谢信。

按其存在形式来分,感谢信可分为公开张贴的感谢信和寄给单位、集体或个人的感谢信。

公开张贴的感谢信包括可在报社登报、电台广播或电视台播报的感谢信,是一种可以公开张贴的感谢信。寄给单位、集体或个人的感谢信可直接寄给单位、集体或个人。

二、感谢信的写作规范

感谢信与一般书信的格式不同,其内容结构由标题、称谓、正文、致敬语、落款五部分组成。

(一)标题

感谢信的标题有三种写法:以文种作标题,即在首行正中书写"感谢信"三字;由被感谢者和文种组成,如《致(大学生)杂志社的一封感谢信》;由感谢者、被感谢者和文种组成,如《中共中央致各民主党派中央、全国工商联感谢信》。

(二)称谓

开头顶格写出受感谢的单位名称或个人姓名,格式与普通书信相同。

(三)正文

正文包括开头、主体和结尾三部分。

1. 开头

开头要陈述事实,即感谢的事由。叙述对方对自己或本单位的帮助,务必要把人物、时间、地点、原因、结果以及事情经过叙述清楚,尤其重点叙述关键时刻对方给予的关心和支持。

2. 主体

在陈述事实的基础上,指出对方的关心支持与帮助对自己的重要性,用饱含感情的语言对对方所做的事情给予评论,表达感谢者的心情。

3. 结尾

结尾要热情歌颂,饱含感情地赞颂对方的好思想、好品德、好风格以及由此产生的影响,同时表示向对方学习的态度和决心。

(四)致敬语

正文写完后,可按一般书信格式,写上致敬语,如"此致""敬礼",或"致以最诚挚的敬礼",或"特此鸣谢"等。

(五)落款

按一般书信格式,签上单位名称或个人姓名、日期等。有的感谢信还加盖公章,以示确凿。

三、感谢信的写作要求

1. 叙述清楚

叙述对方对自己或本单位的帮助,一定要把人物、时间、地点、原因、结果以及事情经过叙述清楚,便于组织了解和群众学习。感谢信以说明事实为主,切勿不着边际地大发议论。

2. 感情真挚

信中要洋溢着感激之情。在叙述事实的过程中,除了要突出对方的好思想和表示谢意外,行文要始终饱含感情。感情要真挚、热烈,使所有看到信的人都受到感染。

3. 表达得体

写表示谢意的话,既要符合被感谢者的身份,也要符合感谢者的身份。

四、例文选读

感谢信

《大学生》杂志社:

请贵刊转告全国所有关心我的大学生、解放军战士、工人、教师及各界朋友,我的病情经几家大医院治疗和各界的关心,目前已得到控制,现正在家休养。如不出意外,下学期开学即可返校学习了。

顽疾缠身,是人生中的不幸,我遭此一难,几乎摧毁了我和我的家庭。由于《大学生》杂志的呼吁,一封封来自远方的书信,一张张几经周折转来的药方,使我那不情愿跳动的心,又恢复了正常的节奏;几乎凝滞的血,又沸腾了。一双双援助的手,一颗颗充满爱的心,指明了我生活的路,温暖了我一家几乎冷却的心。

可敬的叔叔、阿姨、各位同学们,我和你们天各一方,相见无期,你们却把微薄的收入,甚至把你们的助学金、生活费,或者卖几个字画的钱寄给了我。而你们当中甚至本人就有残疾,没有经济收入,而要用你们宝贵的血来挽救我……近来我的脑海中经常出现你们的身影,有年迈的老人,有可爱的军人,有可敬的老师,还有很多我不相识的人……我无法具体描绘你们的形象,但你们的高尚品格、助人为乐的精神将永存于我心中,永存于我家乡父老的心中……

为了不辜负你们的一片爱心和良好祝愿,我将继续我的学业,继续我的事业,争取取得优异的成绩,献给关心我的远方的各位朋友们。

愿我们的心永相随。

×××
××××年××月××日

第二节　慰问信

一、慰问信概述

(一) 概念

慰问信是以组织或个人的名义向作出贡献或遭遇重大困难和损失的集体或个人表示慰问、关心和鼓励的专用书信。

(二) 特点

1. 针对性

慰问信是专门写给特定对象的信函,它的慰问对象十分明确,因此,其行文目的、内容的针对性很强。

2. 鼓励性

慰问信的目的是为了表示关切之情,同时鼓舞对方鼓起勇气克服困难。在行文中要让人感受到情谊和温暖,从而鼓起战胜困难的勇气。

3. 亲切性

慰问信的用语要真切,让人感觉到亲切,才能体会出关怀,从而受到鼓舞。

(三) 分类

根据慰问的对象,慰问信可分为以下三种类型。

1. 表彰慰问

表彰慰问主要针对那些承担艰巨任务、作出巨大贡献甚至牺牲、取得了突出成绩的先进个人或集体,如"抗洪抢险的解放军战士""保家卫国的边防军人"等,鼓励他(它)们戒骄戒躁,继续前进。

2. 安抚慰问

安抚慰问常常是针对那些由于某种原因(如车祸、火灾、地震、暴雨等)遇到暂时困难或蒙受了巨大损失的集体或个人。对他(它)们表示同情和安慰,鼓励他们克服暂时的困难而加倍工作,以期尽早地改变现状,如对灾区的慰问、对边区老少群众的慰问。

3. 节日慰问

节日慰问是一种上级对下级、单位对个人进行的一种节日问候。一般表示对他们以前工作的肯定和赞扬,并祝福他们在今后的工作、学习、生活中心情舒畅,作出更大的成绩,如"春节慰问""教师节慰问"等。

二、慰问信的写作规范

慰问信的内容结构由标题、称谓、正文、结束语和落款五部分组成。

(一) 标题

慰问信的标题有四种写法:以文种作标题,即在首行正中书写"慰问信"三字;由慰问对象和文种组成,如《致全市各族人民的春节慰问信》;由慰问者、被慰问对象和文种组成,如《卫生部致战斗在非典一线全体医护人员的慰问信》;无标题写法,以邮寄方式写给个人的慰问信,通常按一般书信行文,不另加标题。

(二)称谓

慰问的开头要顶格写上被慰问单位或个人姓名。如果是写给单位的,应写上单位的全称。如果是写给个人的,应在姓名之后加上"同志""先生"等字样,后加冒号。根据具体情况,在称呼之前还可以加一定的修饰语,如"敬爱的""尊敬的"等。

(三)正文

慰问信的正文一般由发文目的、慰问的缘由和慰问的事项等部分构成。

1. 发文目的

该部分要开门见山,写清楚此信是代表何人向何集体表示慰问。例如,《中共杭州市委慰问驻杭部队军烈及转业军人》的开头:值此1999年新春佳节即将到来之际,中共杭州市委、市人大常委会、市人民政府、市政协代表全市人民,真诚地向你们及家属表示亲切的慰问,并致以崇高的敬意。

2. 慰问缘由和慰问事项

本部分主要包括以下四点:①因何事向对方发出慰问信;②概括地叙述对方的先进思想、先进事迹,或战胜困难、不怕牺牲的可贵品德和高尚风格,或简要叙述对方所遭受的困难和损失,以示发信方对此关切的程度,要表现出发信方的钦佩或同情之情;③结合形势和任务,提出希望或鼓励对方战胜困难;④写慰问信的单位或个人向对方表示决心。

(四)结束语

结束语一般表示共同的愿望和决心,如"让我们携手并进……""困难是暂时的,最后的胜利一定属于我们"等。接着写祝愿的话,如"祝你们取得更大的成绩""祝节日愉快"等,一般另起一行,空两格写。

(五)落款

署上发文单位或发文个人的称呼,并在署名下方写上成文日期。

三、慰问信的写作要求

对有贡献的集体和个人,应侧重于赞颂他们的巨大成绩;对遭到暂时困难的集体和个人,则应侧重于向他们表示关怀和支持。慰问信要向对方表示亲切、关怀的感情,其抒情性较强。语言要诚恳、真切,措词要恰当,篇幅要精悍。

四、例文选读

教师节慰问信

今天是教师节,全国各地都在庆祝这个光荣的节日,谨向你们致以亲切的问候和崇高的敬意!

你们——全国各级各类学校上千万教师和教育工作者,是我国工人阶级知识分子队伍中的一个重要方面军。新中国成立以来,你们为提高全民族的科学文化水平,为培养数以万计的有觉悟、有文化、有体力的各行各业的劳动者,为培养上千万能够适应现代科学技术发展的专门人才,作出了巨大的贡献。祖国社会主义物质文明和精神文明建设的每一项成就,都渗透着你们的辛勤劳动。党感谢你们,政府感谢你们,人民感谢你们!

各族教师同志们,你们肩负着光荣的历史重任。希望你们不断地提高自己的思想政治水平和文化业务水平,具有高尚的道德、渊博的知识,掌握教育教学工作规律,教书育人,为人师表,为祖国的社会主义教育事业作出更大的贡献。

祝同志们节日愉快!

李先念

××××年×月×日

第三节　贺信

一、贺信概述

(一) 概念

贺信是表示庆祝的书信的总称,指党政机关、企事业单位、社会团体或个人向其他集体单位或个人表示祝贺的一种专用书信。它是从古代祝辞中演变而来的,在今天它已成为表彰、赞扬、庆贺对方在某个方面所作贡献的一种常用形式,兼有慰问和赞扬的功能。

(二) 分类

贺信可以分为以下五类。

1. 上级给下级的贺信

这类贺信可以是节日祝贺,也可以是对工作成绩表示祝贺。这类贺词最后都要提出希望和要求。

2. 下级给上级的贺信

这类贺信一般是对全局性的工作成绩表示的祝贺,此外还要表明下级对完成有关任务的信心和决心。

3. 平级单位之间的贺信

这类贺信一般是就对方单位所取得的工作成就表示祝贺,同时还可以表明向对方学习的谦虚态度,以及保持和发展双方关系的良好愿望。

4. 国家之间的贺信

当有外交关系的国家新首脑就职,或者友好国家有重大喜事时,一般要致贺词,这既是礼节上的需要,同时也是谋求双方共同发展、维护双方共同利益的方式。

5. 个人之间的贺信

这类贺信用于亲朋好友在重要节日、重大喜事中互相祝贺、慰勉、鼓励,或者祝贺某人在工作、学习中取得了好成绩,以分享快乐。

二、贺信的写作规范

贺信的内容结构一般包括标题、称谓、正文、结束语和落款。

(一)标题

贺信的标题通常由文种名构成,如在第一行正中书写"贺信"二字。有的还在"贺信"的前面加上"谁写给谁"的内容,或者写明祝贺事由等。个人之间的贺信、贺电也可以不写标题。

(二)称谓

称谓即对受贺单位或个人的称呼。如果是单位,应当写全称。如果是个人,则写上姓名,后面加上"先生""女士""同志""老师"等,前面也可以加上修饰语如"尊敬的""敬爱的"等。称谓之后用冒号。

(三)正文

正文另起一行空两格写贺信的内容。正文一般包括开头、主体和结尾。

1. 开头

开头部分简述当前的形势和工作发展情况,说明对方取得成绩的社会背景。

2. 主体

主体部分表述对方取得的重大成绩及其原因。

3. 结尾

结尾表示热烈的祝贺、称赞和殷切的希望。如果是同级单位,除表示祝贺,还应提出向对方学习的内容;如果是下级单位给领导机关的贺信,除表示祝贺外,还应该表示自己的决心和态度;如果是给个人的贺信,应着重写明可供学习的地方。

(四)结束语

以祝愿词结尾,如"谨祝取得新的、更大的胜利"。如果正文中"希望"内容写得详细具体,也可不用祝愿词结尾。

(五)落款

落款包括署名和日期。在正文右下方写发信单位名称或个人姓名。署名下面注明日期。

三、贺信的写作要求

1. 内容真实

评价成绩时要恰如其分,不可空发议论,空喊口号。

2. 语言精练

贺信的语言要简洁明快,不可堆砌华丽的辞藻,篇幅要短小精悍。

3. 感情真挚

贺信是人们加强彼此联系、增强双方交流的一种交际手段,要体现自己真诚的祝福、表达真诚的敬意或合作意愿,所以感情要丰富充沛。

四、例文选读

致厦门经济特区建设 30 周年的贺信

福建省委、省政府,厦门市委、市政府:

值此厦门经济特区建设 30 周年之际,我谨向特区广大建设者表示热烈祝贺和诚挚问候,向关心支持特区建设的各有关方面和海内外人士表示衷心的感谢!

30 年来,在中央的坚强领导和全国的大力支持下,在历届福建省委、省政府和厦门市委、市政府的直接带领下,厦门经济特区坚持解放思想,锐意改革创新,不断扩大开放,经济社会发展取得显著成绩,人民群众生活发生巨大变化,为全国改革开放和社会主义现代化建设发挥了重要窗口和示范带动作用,为推动两岸经贸合作、文化交流和人员往来作出了独特贡献。实践充分证明,中央关于兴办经济特区的决策和部署是完全正确的。

现在,厦门经济特区正站在一个新的发展起点上。希望你们紧紧围绕科学发展这个主题和加快转变经济发展方式这条主线,牢牢把握国家支持经济特区深化改革开放的宝贵机遇,面向现代化、面向世界、面向未来,敢于先行先试,勇于攻坚克难,坚定不移推进改革开放,加快调整优化经济结构,着力增强自主创新能力,积极发展社会主义先进文化,切实保障和改善民生,不断加强和创新社会管理,更好服务两岸关系和平发展,努力谱写厦门经济特区各项事业发展新的辉煌篇章。

胡锦涛

2011 年 12 月 25 日

第四节　求职信

一、求职信概述

(一) 概念

求职信又称自荐信,是求职者向有关用人单位介绍自己的主观愿望和实际才干,以便对方了解自己、相信自己,从而获得某种职位的书信。

(二) 特点和作用

求职信最突出的特点是自荐性。无论是哪种形式的求职信,其最终目的都是让对方能够录用自己,因此在撰写求职信时要把自己的基本情况,尤其是在某一方面的专长、优势以及基本设想如实地写出来,设法使对方了解自己,并认定自己较有潜力,从而博得对方的好感。

求职信的作用和其特点紧密联系在一起,即通过自我推荐、自我推销从而获得自己满意的职位。用人单位出于人力、物力以及时间的考虑,一般都要求求职者寄送求职材料,进行比较筛选,然后再通知面试。求职信在很大程度上是面试的入场券,因此,写好求职信是寻找工作的敲门砖,是敲开职业大门的一个重要步骤。

(三)分类

求职根据求职主体的社会身份不同,求职信可分为在校毕业生求职信,待业、下岗人员求职信和在岗人员求职信。

根据阐述问题的角度不同,求职信可分为自荐信和应聘信。

二、求职信的写作规范

求职信的格式因写作的目的不同、内容差异、收信人身份不同而略有差别。但是,求职信的基本内容结构应包括标题、称呼、正文、祝语、署名和时间、附件等组成部分。

(一)标题

求职信一般以"求职信"三字为标题,居于首页正中。

(二)称呼

称呼一般在求职信的第二行顶格书写。求职信的称呼要礼貌具体。如果是写给单位的,则直接写明单位名称即可。如果是写给单位具体负责领导,一般称呼其职务,如"×××经理"。如果是没有目的的自荐信,直接称呼"尊敬的领导"即可。

(三)正文

正文是求职信的重心,一般由开头、主体、结束语三部分组成。

1. 开头

求职信的开头要写清求职的缘由和目的。开头部分的表述要简明准确,富有吸引力,从而达到两个效果:一是吸引对方有兴趣看完求职材料,二是引导对方自然而然进入"求职"的主题而不觉突然。

2. 主体

这是求职信的核心,主要说明求职意向、求职缘由、自身条件以及相应要求。

求职意向是说明应聘什么单位和什么部门的工作,让对方有个明确的认识,也给自己的求职目标一个清晰的定位。

求职缘由则包括对单位的性质、岗位特点的认识和其他个人感兴趣的理由。在不知对方是否招聘员工的情况下,应写明对该单位的印象,以表明自己愿意到该单位的态度。

自身条件应包括个人基本情况、教育背景、性格能力、特长等。根据用人单位招聘广告和所了解的信息,介绍自己能够胜任该项工作的优越条件(如知识、学历、经验等),要力求简明、重点突出。在这一部分,要力图向对方展示自己的硬件,并表明自己有较强的可塑性,有与某项工作要求相符合的特长、性格和能力,从而让对方觉得无论从哪个角度讲,自己都能胜任该项工作。撰写本部分时,应扬长避短,针对具体情况多角度、多层次、多方位地展示自己。但是,所述内容应真实。

相应要求主要写明自己对应聘工作职位的工作环境和待遇方面的要求。

3. 结束语

结束语的目的是给人一个完整鲜明的印象。一般表明求职者想得到该项工作的迫切愿望,希望早日得到明确的答复。

(四)祝语

祝语作为求职信的结尾部分,要写上感谢或祝福类的话语。

(五)署名和时间

在祝语的右下方,要写上"求职者×××",并注明写求职信的具体日期。另外,为方便对方回复、联系,最好写上自己的详细通信地址和邮政编码以及电话、电子信箱等联络方式。

(六)附件

附件部分是附在信末用以证明或介绍自己具体情况的书面材料。附件一般包括在校所学课程、成绩表、各种获奖证书或等级认定书、发表的文章、专家或单位提供的推荐信或证明材料等。附件在求职信中占有极重要的地位,它不仅让对方对求职者有具体的感性认识,还可增加用人单位对求职者的信任度。

三、求职信的写作要求

1. 态度诚恳谦虚

求职信的目的就是希望用人单位能够聘用自己,所以,撰写求职信的态度要热切而诚恳,主要是用自己的能力和真诚去赢得对方的认可。因此,夸大、狂妄都是求职信的大忌。

2. 实事求是,客观评价自己

求职信是自己向用人单位推荐自己,用人单位将根据求职信的内容来衡量和了解求职者。因此,实事求是地表明自己的才能、特长,是对自己负责,也是对用人单位负责,是诚信的表现,既能取信于人,又有利于自己能力的充分发挥和以后工作的顺利开展。

3. 语言简洁明了,目的清晰

求职信的语言篇幅不能过长,一般应该控制在1000字以内,能够让用人单位的相关招聘人员比较迅速地看完,不会产生厌倦感。

四、例文选读

致米兰大公书

尊敬的大公阁下:

来自佛罗伦萨的作战机械发明者达·芬奇,希望可以成为阁下的军事工程师,同时求见阁下,以便面陈机密:

①我能建造坚固、轻便又耐用的桥梁,可用来野外行军。这种桥梁的装卸非常方便。我也能破坏敌军的桥梁。

②我能制造出围攻城池的云梯和其他类似设备。

③我能制造一种易于搬运的大炮,可用来投射小石块,犹如下冰雹一般,可以给敌军造成重大损失和混乱。

④我能制造出装有大炮的铁甲车,可用来冲破敌军密集的队伍,为我军的进攻开辟道路。

⑤我能设计出各种地道,无论是直的还是弯的,必要时还可以设计出在河流下面挖地道的方法。

⑥倘若您要在海上作战,我能设计出多种适宜进攻的兵船,这些兵船的防护力很好,能够抵御敌军的炮火攻击。

此外,我还擅长建造其他民用设施,同时擅长绘画和雕塑。

如果有人认为上述任何一项我办不到的话,我愿在您的花园,或您指定的其他任何地点进行试验。

向阁下问安!

达·芬奇
××××年×月×日

第五节　辞职信

一、辞职信概述

辞职信也叫辞职书或辞呈,是辞职者向原工作单位辞去职务,或离开工作岗位时向单位领导或上级组织提出批准时写的书信。辞职信是辞职者在辞去职务时的一个必要程序。

二、辞职信的写作规范

辞职信的内容结构一般由标题、称谓、正文、结语、署名与日期五部分构成。

（一）标题

标题一般用"辞职信"或"辞呈"即可。标题要醒目,字体稍大。

（二）称谓

在标题下一行顶格处写接受辞职申请的单位组织或领导人的名称或姓名称呼,并在称呼后加冒号。

（三）正文

正文包括辞职理由、辞职态度及表示感谢的语句。

辞职理由即说明"为什么辞职"。可以直接说明自己要辞去什么职务,并请求批准;也可先表明辞职愿望,再写辞职理由。还要感谢对方对自己过去工作的支持和帮助,并诚恳地希望对方谅解自己的辞职。

（四）结语

结语一般用"此致敬礼""祝工作愉快"等。

（五）署名与日期

辞职申请的落款要求写上辞职人的姓名及提出辞职申请的具体日期。

三、辞职信的写作要求

1. 理由充分、可信，表述委婉

写辞职信，一定要充分考虑辞职的理由是否充分、可信。因为只有理由充分、可信，才能得到批准。有一些辞职原因没有必要直截了当地写出来，如自己和单位在价值观念上的不同、自己对单位的运作模式和经营方法的批判与反对意见。借辞职报告来发泄自己的不满或怨恨，是一种不妥当、不明智的做法。

2. 措辞真挚、恳切

写辞职信时，要做到以情驭文、以情动人。"情"包括了辞职者对单位的感激之情、歉疚之情和关怀之情等。纵使是一笔带过，也足以让对方感到温暖。

3. 行文简洁、明了

不管是辞职理由的表达，还是辞职诚意的表达都要注意做到行文简洁、明了。

四、例文选读

辞职信

尊敬的领导：

  我很遗憾自己在这个时候向公司正式提出辞职申请。

  来到公司已经快两年了，在这两年里，得到了公司各位领导和同事的多方帮助，我非常感谢你们。在这里我有过欢笑，也有过泪水，更有过收获。公司平等的人际关系和开明的工作作风，一度让我有找到了依靠的感觉。在这里我能开心地工作，开心地学习。

  但是最近我感觉自己不适合这份工作，同时也想换一下环境。我考虑在此辞呈递交之后的 2～4 周内离开公司，这样您将有时间去寻找适合的人选，来填补因我离职而造成的空缺，同时我也能够协助您对新人进行入职培训，使他尽快熟悉工作。能为公司效力的日子不多了，我一定会站好最后一班岗，做好交接工作。

  在短短的两年时间我们公司发生了巨大可喜的变化，我很遗憾不能为公司辉煌的明天贡献自己的力量，我只有衷心祝愿公司的业绩一路飙升，领导及各位同事工作顺利！

  此致

敬礼

辞职人：×××
××××年××月××日

第六节　介绍信

一、介绍信概述

(一) 概念
介绍信是机关团体、企事业单位的外出人员到其他单位联系工作、洽谈业务、磋商问题时所持有的一种专用书信。

(二) 特点

1. 内容的说明性

介绍信有说明和介绍作用,能起到证明持信人身份的作用。收信单位从对方的介绍信里,就可以了解来访者的姓名、职务、来访的事由、具体要求和希望等,以便予以接洽、帮助和支持。

2. 制作主体的特定性

只有法定单位及其负责人有权作为介绍信的制作主体,单位负责人不能以个人名义对外使用介绍信,其他个人也不能借用本单位或外单位名义开具介绍信。

3. 作用的时效性

介绍信只在有效期限内发挥作用,过期则失去效用。

(三) 分类

介绍信按其不同内容分为多种类型。但按其制作的过程和方法来分,主要有填写式介绍信和书信式介绍信两种。

填写式介绍信也称印刷式介绍信,是按照一定的表格样式印制的专用介绍信,使用时只需按项目填写。填写式介绍信有时也称带存根介绍信,一般由正联和存根联构成,以备查考之用。书信式介绍信是按普通书信格式开具的介绍信,使用在较特殊的场合,书写的内容可以更详细具体。由于不带存根,必要时可留复印件存档。

二、介绍信的写作规范

这里分别介绍填写式介绍信和书信式介绍信的格式、内容、写法。

填写式介绍信有事先印制好的表格样式,只需简单填写。它由正联和存根联构成,两联之间有间隔线,外出时使用正联。这种介绍信按类别、号码排列使用,包括存根联部分、间隔线部分和正联。

(一) 存根联部分

存根联部分由标题、介绍信字号、联系单位、正文、日期、附项(如有效期限)等组成,可以省略结束语和署名,因为是存根,只供本单位在必要时查考。

1. 标题

文种名后用括号注明"存根"即"介绍信(存根)",印在第一行中间正中位置。

2. 介绍信字号

介绍信字号由机关规范化代字、文种代字和顺序号组成,如"××介字第×号"。印在第二行右下方,有时须填写顺序号。

3. 联系单位

填写对方单位名称。

4. 正文

正文包括两项内容:①说明持介绍信者的姓名、人数。如果是办理重要或保密性事项的介绍信,还须注明被派遣人的职务、性别、年龄、政治面貌等情况。②要接洽的事项和向接洽的单位或个人提出的希望。

5. 日期

日期部分填写开具介绍信时的年月日。

6. 附项

附项指介绍信的有效期限等。

(二) 间隔线部分

存根联与正联之间,有一条虚线,把两联分开,存根联占 1/3,正联占 2/3。虚线上压线印有汉字形式的介绍信字号,开具介绍信时要在虚线上加盖公章,以便裁开后存根联和正联上各有一半介绍信字号和印章,供日后需要时进行核对。

(三) 正联

正联由标题、介绍信字号、联系单位、正文、结束语、署名、日期、印章、附项(如有效期限)等组成。开具时要加盖公章。

1. 标题

标题由文种名构成,即"介绍信"三字,印在第一行正中位置。

2. 介绍信字号(与存根联相同)

介绍信字号由机关规范化代字、文种代字和顺序号组成,如"××介字第×号"。印在第二行右下方,有时须填写顺序号。

3. 联系单位

第二行顶格填写对方单位、部门的名称或负责人的姓名,后加冒号。

4. 正文(与存根联相同)

正文包括两项内容:①说明持介绍信者的姓名、人数。如果是办理重要或保密性事项的介绍信,还须注明被派遣人的职务、性别、年龄、政治面貌等情况。②要接洽的事项和向接洽的单位或个人提出的希望。

5. 结束语

结束语部分一般印有"请接洽""请予协助""此致敬礼"等。

6. 署名、日期

开具介绍信的单位名称,另起一行印在右下方。署名下另起一行填写开具介绍信的年月日。

7. 印章

在日期上加盖公章。

8. 附项

附项包括介绍信的有效期限等说明。例如,中国共产党党员组织关系介绍信,附项内注明党费缴纳等情况。

书信式介绍信用一般公文信纸书写,可以是单位开具的,也可以带有私人性质。书信式介绍信的内容结构由标题、称谓、正文、结束语、署名、日期等组成。

1. 标题

在第一行正中位置写上"介绍信",三字之间有一定间隔。

2. 称谓

顶格写对方单位名称或个人称呼,后加冒号。

3. 正文

正文包括两项内容:①说明持介绍信者的姓名。办理重要事项或保密性事项时,还须注明被派遣人的职务、性别、年龄、政治面貌等情况。②要联系的事项和向联系的单位或个人提出的希望。上述两项内容不分段。

4. 结束语

结束语部分一般写"请接洽""请予协助""此致敬礼"等。

5. 署名、日期

开具介绍的单位名称或个人姓名,另起一行写在右下方。署名下另起一行写年月日。

三、介绍信的写作要求

1. 如实填写

要如实填写介绍信各项内容,且与持介绍信者的姓名、身份一致。

2. 填写要简明扼要

无论是填写式介绍信还是书信式介绍信,接洽和联系事项必须填写清楚,且简明扼要。

3. 保存复印件,认真核对

重要的书信式介绍信要留存复印件,填写式介绍信存根联与正联的内容必须完全一致,开具人要认真核对,并经领导过目或在存根上签字,以示慎重负责。

4. 书写工整,不得涂改

如有涂改,必须在涂改处加盖公章。

5. 不得开具盖章空白介绍信

实践中,有的人借口外出办事方便,事先开具数张不填写时间,但却加盖有公章的介绍信,这不符合有关文书管理规定,应当坚决杜绝。

四、例文选读

介绍信

××大学教务处:

今介绍我校中文系讲师×××、×××两位同志前往贵校联系聘请教师来我校讲学事宜,请接待,并希协助。
　　此致
敬礼

××大学办公室(盖章)
××××年×月×日

第七节　证明信

一、证明信概述

(一) 概念

证明信是党政机关、社会团体、企事业单位证明某人或某件事情的真实情况时所使用的一种专用书信。证明信对所证明的人和事负有一定的法律和政治责任。个人对有关人和事所出具的证明材料如果未经单位、组织确认其效力并加盖公章,一般不具有证明信的作用,只能作为参考。

(二) 特点

1. 出具者的资格性

证明信的出具者首先要有证明某人、某事的资格,这种资格关系到证明的实际效力。不具备合法的证明身份,不能出具证明信。

2. 证明的合法性

在证明者具备合法的证明资格的基础上,证明的行为也必须合乎法律、法规的规定,不能出伪证。

3. 证明的凭证性

证明信的作用贵在凭证性,是受文机关办理有关事务的依据,一般还要归档备查。

(三) 分类

根据出具者的身份,证明信可分为单位或组织的证明信、个人证明信。

根据证明信的内容,证明信可分为身份证明信、学历证明信、结婚证明信、事件证明信等。

根据证明信的用途,证明信可分存档证明信、丢失证件证明信和携带式证明信。

(四) 制发主体

党政机关、社会团体、企事业单位和个人都可是制作证明信的主体。具体来说,开具证明信要有相应的资格,如公民的户籍、住址,要由负责户籍登记管理的当地公安机关证明;商业经营的合法性,由负责企业登记管理的工商行政管理部门证明;学历、文凭要由有资格颁发证书的单位证明。

二、证明信的写作规范

不论是哪种形式的证明信,其内容结构都大致相同,由标题、称谓、正文、结束语、落款等构成。

(一)标题

标题可以直接写文种,即"证明信"或"证明",写在第一行正中位置;也可以由事由和文种构成,如"关于××同志××情况(或问题)的证明"。

(二)称谓

第二行顶格写上受文单位名称或受文个人的姓名称呼(或职务),后加冒号。

有的携带证明信没有固定的受文者,可以不写称谓,而是在正文前用公文引导词"兹"引起正文内容。可以在备注项注明"本证明信由持证人携带,与身份证同时使用"。

(三)正文

正文下移一行空两格书写。如果是根据对方来函开具的证明信,可写"根据你单位函件(××字〔2005〕×号)要求,现将有关问题证明如下"。

1. 存档证明信

此类证明信主要根据对方来函要求证明的问题书写,紧扣主题,不涉及其他无关内容。例如,对方要求证明"××同志是否在你单位工作过,期间有无重大问题",正文则可写"××同志1992年5月至2004年8月在我单位任基建科科长,期间没有任何重大问题"。如果对方调查"××同志在你单位的政治思想、道德品质、工作、学习情况",正文可针对以上几方面说明,不需涉及历史或家庭问题。如果对方调查某个事件,则需要写清有关人员的姓名、身份,事件发生的时间、地点,参与人的活动及表现,叙述事件的前因后果,不得含糊其辞,也就是要写清楚人物、事件的本来面目。

2. 丢失证件证明信

正文内容一般为人名、时间、地点、丢失证件情况,并写上丢失证件的编号。

3. 携带证明信

正文内容一般包括姓名、性别、年龄、身份、职务、外出地点、外出目的(如出差、探亲、旅游等)。这种证明信内容比较固定,因此常常设计、印制为固定格式,使用时只需简单填写。印制好的证明信也称填写式证明信,一般一式两联,标题下有发文序号,开具时要同时在正联和间隔线上加盖公章。

(四)结束语

正文写完后,另起一行,顶格写上"特此证明"四个字,不加标点。也可直接在正文结尾处写出,后加句号。

(五)落款

落款即署名和成文日期。在正文的右下方写证明单位或个人的姓名称呼,成文日期另起一行写在署名下,然后由证明单位或证明人加盖公章或签名、盖私章,否则证明信将是无效的。

三、证明信的写作要求

1. 内容真实、可靠

撰写证明信必须具有高度负责的精神和实事求是的态度,证明信内容必须真实可靠,不能有丝毫的虚假成分。

2. 语言准确、简明

针对需要证明的问题用明确具体的语言表述,重点突出,详略得当。一般不涉及对方来人来函没有提出的问题。

3. 格式规范,要素齐全

以个人名义出具的证明信,要写明证明人的政治面貌、工作情况等;对随身携带的证明信,一般要求在证明信的结尾注明有效时间。证明信不能用铅笔、红色笔书写,若有涂改,必须在涂改处加盖公章。证明信必须有存根、登记。

四、例文选读

证　明

××市科学院：

　　你院×××同志,于2003年至2007年在我校××系业余大专班,学习四年,全部学业成绩合格,已准予毕业。

　　特此证明

××大学××系
××××年××月××日

第八节　倡议书

一、倡议书概述

（一）概念

倡议书是公开提倡某种做法、倡导某项活动、鼓动别人响应的一种书信体文书。倡议的内容必须是对国家、对人民有利,同时所提倡议又必须是简便易行的。

倡议书是把重要的、有创造性的建议或有关组织、部门的号召,变为群众的自觉行动的重要途径。

（二）特点

1. 对象的群众性

倡议书不是对某个人、某一集体、某一单位而言的,它往往面向广大群众,对一个地区的所有人发出,甚至向全国发出。

2. 响应的随机性

倡议书是发动广大群众响应,但实际上有关人员可以表示响应,也可以不表示响应,它本身不具有很强的约束力。

3. 内容的公开性

倡议书就是一种广而告之的书信。它就是要让广大的人民群众知道了解,从而激起更多的人响应,以期在最大的范围内引起共鸣。

(三) 分类

从作者角度划分,倡议书可分为个人倡议书、集体倡议书、机关和企事业单位倡议书。

从内容看,倡议书可分为有关具体事项的倡议书和有关思想意识、精神状况的倡议书。

从传播角度划分,倡议书可分为传单式倡议书、张贴式倡议书、广播式倡议书和登载式倡议书。

二、倡议书的写作规范

倡议书的内容结构一般包括标题、称谓、正文、落款四部分。

(一) 标题

倡议书的标题形式灵活:可以由单位名称、事由、文种构成,如《教育部、中国文字改革委员会等十五个单位提出大家都来说普通话倡议书》;也可以由事由和文种构成,如《做社会主义精神文明建设生力军和突击队倡议书》;还可以只写文种,如《倡议书》。最后这种标题形式较为常见。

(二) 称谓

有明确倡议对象的,写上倡议对象的名称,如"全国未婚的青年朋友们""××毕业班全体党员"。有的倡议面很广,可以写"亲爱的朋友们",或省略称谓。

(三) 正文

正文是倡议书的主要部分,包括以下三部分。

1. 开头

开头部分说明倡议的背景原因和目的。倡议书的发出贵在引起广泛的响应,只有交代清楚倡议活动的原因,以及当时的各种背景事实,并写明发布倡议的目的,人们才会理解和信服,才会自觉行动。这些因素交代不清就会使人觉得莫名其妙。

2. 主体

主体部分写明倡议的具体内容和要求。这部分要写得具体、可行:开展怎样的活动,都做哪些事情,具体要求是什么,它的价值和意义都有哪些,均需一一写明。

倡议的具体内容一般是分条开列的,这样写清晰明确,一目了然。

3. 结尾

结尾部分表示倡议者的决心和希望或者写出某种建议。倡议书一般不在结尾写表示敬意或祝愿的结束语。

(四) 落款

落款要署上提倡议的单位名称或个人姓名,并署上成文日期。

三、倡议书的写作要求

1. 不违背国家方针政策

倡议书的内容要切实可行,不违背国家的方针政策。

2. 写清背景,理由充分

倡议书的背景目的要写清楚,理由要充分。

3. 要有号召性

措辞要恰切,情感要真挚,同时要富于号召性。篇幅不宜太长。

四、例文选读

倡议书

社会各界爱心人士:

  我县有众多学生,以理想的成绩考入了梦想已久的大学,但也有一些品学兼优、家庭贫困的学生,虽然考出了好成绩,却因家庭无法承担过重的家庭负担,仍然面临着上大学难的问题。为此,作为致力于青少年及弱势群体工作的组织,共青团××县委委员会,向社会各界爱心人士诚挚发出倡议:奉献您的爱心,帮助贫困大学生圆大学梦。

  您可以采取"1(家)+1"帮扶的方式(即一个集体或个人与一名贫困大学生结成帮扶),或向希望工程基金办公室捐款等方式奉献您的爱心,我们将竭诚为您提供翔实的大学生信息,并做好相关协调、走访工作。

  奉献爱心,收获希望。您的一份关爱,会改变一个学生一生的命运;您的一次善举,将换回更多感恩的回报。相信在社会各界的大力支持和帮助下,受助大学生们必将重燃新的生活希望,在大学的校园里,努力成才,早日成为社会的栋梁!

  乐善好施、扶贫济困是中华民族的传统美德,人与人之间的相互帮助和关爱是社会和谐进步的推动力量。共青团××县委员会携全体待资助大学生,竭诚期待社会各界的积极参与。

共青团××县委员会
××××年××月××日

第九节　建议书

一、建议书概述

(一) 概念

建议书又称意见书,是指个人、单位或集体向有关单位或上级机关和领导,就某项工作、某一问题或情况提出建议时使用的一种常用文体。

建议书是群众向领导提出自己主张的重要手段,是沟通党群、干群、上下级关系的重要渠道。

(二) 特点

1. 文本性

建议书是面对有关部门或上级领导提建议时使用的一种文体,它没有公开倡导具体实施的特点,而只是作为一种想法被提出来,具有较强的文本性特点。

2. 可塑性

建议书是必须被有关部门、领导批准认可后才能被实施的。所以建议书具有较强的可塑性,它不是最终的定文形式,它可以被修改,被增删,甚至不被采纳。

二、建议书的写作规范

建议书的内容结构和一般书信大体相同,一般包括标题、称谓、正文、结束语、落款。

(一) 标题

标题通常只写文种,如《建议书》;有时为了突出建议的具体内容,标题可以由事由和文种构成,如《关于×××的建议书》。题目要写在第一行的中间。

(二) 称谓

建议书要求注明受文单位的名称或个人的姓名,在标题下顶格书写,后加冒号。

(三) 正文

正文由开头、主体和结尾三部分构成。

1. 开头

开头部分先阐明提出建议的原因、理由以及自己的目的、想法。这样可以使受文单位或个人从实际出发,考虑建议的合理性和价值,为采纳建议打下基础。

2. 主体

主体即建议的具体事项,一般建议的内容要分条列出。建议要具体明白,切实可行,以便接受者考虑接纳。

3. 结尾

结尾部分提出自己希望采纳的想法,但同时也应谨慎虚心,掌握分寸,不用命令的语气。

（四）结束语

结束语一般是表示敬意或祝愿的话，与一般书信相同。

（五）落款

落款要署上提建议的单位名称或个人姓名，并署上成文日期。

三、建议书的写作要求

1. 从实际出发，实事求是

提意见、写建议要根据具体问题、实际需要和可能的条件，这样才有助于改进工作方法，开展有益活动。

2. 说话得体，有分寸

首先，所提意见和建议应当比较准确、比较合理，并且有一定的分寸；其次，要使意见和建议在现实条件下行得通，不应该说过头话，也不应该提过高的要求。

3. 内容具体、清楚、实在

建议书的核心部分是所提建议的内容。因此，写建议书不管是分条列开，还是不列条款，都应当把建议的内容写具体、写清楚，使人一目了然。

4. 语言准确、精练

建议书是人们发表意见、提出建议的一种工具，因此，语言一定要准确精练，要言简义明地把具体的办法、具体的措施准确地、一目了然地写出来。

四、例文选读

建议书

广大市民：

　　水，滋润万物，与我们的生产生活息息相关。水是甘甜的，但有时又是苦涩的；水是宝贵的，但有时它又泛滥成灾；水是清冽的，但在一些地方它却变得污浊不堪；一切生物都离不开水，但在一些特别需要水的地方，它却变得那样吝啬……面对我们日日不可或缺的生命之源——水，我们知道的到底有多少？

　　中国的水资源虽然比较丰富，但分布不均，东多西少，南多北少，缺水的地方很多。而在不缺水的地方，人们浪费水、污染水的现象又太严重。

　　一些工厂不注意保护水资源，把工业废水排入江河湖泊，造成了水资源的严重污染。鱼虾生活在这样的水中，就会慢慢中毒，死去；人类喝了这样的水，就会生病，严重影响身体健康。听后，我觉得真是可怕！为什么人类只知道赚钱，不知道保护水资源，这样下去，我们就很难喝到干净的水，到那时，人类该怎么生存呢？

　　很多家庭表面上看是很节约用水，实际上是在浪费水资源。有的家庭厨房和卫生间的水龙头的水一天到晚都在一滴一滴往水缸和储水桶里面滴，然而水缸和储水桶的水却在不停地往外流入下水道。有的家庭将一些完全还可以利用的水，像淘菜和洗脸的水一盆一盆地直接倒入下水道，看看这些被浪费的水，如果一年到头一滴一滴地往外滴的话，其结果一定会让人惊讶得目瞪口呆！在此，特地向广大市民提出以下建议。

①淘米水洗菜,再用清水清洗,不仅节约了水,还有效地清除了蔬菜上的残存农药。

②夏天给室内外地面洒水降温,尽量不用清水,而用洗衣之后的洗衣水。

③洗菜要一盆一盆地洗,不要开着水龙头冲,一餐饭可节省50千克水。

④将卫生间里水箱的浮球向下调整2厘米,每次冲洗可节省近3千克水;按家庭每天使用四次算,一年可节约4380千克水。

珍惜资源,保护资源,节约资源,人人有责。让我们从现在做起,从我做起,从点点滴滴做起,珍惜地球母亲赐予我们的一切自然资源,使我们的家园年年春光灿烂……

×××
××××年××月××日

第十节　申请书

一、申请书概述

(一) 概念

申请书是个人或集体向组织、机关、企事业单位或社会团体表述愿望、提出请求时使用的一种文书。申请书也是一种专用书信,它同一般书信一样,也是表情达意的工具。申请书的使用范围广泛,不同的对象有不同的申请书,常见的有入团申请书、入党申请书等。

(二) 分类

申请书的使用范围广泛,种类也很多。按作者分类,申请书可分为个人申请书和单位、集体公务申请书。

二、申请书的写作规范

申请书的内容结构一般包括标题、称谓、正文、结尾、署名和日期。

(一) 标题

申请书的标题有两种写法:一是直接写"申请书";另一是在"申请书"前加上内容,如"入党申请书""调换工作申请书"等。一般采用第二种。

(二) 称谓

顶格写明接受申请书的单位、组织或有关领导。

(三) 正文

正文部分是申请书的主体,一般包括以下三项内容。

1. 申请内容

开篇就要向领导、组织提出申请什么。要开门见山,直截了当,不含糊其辞。

2. 申请原因

申请原因即为什么申请,也就是说明申请书的目的、意义及自己对申请事项的认识。原因要写得客观、充分。

3. 决心和要求

最后进一步表明自己的决心、态度和要求,以便组织了解写申请书人的认识和情况,这部分应写得具体、详细、有分寸,语言要朴实准确,简洁明了。

（四）结尾

写明惯用语"特此申请""恳请领导帮助解决""希望领导研究批准"等,也可用"此致""敬礼"等礼貌用语。

（五）署名和日期

个人申请要写清申请者姓名,单位申请写明单位名称并加盖公章,注明日期。

三、申请书的写作要求

1. 事项清整,数据准确

申请的事项要写清楚、具体,涉及的数据要准确无误。

2. 实事求是

理由要充分、合理,实事求是,不能虚夸和杜撰,否则难以得到上级领导的批准。

3. 语言准确,态度诚恳

语言要准确、简洁,态度要诚恳、朴实。

四、例文选读

国家助学金申请书

尊敬的领导：

您好！

我是××学院××系××专业的×××同学,于××××年××月××日出生于××市××县的一个农村家庭。在大二整学年的专业课学习中,我始终保持着积极向上的心态,在时时以较高的标准要求自己的同时,妥善处理好学习、工作和生活之间的关系,勤奋学习、努力进取,在德、智、体、美等方面努力做到全面发展。我认为自己在各个方面均符合优秀学生的评选条件,故提出该份申请书。现将我的基本情况介绍如下,作为各位领导的评审参考。

（一）学习方面

…………

（二）思想方面

…………

（三）工作方面

....
（四）生活方面
....

　　进入××学院学习是我人生中一个极其重要的阶段。在大二整学年的学习生活中，我在各个方面都获得了巨大的进步，综合素质得到了很大的提高。现在我能有申请国家励志奖学金的资格，要特别感谢学院领导的大力培养，老师在专业方面的深入指导以及同学们在工作和生活中给我的支持和帮助，今后我会更加严格要求自己，使自己有更大的提高、更好的表现。为了能够顺利完成今后的学业，也为了将来能更好地回报父母、回报社会，我郑重地向学校递交国家励志奖学金的申请，请各位领导予以审核。

　　此致
敬礼

申请人：×××
××××年××月××日

思考题

1. 贺信的种类有哪些？
2. 求职信的正文有哪几部分组成？
3. 证明信的写作要求是什么？
4. 今年4月，大丽乡发生大面积蝗灾，灾情严重，用常规的喷药等方法无法控制。县农科所派出多名技术人员，采用最先进的生物灭蝗手段，有效地控制了灾情。目前作物长势良好，丰收在望。为感谢县农科所的大力支持，乡长让谢秘书写一封感谢信。请你代他完成。
5. ××学院的辅导员带5名实习学生去广州交易会担任翻译工作，行前到教务处开具介绍信。请你替教务处拟写一份介绍信（姓名、时间自拟）。

第八章 经济文书

现代社会生活是多元化、复杂化的生活,涉及衣食住行学等方方面面,经济和人们的日常生活从来没有像今天这样联系如此紧密。秘书活动也随着人类社会活动的复杂化、多样化而缤纷多彩,经济文书写作已成为秘书写作活动的重要内容、秘书人员的重要职业能力组成部分。秘书人员必须认真学习和掌握经济文书的写作。

经济文书是指人们在经济活动中为了传播经济信息、指导经济活动、协调经济关系而形成的应用文体,是各种经济文体的统称。本章主要讲述合同、协议书、招标书、投标书、市场调查报告、市场预测报告、经济活动分析报告、可行性研究报告等常用的经济文书。

第一节 合同

一、合同概述

(一) 概念

在现代日常生活、工作中,合同的使用是非常普遍的,尤其在经济交往活动中人们会经常用到经济合同。

合同是平等民事主体的自然人、法人、经济组织之间为实现一定目的而设立、变更、终止的民事关系协议。依法成立的合同,受法律保护。广义合同指所有符合法律规定的,确定权利、义务关系的协议。狭义合同指经济合同。

合同的定义可以从以下四个方面理解:第一,合同的主体一定是法人、其他经济组织、有民事行为能力的自然人;第二,合同的订立是以经济上的互惠互利为目的的;第三,合同一旦签订,便确定了合同双方的经济关系和法律关系等;第四,合同签订的内容即确定商品、劳务和货币的转移,是双方相互权利和义务的约定。

(二) 分类

按照订立的时间期限长短,合同可分为长期合同、中期合同和短期合同。

按照订立的方式不同,合同分为口头合同和书面合同。

按照订立的形式不同,合同分为条款式合同、表格式合同、条款表格结合式合同。

按照是否立即交付标的,合同分为有诺成合同(订立合同后部门所交付标的)和实践合同(订立合同后立即交付标的)。

按照订立的内容性质,合同分为买卖合同,供电、水、气、热合同,赠与合同,借款合同,租赁合同,融资租赁合同,承揽合同,建设工程合同,运输合同,技术合同,保管合同,仓储合同,委托合同,行纪合同,居间合同。(根据《中华人民共和国合同法》规定的十五类合同)

二、合同的写作规范

尽管合同的分类众多,但其最基本的内容结构大致相同,包括标题、约首、正文和生效标志。

(一)标题

标题是合同的名称,用以标明合同的性质种类。标题一般由事由和文种组成,如《工矿产品买卖合同》。少数合同标题中不使用"合同"二字,如运输合同和财产保险合同。前者的标题常在事由前加"计划书""运单"等字样,如《铁路局货物运单》等;财产保险合同标题常在事由后加"投保单"或"保险单"字样,如《企业财产保险单》等;表格式合同是事先印刷的,多是冠以经营业务的范围,如《轻工业产品购销合同》等。

(二)约首

约首包括合同编号,合同当事人,签约时间、地点等,订立合同双方当事人名称应按照营业执照上核准的名称填写,不得用简称或代号。为行文方便,可在双方当事人名称后分别注明"简称甲方"和"简称乙方"。在标题的下方、双方当事人上方或上方偏右位置一般注明合同编号和签订日期,有特别要求的还要注明签订地点。

(三)正文

正文部分是合同的主要内容,一般包括以下四个方面。

1. 双方当事人签订此合同的目的和依据

如果有相关法律规定的,要将此法律名称注明。常用"根据××法律和有关法律法规,经甲乙双方协商一致签订本合同"等字样。

2. 合同内容的主要条款,即双方协商一致的内容

条款包括标的、数量、质量、规格、价款、酬金、结算方式、发货、装货、运输方式等内容。

3. 合同当事人的经济责任和法律责任

4. 附则

附则说明合同的有效期限,合同的份数和保存者,有时还有合同的补充办法等。双方当事人要注明地址,电话,邮政编码,图文传真号码,开户银行名称、账号等。附件是合同的组成部分,具有与合同同等的法律效力。

(四)生效标志

生效标志是合同的最后一部分,一般包括以下几方面:合同双方法定代表人或委托代理人签名;合同双方当事人加盖公章;双方当事人注明地址,电话,邮政编码,图文传真号码,开户银行名称、账号等;根据国家规定必须经过鉴证或公证、双方约定进行鉴证和公证的合同,应有鉴证或公证机关加盖公章;注明签约年月日。

三、合同的写作要求

1. 合同内容要具体、明确

在签订书面合同时，除必须遵守国家法律、法规、政策、计划外，还应根据所签合同的性质、特点，注重对每项条款的文字表达。

2. 用字措辞必须准确、周密

慎重运用合同中的量词，表示货款和物品的数字要大写。使用国家规定的计量单位，正确使用标点符号。

3. 附表具体、清晰

所列附表要做到全面、具体、清晰，做到无疏漏亦无多余。

四、例文选读

房屋租赁合同

本合同双方当事人：

出租方[甲方]姓名：_____ 身份证_____ 联系电话_____

承租方[乙方]姓名：_____ 身份证_____ 联系电话_____

①东城胶州路370号，64幢301室，总层5。

②该房屋用途为：[居住]。除双方另有约定外，乙方不得改变房屋用途。

③租赁期限自_____年_____月_____日至_____年_____月_____日止。

④该房屋租金为_____。屋内设施有海信电视一台、电视柜、沙发、餐桌、炉具各一个，餐椅4把，床2张。押金为3000元。

⑤乙方应于本合同生效之日向甲方支付全额租金。租赁期满，设施未坏，房屋内家具齐全，押金全额返还乙方。如有损坏或丢失，可从押金中扣除。

⑥甲方于本合同生效之日[两]日内，将该房屋交付给乙方。

⑦因乙方管理使用不善造成房屋及其相连设施的损失和维修费用，由乙方承担责任并赔偿损失。租赁期间，防火安全、综合治理及安全、保卫等工作，乙方应执行当地有关部门规定并承担全部责任和服从甲方监督检查。

⑧在房屋租赁期间，以下费用由乙方支付，并由乙方承担延期付款的违约责任。水费、电费、气费和物业管理费。在租赁期，如发生政府有关部门征收本合同未列出项目但与使用该房屋有关的费用，均由乙方支付。

⑨供暖费由甲方承担。

⑩租赁期满后，本合同即终止，届时乙方须将房屋退还甲方。如乙方要求继续租赁，则须提前[1个月]向甲方提出，甲方在合同期满[1个月]内向乙方正式书面答复，如同意继续租赁，则续签租赁合同。

⑪甲、乙双方各执一份，均具有同等效力。

甲方签章_____ 乙方签章_____

　　　　授权代表签字_____　　　　　　　授权代表签字_____
　　　　_____年_____月_____日　　　　　_____年_____月_____日

第二节　协议书

一、协议书概述

（一）概念

协议书有广义和狭义之分。广义的协议书是指社会集团或个人处理各种社会关系、事务时常用的"契约"类文书，包括合同、议定书、条约、公约、联合宣言、联合声明、条据等。狭义协议书是指国家、政党、企业、团体或个人就某一问题或事件经过谈判或协商取得一致意见后，共同订立的明确相互权利义务关系的一种契约性文书。本节讲授的"协议书"即狭义协议书。

（二）分类

协议书相比较于其他协约文书，使用范围比较广泛，使用情况比较复杂，因而，进行系统的归类也比较困难。较为常见的协议书有以下八种。

1. 联营协议书

联营协议书即联合经营协议书，是指两个或两个以上的经济组织、个体工商业者、农村承包经营者共同出资、共同生产经营、共享所得利益、共担风险而达成的明确相互权利义务关系及生产经营活动原则的书面协议。联营协议书根据各方利害的紧密程度和组织结构的不同，可以分为法人型联营协议书、合伙型联营协议书和协作型联营协议书。

2. 经销协议书

经销协议书是一个企业为另一个企业销售产品而订立的明确相互权利义务关系的书面协议。

3. 国际贸易代理协议书

国际贸易代理协议书是出口企业与国外代理商之间就双方的共同目标、双方的相互权利义务关系、双方的业务关系等进行协商后达成的书面协议。

4. 委托协议书

委托协议书是指当事人双方约定一方为他方处理事务的书面协议。委托的一方为委托方，为他方处理事务的一方为受托方。

5. 仲裁协议书

仲裁协议书是指当事人双方在争议发生前或争议发生后达成的将争议提交某一仲裁委员会仲裁的书面协议。

6. 和解、调解协议书

当双方发生经济纠纷或其他民事纠纷时，双方可以自行协商解决。双方协商解决纠纷达成和解时，应制作和解协议书。和解协议书必须符合法律法规的规定，不损害国家和社会公共利益，双方平等自愿签订才具有法律效力。

7. 变更或解除合同或原有协议书的协议书

这种协议书是双方经协商一致，变更后解除原有合同或协议书所确立的权利义务关系的书面协议。

8. 补充协议书

合同或协议书签订时对其中某一特殊而又具有一定独立性的问题需要单独列出，或签订后发现条款有遗漏需要加以补充，或执行到一定时期出现了新的情况需要在原有基础上增加新内容，双方或多方经协商一致，可订立补充协议书。

二、协议书的写作规范

协议书的内容结构一般包括标题、立约当事人、正文、生效标志四部分。

（一）标题

协议书的标题一般包括协议的内容和性质，由事由和文种组成。一般在"协议书"这一文种名称前标明该协议书的性质，或在此基础上冠以双方的单位名称，也有的只标"协议书"三字，如《委托协议书》《协议书》等。

（二）立约当事人

在标题的下方写明双方单位的名称或代表的姓名及相互关系等。签订单位名称列在协议书标题之下，或放在正文首段中。为行文方便，可将签订协议各方称为"甲方""乙方"等。

（三）正文

协议书的主要内容集中在正文，以条款形式逐项列出，即协议各方协商后达成的一致意见。正文一般包括立约依据或缘由、双方约定内容两部分。

立约依据或缘由是正文的开头部分，起引起后文的作用；双方约定的内容是正文的主体部分，一般用条款式分条列项写出双方协商确定的内容。不同形式的协议书所包括的条款也不同。因而，协议书正文中具体应写明哪些条款要视协议书的性质和双方协商的结果而定。对于那些国家明确规定了应包括的条款，签约时必须遵守。

正文的结尾要写明执行要求及对协议书本身的说明，如本协议书的书面形式、份数、保存人或单位、有效期限、违约责任等。此部分作为正文条款中的最后一条与上文并列，不单独成段列出。

（四）生效标志

生效标志即协议书的结尾。协议书正文结束后，在正文右下方，签署协议各方名称。依次为单位全称，代表人姓名或当事人、关系人、见证人的姓名，并且加盖公章和私章。如有公证处公证，或律师签名，一并列出，并盖上公章或私章。然后另起一行写达成协议的时间。

内容重要的协议书，可请公证处公证，由公证员签署公证意见、公证单位名称、公证人姓名、公正日期，并加盖公证机关印章。

三、协议书的写作要求

1. 协议书的内容不得违反国家法律、法令和政策的规定

不许超过其限定的范围,否则,在法律上不能生效。

2. 格式规范,如实写入

达成协议的各条款,均需如实写入,且条款要详尽、具体。格式要规范,一经签订不许随意涂改,修改应按一定程序进行。

3. 协议书的撰写要兼顾其宽泛性、协同性、严密性

协议书的这些特点,要求其内容要细致、具体、全面,逻辑要严密,主次轻重要鲜明,充分协商、共同协商。

4. 区分协议书与合同书

注意严格区分协议书与合同的不同,二者不能混淆。

四、例文选读

××服装展销协议书

甲方:_____(以下简称甲方)

乙方:_____(以下简称乙方)

××市服装公司批发部(以下简称甲方)与××商场(以下简称乙方)经双方协商,由乙方负责展销甲方服装,并提供市场信息。甲方负责提供展销货源。本着互惠互利、面向市场、共同搞好服装展销的原则,特订立本协议。

①乙方负责展销甲方的男装、女装、童装,设立专柜,陈列样品,组织展销(也可兼搞批发),提供市场信息。

②展销日期:9月20日至10月10日,为期20天。

③乙方负责挑选花色品种,与甲方签订展销货源订货合同;甲方负责提供货源,做到优先安排,优先供应,及时发运。

根据调拨凭证,双方建立商品移转账务记录。

④甲方供应乙方的品种,除沪制呢制服装按批发牌价供应外,其余服装实行优惠作价,以批发价96折供应,零售价由乙方自定。

⑤货款结算原则是约期结算,展销结束后,根据销售数量由乙方主动托付给甲方,所剩商品的货款,在展销结束后一个月,由乙方付清。

⑥商品开箱后,发现短缺、串号、污损等情况,均按商业部纺织品内部调拨有关规定办理。

本协议书正本一式2份,副本一式4份,双方各执1份正本、2份副本。

甲方	乙方
××市服装公司批发部(印章)	××商场(印章)
主任:×××(印章)	主任:×××(印章)
开户银行:××××银行分行营业部	

账号：_____

××××年×月×日

第三节　招标书

招标是招标人以一定的方式邀请投标人投标，并按照招标程序在投标人中选择最恰当合作人的行为。招、投标是国际上普遍采用的一种有组织的商业交易方式，有利于促进市场经济体制的建立和完善，有利于市场主体之间公平竞争。

一、招标书概述

（一）概念

招标书是招标人在进行某项科学研究、技术攻关、工程建设、合作经营业务或大批物资交易前发布的用以公布项目内容及其要求、标准和条件、投标注意事项等内容的周知性招标文件。招标书一般具有公开性、紧迫性、针对性、可行性的特点。

（二）分类

招标书的种类繁多，按照不同的标准划分具有不同的类型。

从发布范围角度划分，招标书有国际招标书、国内招标书、部门系统招标书和单位内部招标书等。

从招标目的物角度划分，招标书可分为工程招标书，生产招标书，劳务招标书，设计招标书，企业承包、租赁招标书和大宗商品交易招标书等。

从招标合同期限角度划分，招标书有长期招标书和短期招标书。

从招标环节角度划分，招标书有招标公告、招标通知书、招标章程等。其中，招标公告和招标通知书是使用最多的招标书形式。

二、招标书的写作规范

招标书的内容结构一般包括标题、正文、落款（结尾）三部分内容。

（一）标题

招标书的标题可以由招标单位的全称、招标项目和文种组成，如《中国进出口总公司国际招标公司招标公告》；也可由招标单位全称直接加文种或招标项目加文种组成，如《海尔公司招标通知书》；或者只有文种，如《招标书》。另外，有的招标书会用双行标题，以正标题标明招标单位和文种名称，以副标题点明招标项目。招标书的标题下方应标列招标号，招标是一般由招标单位的英文缩写和编号两部分组成。

（二）正文

招标书的正文包括引言和主体两部分内容。

1. 引言

引言是指在招标书的开始简要说明招标单位工程项目名称、规模，招标项目的资金来源,招标的缘由、依据和范围等因素。目的是让投标者清楚地知道这个项目是否有投标的可能或必要,方便投标者清晰定位。

2. 主体

主体包括三方面的内容:招标事项、招标范围、投票程序。

招标事项具体说明招标项目名称,并说明项目的主要情况,是招标书的核心部分,要求以精确的表述和具体的数据,将招标项目的具体内容和各种要求准确明了地分项列条叙写。

招标范围即说明招标对象应具备的条件,明确中标者的权、责、利等内容,使潜在的投标对象明确自己是否能成为投标人。

投标程序指说明潜在投标人与招标人联系的单位部门名称,标明招标的起始时间,发送招标文件的方式、地点和日期,开标的方式、时间和地点,签约的时间或期限,项目计划开工和预期完成的时间和时限。如对投标者有作资格审查的要求,还应一并写明资格审查的时间、地点和期限等。

(三)落款(结尾)

落款即招标书的结尾部分。在招标书的末尾写明招标单位的全称,招标公告发布的日期,招标单位的地址、电话、传真等,以便投标人与招标人联系。

三、招标书的写作要求

1. 招标方案切实可行

招标内容符合国家法律、政策,符合实际,内容明确,重点突出,真实可行。

2. 招标标准应当明确

招标项目、条件、要求及各项指标等要具体明确,清晰无歧义。

3. 标书文字应准确无误

招标书的内容要简明扼要,术语、概念要准确,数字要精确,不可产生歧义和误解。语言要通俗易懂。

四、例文选读

××建筑安装工程招标书

为了提高建筑安装工程的建设速度,提高经济效益,经_____(建设主管部门)批准,_____(建设单位)对_____建筑安装工程的全部工程进行招标。

1.招标工程的准备条件

本工程的以下招标条件已经具备:

①已有经国家批准的设计单位出的施工图和概算;

②建设用地已经征用,障碍物全部拆迁;现场施工的水、电、路和通讯条件已经落实;

③资金、材料、设备分配计划和协作配套条件均已分别落实,能够保证供应,使拟建工程能在预定的建设工期内连续施工;

④已有当地建设主管部门颁发的建筑许可证；
⑤本工程的标底已报建设主管部门和建设银行复核。
2.工程内容,范围,工程量,工期,地质勘察单位和工程设计单位
_____。

3.工程可供使用的场地、水、电、道路等情况
_____。

4.工程质量等级,技术要求,对工程材料和投标单位的特殊要求,工程验收标准
_____。

5.工程供料方式和主要材料价格,工程价款结算办法
_____。

6.组织投标单位进行工程现场勘察,说明招标文件交底的时间、地点
_____。

报名,投标日期,招标文件发送方式：
报名日期：二零____年___月___日；
投标期限：二零____年___月___日起至二零____年___月___日止。
招标文件发送方式：
_____。

7.开标、评标时间及方式,中标依据和通知
开标时间：二零____年___月___日。
评标结束时间：二零____年___月___日。
开标、评标方式：建设单位邀请建设主管部门、建设银行和公证处参加公开开标,审查证书,采取集体评议方式进行评标、定标工作。

中标依据及通知：本工程评定中标单位的依据是工程质量优良,工期适当,标价合理,社会信誉好。评定结束后五日内,招标单位通过邮寄(或专人送达)方式将中标通知书送发给中标单位,并与中标单位在一月内签订_____建筑安装工程承包合同。

本招标方承诺,本招标书一经发出,不得改变原定招标文件内容,不得以任何理由要求收回或更改。否则,将赔偿由此给投标单位造成的损失。

在招标过程中发生争议,如双方自行协商不成,由负责招标管理工作的部门调解仲裁,对仲裁不服,可诉诸法院。

建设单位：_____
地址：_____
联系人：_____
电话：_____
二零____年___月___日

第四节　投标书

投标是对招标的回应,是针对招标中有关要求,按照招标规定的程序参与投标竞争的过程,同招标一样,是国际通用的商业交易方式。

一、投标书概述

(一) 概念

投标书是投标人按照招标书提出的条件和要求,向招标人提出承包某业务项目的愿望而制作的专门文书。投标书一般具有真实性、竞争性和针对性的特点。

(二) 分类

投标书按照不同的标准划分,其分类也不同。

按照投标范围大小,投标书可以分为国际投标书、国内投标书、系统或单位内部投标书。

按照投标目的物不同,投标书分为建筑工程投标书,企业承包、租赁投标书,生产、设计投标书和大宗商品交易投标书等。

按照投标方身份划分,投标书分为个人投标书、合伙投标书、法人投标书和联合投标书等。

按照投标书的性质划分,投标书又可分为投标申请书、投标审查书和投标书。

二、投标书的写作规范

投标书的内容结构一般由标题、正文和结尾三部分组成。

与招标书相同,若项目内容过于繁杂,可将有关的项目数据及说明以附件形式列于文后,使标书正文看上去更加简洁规整。

(一) 标题

投标书的标题有三种写法:一是由投标方名称、投标项目和文种组成,如《××公司承包××建筑工程投标书》;二是由投标方名称和文种组成,如《××建筑公司投标书》;三是直接用文种代替标题,如《投标书》。标题中的抬头即对招标单位的称呼,也就是投标书的主送单位。

(二) 正文

投标书的正文只需用简洁的文字直接表明态度,写明保证事项即可。有时也可根据需要简单介绍一下本单位的基本情况或者写明其他应标条件及要求招标单位提供的配合条件等。如有必要,也可附上标价明细表。正文一般包括引言和主体两部分。

1. 引言

引言一般写投标人的基本概况,如企业名称、性质、规模、资质等级、技术力量、应标等级等;投标的方针、目的、依据、主导思想等;对所投标项目的态度及中标后的承诺等。

2. 主体

主体部分写投标的具体指标,如经营方针,经营目标,完成所投标项的具体内容、措施、步骤,以及其他要说明的应标条件和事宜等。最后,说明此投标书的有效期限。

主体部分作为投标书的重心所在,要求内容具体、完整、简洁,论证要严密,有说服力。

(三) 结尾

结尾部分即落款。签上投标人的名称、联系方式、合同投标日期。无论是招标书还是投标书,在写好后必须加盖单位及负责人的印章。

三、投标书的写作要求

1. 投标书的内容要真实可信,切合实际

切不可单纯为了中标而增加水分,那样只会适得其反,对投标和招标双方都不利。

2. 编写投标书要有针对性

投标书既要针对招标者提出的条件和内容,也要针对本单位的现状,经过缜密的分析论证,再决定是否投标和投标的程度。

四、例文选读

××公司投标书

致:＿＿＿＿＿＿＿＿＿＿＿＿＿＿＿＿

根据贵方为＿＿＿＿＿＿＿＿＿＿＿＿＿＿项目招标采购货物及服务的投标邀请＿＿＿＿＿＿＿＿＿＿＿＿＿＿＿(招标编号),签字代表＿＿＿＿＿＿＿＿＿＿＿＿＿＿＿(全名、职务)经正式授权并代表投标人＿＿＿＿＿＿＿＿＿＿＿＿＿＿＿(投标方名称、地址)提交下述文件正本一份和副本一式＿＿＿＿＿＿份。

①开标一览表;
②投标价格表;
③货物简要说明一览表;
④按投标须知第14、15条要求提供的全部文件;
⑤资格证明文件;
⑥投标保证金,金额为人民币＿＿＿＿＿＿元。

据此函,签字代表宣布同意如下:

①所附投标报价表中规定的应提供和交付的货物投标总价为人民币＿＿＿＿＿＿元。
②投标人将按招标文件的规定履行合同责任和义务。
③投标人已详细审查全部招标文件,包括修改文件以及全部参考资料和有关附件。我们完全理解并同意放弃对这方面有不明及误解的权利。
④投标自开标日期起有效期为＿＿＿＿年＿＿＿月＿＿＿日。
⑤如果在规定的开标日期后,投标人在投标有效期内撤回投标,其投标保证金将被贵方没收。
⑥投标人同意提供按照贵方可能要求的与其投标有关的一切数据或资料,完全

理解不一定要接受最低价格的投标或收到的任何投标。

⑦与本投标有关的一切正式往来通信请寄：

地址：

电话：

投标人代表姓名、职务：

投标人名称（公章）：

日期：_____年____月____日

传真：

邮编：

全权代表签字：

第五节 市场调查报告

市场调查报告是市场调查研究结果的集中体现，它的撰写直接影响到整个市场调查研究工作的成果质量。一份好的市场调查报告，能给企业的市场经营活动提供有效的导向，为企业的决策提供科学依据。

一、市场调查报告概述

(一) 概念

市场调查报告是企业或企业代理人、专门的调查机构或研究人员，运用科学的方法，通过对市场需求、市场营销和消费等信息进行调查、收集、整理和分析，针对市场现状，揭示市场运行规律与本质的书面报告。

(二) 分类

市场调查报告所涉及的内容十分广泛，凡是对市场营销有直接或间接作用的情报资料，都在市场调查研究的范围之内。常见的市场调查报告有以下四种。

1. 商品情况调查报告

商品情况调查报告指通过对消费者的广泛调查，反映消费者对某一商品或某类商品的质量、价格、包装、商标、服务的评价，以此研究商品的市场占有率、市场覆盖率、市场竞争力等调查结果的结论报告。

2. 消费者情况调查报告

消费者情况调查报告指通过对消费者的调查，反映购买某一商品或某一类商品的消费者的数量及地区分布，消费者的性别、年龄、职业、文化水平、消费观念、购买能力等情况的调查结果的报告。

3. 销售情况调查报告

销售情况调查报告指通过对销售情况的调查，反映商品在市场上的供求比例，销售能力和影响销售的因素等情况，从而找出问题，提出解决方案和建议的结论报告。

4. 市场竞争情况调查报告

市场竞争情况调查报告指通过对竞争对手及其产品的调查,反映竞争对手及其产品在数量、质量、价格、宣传、市场占有率、发展策略等方面的竞争能力,并与之进行比较,找出优势与不足,以提高自身的综合竞争实力等方面的调查结论的报告。

二、市场调查报告的写作规范

市场调查报告的内容结构包括标题、正文、落款三部分。

(一)标题

市场调查报告的标题即调查的题目。标题必须准确严谨、简洁明了,能高度概括调查报告的主题思想。市场调查报告的常用标题有以下四种。

1. 直叙式标题

此类标题以概括性的文字交代调查的内容和范围,并直接使用"调查"或"调查报告"的字样点名文种名称,如《关于北京市 2010 年冰箱销售情况的调查报告》。

2. 结论式标题

此类标题是将市场调查报告的主要观点浓缩为一个概括性的短语,作为报告的标题,如《市场定位是否准确是经营成败的关键》。

3. 问题式标题

此类标题是将调查报告的问题加以概括后作为市场调查报告的标题,如《河南农民人均纯收入距小康标准还有多远》。

4. 文章式标题

文章式标题即复合式标题。正标题点明本篇市场调查报告的主要观点,副标题交代调查的内容、范围、时间、实施者等。副标题在正标题下另起一行,正副标题间用破折号衔接,如《枝叶不展茶自愁——信阳茶叶销售现状调查》。

(二)正文

市场调查报告的正文分为导言、主体、结尾三部分。

1. 导言

市场调查报告的开头部分也称为导言,一般简要地概括全文基本内容,如调查的目的、时间、对象、范围及方法等,也可指出全文的主旨。

2. 主体

主体是市场调查报告的核心所在,一般包括基本情况及分析、提出的结论、决策建议三个方面的内容。主体部分直接决定调查报告的质量与作用。

3. 结尾

结尾即全文的结束。形成市场调查报告的基本结论,也就是对市场调查的结果作一个小结,或重申、概括观点,或进一步提出问题,或作简要评价,或进行一些必要的补充。

(三)落款

落款即署名和调查报告形成日期。

三、市场调查报告的写作要求

1. 力求客观真实,实事求是

要客观介绍市场状况,如实反映市场中存在的问题;所引材料、数据必须真实可靠,对重要数据要反复测算、核实,做到准确无误。

2. 重点突出,讲究实效

撰写市场调查报告,必须目的明确,有的放矢,抓住主要矛盾,突出重点。同时也要讲究时效,在保证质量的前提下尽快完稿,时过境迁便无现实意义可言。

3. 叙议结合,调查资料与观点相统一

市场调查报告是以调查资料为依据的,即调查报告中所有的观点、结论都是以大量的调查资料为依据的。这就要求善于用资料说明观点,用观点概括材料,二者相互统一。同时还要注意叙议结合,做到寓理于事,事周旨显。

4. 语言要简明、准确、易懂

市场调查报告要通俗易懂,准确无误。调查报告的语言必须简洁明了。

四、例文选读

林木种苗市场建设情况的调查报告

林木种苗是林业建设的基础和前提,林业要发展,种苗是关键。为进一步搞好我省的林木种苗建设,推动我省林业持续快速健康发展,我们组织力量对全省的林木种苗情况进行了详细的调查,并据此提出了几点意见,现分述如下:

(一)我省林木种苗建设基本情况

1. 建立了一批林果良种繁育基地

…………

2. 育苗和国有苗圃生产不断发展

改革开放以来,我省林木种苗工作取得了长足发展……

(二)种苗建设中存在的主要问题

…………

(三)关于我省种苗发展的几点建议

…………

种苗是林业生产最基本的生产资料,是保证造林绿化进度、提高营林质量、实现林业发展战略目标的基础。真抓科技,就要真抓种苗。各级政府和林业主管部门一定要把种苗工作列入重要议事日程,切实加强领导,加大力度,增强改革开放意识,切实做到"下大力气抓种苗,超前抓种苗,一把手抓种苗"。要建立目标责任制,制定监督检查制度,定期检查,逐级考核,奖优罚劣;要加强种苗机构和队伍建设,保持机构和队伍的稳定,切实搞好种苗的行业管理和组织生产,推动种苗事业健康发展;要配备得力干部,明确专人,从事种苗工作,以充分体现"优先发展种苗"的方针,使种苗工作得以有序、稳定、健康地发展。

××省林业厅
××××年×月×日

第六节 市场预测报告

一、市场预测报告概述

(一) 概念

市场预测报告是以市场经济理论为指导,在对以往和目前的经济状况进行分析研究的基础上,对未来一段时间的市场发展和变化趋势进行预测、分析、推理而制定的书面文书。

它要求在正确的理论指导下,在全面掌握市场情况的基础上,运用科学的方法,根据市场调查获取的资料、数据,对未来一段时期内市场供需前景和发展趋势作出预测,得出定性或定量结论,提出有针对性的措施或决策。这也就决定了市场预测报告具备超前性、科学性、时效性的特点。

(二) 分类

市场预测报告涉及范围广,种类较多,划分角度不同,分类也就不同。

按照市场预测范围划分,市场预测报告有宏观经济预测报告和微观经济预测报告。

凡是对国内外经济发展形势的预测,对某一经济部门、某一行业发展前景的预测,都可归类为宏观经济预测报告。对某一企业或某一品牌产品发展前景的预测,对某一产品专项内容的预测等则属于微观经济预测报告的范畴。

按照市场预测期限划分,市场预测报告有长期预测报告、中期预测报告和短期预测报告。

长期预测报告是对市场未来变化趋势五年以上的预测,适用于供应较稳定、投资较大、建设周期较长的大型项目。由于期限长,受未来因素变化的影响较大,预测的误差也较大,需要在实际工作中不断调整。中期预测报告指时间在一至五年内的预测,适用于在供求方面变化比较大的一般商品。一般对预测期内各种影响因素考虑比较全面,预测误差相对较小。短期预测报告指一年或一个季度的市场预测,适用于新产品或季节性强的商品,准确性和可靠性都比较高。

按照市场预测空间划分,市场预测报告有国际性市场预测报告、全国性市场预测报告和区域性市场预测报告。

国际性市场预测报告是对国际市场上某种商品供求变化发展趋势的预测。全国性市场预测报告是对全国范围内某种商品供求情况发展变化的预测。区域性市场预测报告是以企业所在区域或某一特定区域的市场为对象,对某种商品供求情况及发展变化的预测。

按照市场预测内容划分,市场预测报告有市场需求预测报告、市场占有率预测报告和生产情况预测报告。

市场需求预测报告是根据人口的变化,人们物质文化水平提高的程度,社会购买力的增减等因素,分析市场对各种商品的需求。市场占有率预测报告是对某种产品中某品牌产品的需求量作出的预测。着重考虑的是产品本身的特性对销售量的影响,同时,还要分析竞争对手和其他产品的替代能力。生产情况预测报告是对企业生产情况、生产能力和布局,企业产品的数量、质量和性能等情况的变化趋势的预测。

二、市场预测报告的写作规范

市场预测报告的内容结构由标题、正文和落款三部分组成。

(一) 标题

市场预测报告的标题要简要鲜明,突出中心。常用的标题形式有以下三种。

1. 直叙式标题

直叙式标题指直接在标题中交代预测的期限、范围和内容,并以"预测""分析""展望""发展前景"等表明文种性质。这一类标题最为常见,如《2012年全国丝织品市场趋势》。

2. 结论式标题

结论式标题指直接在标题中表明预测的观点,如《网络销售:市场预测的新热点》。

3. 复合式标题

复合式标题有主标题和副标题两部分组成。主标题一般表明预测得出的主要观点,副标题一般交代预测的期限、范围、内容等。主副标题分行书写,用破折号连接,如《繁荣、活跃、稳定——2012年国际时装市场预测》。

(二) 正文

市场预测报告的正文包括前言和主体两部分。

1. 前言

正文的开头即前言。通常是交代市场预测报告写作的背景、动因等有关情况,也可以概括说明预测的主旨和主要的预测方法等。前言起着统摄全文的作用。

2. 主体

市场预测报告的主体部分涵盖基本情况、预测和建议三部分内容。

基本情况是市场预测的基础。根据收集来的市场信息,运用数据资料,说明预测对象的历史情况和现实状况。写作上要求选取的资料和数据要充分、确凿,有代表性,以保证预测的准确性。

预测部分是全文的重点和核心。它主要是以基本情况为依据进行分析、比较、判断、推理,找出预测对象的方向性、规律性、主导性的东西。要求判断准确,推理严密,分析具有说服力;要考虑到影响市场变化的各种因素,运用科学方法对市场动态作出判断;预测过程中要防止简单化、表面化,防止以偏概全。

建议是提出的切合实际的应变措施等。建议部分不是市场预测报告必须具备的内容。

市场预测报告一般没有专门的结尾,就以建议部分归结全文。如果有结尾,一般是总结全文的观点。

(三）落款

落款就是在文末标明报告的作者和写作时间。

三、市场预测报告的写作要求

1. 预测对象要明确

要想写好一份市场预测报告,必须选择好对象,明确预测目标。这样才能准确地围绕对象和目标收集信息,进行分析预测。

2. 预测重点要突出

市场预测报告对历史和现状的交代是有必要的,但这些不是预测报告的重点。重点应该是对市场未来前景的预测,并且这种预测必须是有说服力的、科学的、可靠的、具体明确的。

3. 结构格式要合理

市场预测报告一般要遵循"提出问题——分析预测问题——解决问题"的结构形式,做到层次分明,主题集中。

四、例文选读

英德市市场需求预测分析报告

卷烟需求预测要立足于市场,坚持以市场为导向,真正做到从市场实际出发,坚决克服需求预测中的非市场因素,切实反映市场的真实需求。广东英德营销部根据分公司的卷烟消费总量与结构,同时结合当地的消费习惯,对 2010 年 4 月份的需求预测作出了如下分析:

（一）上月需求预测总结分析

…………

（二）影响需求预测的相关因素分析

…………

（三）4 月需求预测情况分析

…………

（四）存在的问题及解决建议

…………

第七节　经济活动分析报告

一、经济活动分析报告概述

(一) 概念

经济活动分析报告是以提高经济效益为目的，以科学的经济理论为指导，以国家有关政策为依据，以经济指标、统计资料、会计核算资料和调查研究所获得的大量信息与相关情况为基础，运用多种方法，对某一地区、某一经济领域或某一企业已经发生的经济活动状况进行综合的分析评价，总结成绩经验，揭露矛盾问题，提出改进措施的一种指导经营管理的书面报告。

简言之，经济活动分析报告就是在经济理论的指导下，依据统计、会计提供的核算资料和调查了解的情况，对某一组织经济活动的过程及其现状进行分析研究的书面报告。它是反映经济活动分析过程和结果的书面报告。

(二) 分类

经济活动分析报告应用范围广，内容丰富，因而种类也繁多，需从不同的角度、按不同的种类进行分类。

按经济活动分析内容划分，经济活动分析报告有综合分析报告和专题分析报告。

综合分析报告也称全面分析报告或系统分析报告。它是根据经济指标，将某一部门或某一单位在一定时期内的经济活动分析作为一个整体，进行全面系统的分析研究的书面形式，一般用于年度或季度的经济活动分析。综合分析有利于把握整体和了解全貌，是全面总结、发现问题、改善经营管理以提高经济效益的较好形式。专题分析报告又称专项分析报告或单项分析报告，是对某一部门或单位的某个特定问题、某个项目、某种措施、某种产品等进行专门分析的报告。这类报告通常是由有关职能部门或人员撰写，一事一报，目标集中，灵活简便，易于深入地解决问题。

按经济活动分析范围划分，经济活动分析报告有宏观经济活动分析报告和微观经济活动分析报告。

宏观经济活动分析报告是对一定行政区域内的客观经济运行情况进行的分析，可以是对经济情况全面的分析，也可以是对某一方面的分析。微观经济活动分析报告是对某一独立的经营单位全面或单方面的经济运行情况的分析。

按经济活动分析目的划分，经济活动分析报告有预测分析报告、决策分析报告、控制分析报告和考核分析报告。

预测分析报告指在经济活动开展前或经济指标完成过程中，通过对完成结果的预测分析而形成的报告。它可以帮助企业预见经济活动的发展趋势，事先发现问题，以便提前采取措施，消除影响指标完成的薄弱环节和不利因素，保证全面或超额完成预定目标。决策分析报告指在方案选择过程中通过对各个方案预期经济效果进行分析的报告。它为决策者从中选出最佳方案,取得最佳经济效益提供了有力的参考。控制分析报告指在计划执行过程中进行日常分析的报告。它可以随时揭示脱离计划的差异情况,揭露矛盾,明确原因,分清责任,便于管理者采取有效措施,以保证计划和目标的完成。考核分析报告指通过对一定时期企业经营计划完成情况及各部门、各岗位责任指标的完成情况进行分析的报告。这种报告常常把影响进程完成的各因素一一展示出来,找出关键,从而为改善经营管理指明方向。

二、经济活动分析报告的写作规范

经济活动分析报告有文章式和表格式两种,文章式分析报告有时也使用部分表格。文章式的经济活动分析报告在结构上分为标题、正文、落款三部分。

(一)标题

经济活动分析报告的标题有三种写作形式。

1. 公文式标题

公文式标题一般由单位名称、时限、内容范围、文种构成,如《××公司2010年度经营情况分析报告》。

2. 论点式标题

论点式标题以分析的目的和材料所涉及的内容命题,如《关于降低能源消耗的分析报告》。

3. 正副结合式标题

正题揭示主旨,副题交代分析对象的内容,如《扩大购销财源茂,加强管理效益高——××公司销售成果分析报告》。

(二)正文

正文的写法灵活多样,形式上有引言、主体、结束语三部分。

1. 引言

经济活动分析报告的开头部分起点题和引入主题的作用。通常是概括地介绍分析对象的基本情况,说明分析的目的,简要介绍经济活动分析的结果。有些内容比较单一的分析报告,也可不写前言。

2. 主体

主体是经济活动分析报告的重点内容,是经济活动分析报告写作的关键,一般由情况介绍、内容分析、建议措施三部分组成。

情况介绍部分介绍被分析对象在一定时期内经济活动的基本情况。通过文字叙述、图表或数据等来说明各项经济指标完成的情况与发展趋势等。

内容分析是经济活动分析报告的核心部分。根据收集所得的各项数据,对各项经济技术指标的实际完成情况、存在的问题、各项指标的构成因素及主客观原因作出公平、公正的评价。既要分析经济活动的成效,总结成绩,又要揭露矛盾,分析原因。

建议措施指通过对经济活动的综合分析,发现问题,提出的解决方案或对经济发展提出建设性的意见。

3. 结束语

结束语是经济活动分析报告的结尾部分,起归纳、收束、总结作用。

(三) 落款

在经济活动分析报告的文末注明作者和写作日期,有的还需要单位或单位负责人签署。

三、经济活动分析报告的写作要求

1. 明确分析对象,灵活运用分析方法

市场分析报告重在深入细致地分析。经济现象错综复杂的,要求必须进行深入的分析。分析问题切中要害,评价判断恰如其分。通过对各种经济指标的了解、对照、计算来发现问题,剖析矛盾,以实现对经济活动的正确评价。

2. 抓住主要矛盾

经济活动的分析涉及面广,内容繁多,要从分析报告的目的出发,围绕中心,抓住主要矛盾,深入分析,解决具体问题。只有这样才能提出切实可行的建议和办法。

3. 重视第一手资料的收集与运用

撰写经济活动分析报告的资料既包括计划资料、会计核算资料,又包括深入实际调查研究的第一手资料。在写作过程中,要重视运用第一手资料。

4. 语言要简练,有说服力

经济活动分析报告的叙述要简明扼要,具有较强的说服力,观点要明确。

四、例文选读

××服务公司印刷厂3月份成本经济活动分析报告

1. 基本情况

我厂以印刷为主要业务。近几个月以来,受经济危机的影响,很多工厂濒临倒闭,导致印刷业市场变化较大,大量物资价格上涨,致使印刷成本上涨。我厂今年1~3月份完成利润10.3万元,今年奋斗目标是实现年利润25万元。为了适应工作环境,公司增加了辅助生产费和企业管理费,但由于管理工作不到位,致使某些地方造成了不必要的浪费。

2. 三月份成本情况分析

2月份每千印成本45.23元,百元产值成本为59元;3月份每千印成本为65元,百元产值成本为70元。2月份787凸版纸每张单价为0.47元,3月份787凸版纸每张单价为0.53元,每千印成本增加0.35元,百元产值成本增加0.27元。据分析,2月份市场上商品价格比较稳定,3月份各类所需材料成本价格上涨,印刷成本增加。

3月份领用大型工具多,设备备件多,增加了辅助生产费用。……

3月份购买办公用品多,用招待费多,增加了企业管理费。……

3. 改善经济情况的建议

制定千印油墨消耗定额,把千印油墨消耗控制在每千印0.1千克左右。

建立健全设备的维修、保养制度和工具出库保管制度。……
企业管理费的支出要严格控制。……

××服务公司印刷厂财务科
××××年×月×日

第八节　可行性研究报告

可行性研究是经济决策活动的重要环节，投资一个项目，决定一项交易，目的在于最大限度地获得经济效益和社会效益。任何缺乏缜密调查和科学论证的盲目投资决策都必然导致重大损失。

一、可行性研究报告概述

(一) 概念

可行性研究报告是对拟建设或改造工程、科学研究、产品开发、交易活动的可行性和有效性进行全面分析、论证，确定其合理性、可行性的一种书面报告，是为项目最终确立和审批提供可靠依据的书面文件。

(二) 分类

按照研究内容划分，可行性研究报告有政策、改革方案可行性研究报告，建设项目可行性研究报告，引进或开发性项目可行性研究报告。

政策、改革方案可行性研究报告主要是对拟建的经济、技术政策或改革方案的必要性和实施的可行性进行分析论证，为制定决策提供依据和建议；建设项目可行性研究报告是生产建设和基础设施建设项目以及利用外资、技术改造等项目的可行性报告；引进或开发性项目可行性研究报告是主要从发展前景、技术或设备的先进性、生产需要、市场需要等方面论证其可行性的报告。

按照研究性质划分，可行性研究报告有肯定性可行性研究报告、否定性可行性研究报告和选择性可行性研究报告。

肯定性可行性研究报告即肯定、认可拟议项目实施的必要和可行；否定性可行性研究报告即通过分析论证，发现拟议的项目不具备实施的条件，从而予以部分否定或彻底否定；选择性可行性研究报告即原拟议项目可能提出两个或两个以上实施方案，通过分析论证，肯定其中一个方案可行并否定其他方案。

按照研究程序划分，可行性研究报告有初步可行性研究报告和详细可行性研究报告两类。

初步可行性研究报告是在项目建议书的基础上，对项目内容和方案进行粗略估算、初步审核，以确定该项目是否可行形成的书面报告；详细可行性研究报告是对项目全方位、多方案进行科学的数据分析和严格的技术经济论证后，提出最终方案形成的书面报告。

二、可行性研究报告的写作规范

可行性研究报告的内容结构包括标题、正文、落款三部分。

(一) 标题

可行性研究报告的标题一般由单位名称、项目名称、文种构成,如《××汽车总成车间技术改造的可行性研究报告》,有些报告的单位名称也可以省略,如《农业观光园项目的可行性研究报告》。

(二) 正文

根据国家相关政策和《关于建设项目进行可行性研究的试行管理办法》的规定,可行性研究报告的正文一般包括总论、主体和结尾。

1. 总论

总论作为可行性研究报告的首要部分,要综合叙述研究报告中各部分的主要问题和研究结论,并对项目的可行与否提出最终建议,为可行性研究的审批提供方便。总论的主要内容有项目概况、项目可行性研究主要结论、主要技术经济指标表、存在问题及建议四个方面。

2. 主体

主体主要包括项目建设背景,项目的必要性、可行性,项目产品市场分析,加工项目产品规划方案,项目建设地与土建总规,项目环保、节能与劳动安全方案,项目组织计划和人员安排,项目实施进度安排,项目风险分析及风险防控等有关内容,是报告的主要部分。

3. 结尾

结尾包括项目可行性研究结论与建议、项目附件等内容。

(三) 落款

落款部分签署报告单位名称、负责人姓名、报告形成时间。

三、可行性研究报告的写作要求

1. 报告名称准确,数量单位统一,格式一致

报告名称要准确,要确保全文的统一。全文的数量单位要统一,报告整体格式要一致。

2. 逻辑清晰,目录明朗

报告逻辑要清晰,观点、立场前后一致,思路明晰,层次清楚。目录要清晰、明朗。

3. 依据可靠,项目本身准确、全面

报告的法律法规依据要真实可靠,项目的规模、内容、投资、进度等要全面、准确。

4. 版式清晰,内容及数据无误

报告的板式要清晰,表格格式全文要一致,表格内内容及数据要准确无误。

四、例文选读

河南焦作物流商务中心建设项目可行性研究报告

目 录

第一章 总论 …………………………………………… 1
 1.1 项目名称及项目单位 …………………………… 1
 1.2 项目建设地点 …………………………………… 1
 1.3 项目建设规模及内容 …………………………… 1
 1.4 项目投资估算与资金筹措 ……………………… 2
 1.5 编制范围及依据 ………………………………… 3
 1.6 结论与建议 ……………………………………… 4
 1.7 主要技术经济指标 ……………………………… 6
…………

第一章 总论

1.1 项目名称及项目单位
1.1.1 项目名称:河南焦作物流商务中心建设项目
1.1.2 建设性质:新建
1.1.3 项目建设单位:×××××有限公司
1.2 项目建设地点
1.3 项目建设规模及内容

本项目总用地面积为 50 亩(折合约 33335 m^2),总建筑面积为 42015 m^2。根据项目的建设性质和规划要求,整个物流商务中心规划为三大区域:一是仓储区 17710 m^2(其中冷冻冷藏库 3270 m^2),集存货、理货、冷冻冷藏功能;二是物流商务中心区 18045 m^2,主要有物流信息服务功能、商务办公功能、物业后勤服务功能;三是货运车辆停车区 6260 m^2,车位 200 个,满足进出车辆的要求,同时具有集装箱拆拼装箱、还箱等服务功能。本项目配置符合监管要求的卡口设备(电子栏杆、电子读写设备、电子识别设备、电子监控设备、电子地磅等),并配套建设市场信息系统。本项目设备配置主要为货架、叉车、笼车和运输车辆。

项目建成后,年交易量可达 20 万吨。

1.4 项目投资估算与资金筹措
1.4.1 投资估算:本项目总投资为 6000 万元

其中:工程费用 4250 万元,占总投资的 70.83%;
   工程建设其他费用 702 万元,占总投资的 11.7%;
   预备费用 248 万元,占总投资的 4.13%;
   建设期利息 0 万元,占总投资的 0%;
   流动资金 800 万元,占总投资的 13.33%。

1.4.2 资金筹措

项目总投资 6000 万元,全部由××××有限公司自筹解决。

1.5 编制范围及依据

1.5.1 项目编制范围

①通过对市场的分析研究以及对项目规划的研究,推荐项目的建设规模、方案,论证项目建设的合理性。

②根据建设场地的实际情况,进行总图布置方案研究。

③对工程方案进行研究,并提出工程招、投标方案。

④对公用工程和辅助设施进行研究。

⑤对节能、环境保护、安全卫生与消防提出研究方案。

⑥对投资估算、资金筹措、经济效益进行定量分析,测算各种效益指标和项目的抗风险能力。

⑦可行性研究结论与建议。

1.5.2 编制依据

①交通部《关于促进运输企业发展综合物流的服务若干意见》。

②我国《国民经济和社会发展十五年计划纲要》中关于物流的论述。

③豫政〔2010〕38号《河南省人民政府关于印发河南省现代物流业发展规划的通知》。

④河南省物流业发展规划(2010~2015)。

⑤《国家发展和改革委员会等9部门印发关于促进我国现代物流业发展的意见的通知》。

⑥《建设项目经济评价方法与参数》第三版。

⑦《投资项目可行性研究指南》。

⑧《建设项目环境保护管理条例》国务院令第253号。

⑨新的有关财务制度的会计制度。

⑩《城市污染处理及污染防治技术政策》国家建设部、环保总局、科技部建城〔2002〕124号。

⑪项目建设单位提供的有关本项目的各种技术资料、项目方案及基础材料。

1.5.3 编制原则

①本报告的编制本着实事求是的科学态度,严格贯彻执行《关于建设项目可行性研究的试行管理办法》的有关规定,按照国家《建设项目可行性研究与经济评价手册》,对河南焦作物流商务中心建设项目进行了可行性研究。

②以节能为重点,选择性能先进,运行可靠,便于维护,经济耐用且安全、环保、卫生的设备及各种配套的器具。

③选择效果好、易操作的"三废"治理方案,搞好环境保护。

1.6 结论与建议

1.6.1 结论

现代物流是一个多元发展的复合型新兴产业,是一个生产性的服务行业,加快发展现代物流业,建设现代物流中心,对提速河南省焦作市新型城市化进程,推动产业、物流、商贸三大中心全面繁荣具有重大的现实意义。

　　……

　　1.6.2　建议

　　该项目经济效益可观,建议各级政府在政策和资金上给予扶持,使项目能够尽快实施,早日完成,更好地发挥作用。

　　1.7　主要技术经济指标

　　……

×××××有限公司　负责人_____

××××年×月×日

思考题

1. 名词解释:合同;招标书;投标书。

2. 在任课老师指导下,全班同学分组,每组独立选定一个产品和一项服务作市场调查,并写出市场调查报告。

3. 在任课老师指导下,全班同学分组,分工合作,选定一个产品和一项服务作市场预测,并写出市场预测报告。

4. 在任课老师指导下,全班同学分组,分工合作,选定一个项目和一项重大活动作可行性研究,并写出可行性研究报告。

5. 搜集一份经济活动分析报告,学习其写作思路、结构布局、语言特点;分析这篇报告的得失。

第九章 法律文书

法律文书就是在法律领域和实施法律过程中所制作和使用的专门文书,包括国家权力机关、立法机关以及有关国家行政机关所制定的规范性法律文书,就是通常说的"法律""法规"本身;国家司法机关在其职权范围内,就特定的人和事而制作发布的非规范性法律文书;公、检、法以外的仲裁机关(所谓行政司法机关)制作的仲裁文书,公证机关的公证文书。另外在诉讼活动中由当事人、法定参与人写作的诉状和口头陈述的文稿或笔录,也可以称为诉讼文书。

诉讼文书使用范围广泛,在社会交往中,难免会发生这样或那样的纠纷和冲突,需要通过打官司来解决。因此,秘书应该懂得一些法律常识和制作相应的诉讼文书,以法律为武器,维护组织和自己正当的权益。

本章主要讲述法律文书当中的诉讼文书——起诉状、上诉状、申诉状、答辩状,以及与其密切相关的授权委托书、申请执行书和遗嘱的写法。

第一节 起诉状

一、起诉状概述

(一) 概念

起诉状是刑事自诉案件的自诉人(受害人)或民事、行政案件的原告或其法定代理人向人民法院控告被告人侵犯自身(或被监护人)权益或以民事权益受损害向人民法院提起诉讼,请求追究其刑事责任或要求依法裁判的文书。诉讼依据案件的不同性质可分为刑事诉讼、民事诉讼、行政诉讼。与此相对应,起诉状也可分为刑事自诉状(刑事附带民事诉状)、民事起诉状、行政起诉状。①

(二) 作用

起诉状是机关团体、企事业单位或非法人集团、公民个人保护自己民事权益的切实手

---

① 陈子典:《秘书应用文书写作》,暨南大学出版社,2006年版,第349页。

段,主要解决当事人的财产权益纠纷和婚姻家庭纠纷等;是人民法院受理案件,予以立案的凭证,是人民法院对纠纷进行调解、对案件进行审理的基础;是被告应诉答辩的依据。起诉状经法院审查受理后,将直接引起诉讼程序的发生,在诉讼中具有十分重要的作用。

二、起诉状的写作规范

刑事自诉状、民事起诉状、行政起诉状虽在不同领域使用,但其格式、内容大体相同,由首部、正文、尾部、附项四部分组成。

(一) 首部

首部包括标题、当事人基本情况和案由。

1. 标题

根据案件的具体情况写明书状名称,表明是"刑事自诉状""刑事附带民事诉状"或"民事起诉状""行政起诉状"。字体略大,居中。

2. 当事人基本情况

刑事诉状是自诉人、被告人的身份;民事诉状和行政诉讼是原告、被告的身份。依次应写明姓名、性别、出生年月日、民族、职业、工作单位和住所。如果当事人是法人或非法人团体,则写明名称,地址,法定代理人姓名、职务。当事人如有法定代理人,则在当事人之后写法定代理人的姓名、与当事人的关系、性别、年龄、工作单位和住址;如是律师,则写姓名和律师事务所或法律顾问处的单位名称即可。

3. 案由

刑事诉状根据刑法分则写明被告所犯罪名,民事诉状则依法写明案件内容。

(二) 正文

正文包括诉讼请求、事实和理由。

1. 诉讼请求

概述自诉人(或原告)起诉的目的和要求。刑事诉状主要请求追究被告人的刑事责任,写明被告人犯何罪,请依法惩处即可;刑事附带民事诉状的请求往往既包含追究被告人的刑事责任,又包含追究被告人的民事责任;民事诉状则写清依法解决争议的事物权益,可具体写归谁所有,赔偿若干等;行政诉状的请求事项主要写明对行政机关的具体行政行为的变更或撤销,如果对原告造成了损失,还应请求赔偿经济损失。

2. 事实和理由

事实和理由二者要分开写,包括叙述事实和说明理由两个部分。

刑事诉状的事实部分写被告人对自诉人犯罪的具体事实,包括时间、地点、动机、目的、情节、手段、过程、结果等,同时提出犯罪的证据。附带民事诉讼还应写明被告人的行为造成原告人经济损失的事实。民事诉状的事实部分主要写被告侵权行为的具体事实,包括时间、地点、原因、情节、过程和结果;明确被告责任并列事实证明。行政诉状的事实应写明行政机关具体行政行为过程中被告及其工作人员侵犯原告合法权益的事实经过、原因及结果。

理由就是讲道理,即依据法律、法规、政策等,对案件事实进行分析论证,从而说明被告行为的违法性,可从三个方面来写:首先,对被告的犯罪或侵权事实进行概括归纳,使案情与分析衔接起来；其次，依据有关实体法律、法规，联系上述事实，指明被告行为的违法性质；最后，提出或再次强调诉讼请求，并援引法律条文作为提起诉讼的法律依据。

（三）尾部

正文之后，另起一行，空格写"此致"。另起一行，顶格写致送××人民法院。右下方再写具状人（签名盖章），下署日期。

（四）附项

附项包括本状副本份数，有多少被告就提交多少份副本；书证、物证等及其件数。如有证人，写明姓名、单位和地址。

三、起诉状的写作要求

1. 格式要规范

作为法律文书，起诉状有一定的格式要求，写作者必须遵循。

2. 诉讼请求必须明确具体，合情、合理、合法

刑事诉状只写追究刑事责任或予严惩，不写具体处罚，如附带民事要求，如赔偿损失、负担医药费等，则应详细列出数额。

3. 事实必须真实、扼要、清楚

首先，要实事求是，事实有证据，引用法律要准确；其次，要有人证，物证，抓住争议焦点，交代主要关系，使之成为支撑诉讼请求的支柱。

4. 民事诉讼不能附带刑事诉讼

四、例文选读

继承权纠纷起诉状

原告：李××，女，××年××月××日出生，汉族，原籍××省××县，农民，现住××省××县××乡××村。

被告：李××，男，××年××月××日出生，汉族，原籍××省××县，农民，现住××省××县××乡××村。

被告：李××，男，××年××月××日出生，汉族，原籍××省××县，农民，现住××省××县××乡××村。

诉讼请求：

①请求法院保护公民的合法继承权，判令二被告返还应由原告合法继承的全部财产，即所有遗产的三分之一（全部遗产清单附后）；

②本案诉讼费用由被告承担。

事实与理由：

原告父亲李××，于2010年12月21日病故，死后留有住房四间，各种家具七件，皮袄一件及一些衣物和被褥。被告李××、李××兄弟二人，拉拢本家族一些人，以"嫁出的女，泼出的水"和"女人不是李家后人，没有继承权"为由，剥夺了原告的合法继承权，将原告父亲遗留的房屋及其他财产变卖，然后分掉。原告多次索要，两被

告不但分文不给,还多次咒骂原告,并殴打了原告。

原告对父亲尽到了赡养义务,在结婚后的7年里,每年送给父亲500元生活费。不仅如此,在父亲患病的一年多时间里,给父亲买的食品、药物总计有800元。在父亲病重的一个月时间里,整日住在父亲家,伺候父亲。

《中华人民共和国继承法》第×条明确规定,"继承权男女平等"。第十条第二款还规定,"兄弟姐妹"同属一个继承顺序,有平等的继承权。据此,原告曾多次请求当地村民委员会及乡政府协助解决这继承纠纷,但由于当地封建思想比较严重,某些干部受"重男轻女"和族权思想的影响,对此纠纷一直没有取得处理结果。请求法院,依照事实和法律,确保妇女的合法地位和权益,判处李××、李××二人归还原告应当继承的合法财产。

证据和证据来源,证人姓名和住址:

①我对父亲李××尽到了赡养义务,我的姑姑李××可以证实。她住在××省××县××乡××村。

②我没有继承到应得的财产,并且遭到两被告的咒骂、殴打,有被告李××的邻居郭××可以证实。

③两被告将李××遗留的四间房屋卖掉,有买房人朱××可以证实。他住在××省××县××乡××村。

此致
大理市人民法院

原告:李××
2011年2月15日

附:①该起诉状副本2份;
②李××遗产清单1份。

第二节 上诉状

一、上诉状概述

(一) 概念

上诉是民事、行政或刑事案件的当事人或其法定代理人,对地方各级人民法院作出的第一审民事、行政或刑事判决或裁定不服,在法定上诉期限内或在其发生法律效力前依照法定程序向上一级上诉,既是审判制度的一个环节,又是当事人的一项诉讼权利。上诉需递交上诉状,也可口头提出,由书记员制成笔录。上诉状分刑事上诉状、民事上诉状和行政上诉状。

（二）作用

上诉状是上诉人提起上诉的法定方式，也是第二人民法院提起上诉，要求重新审理或撤销、变更原裁判使用的文书。我国法律规定，上诉状是二审人民法院接受上诉请求的依据。使用上诉状，可以提高办案质量，保证审判权的正确行使，又可保证当事人的合法权利。

二、上诉状的写作规范

上诉状的内容结构一般由首部、正文、尾部和附项四部分组成。

（一）首部

首部包括标题、当事人基本情况和案由。

1. 标题

可以根据案件的具体情况写明书状名称，表明是"刑事上诉状""民事上诉状""行政上诉状"。标题的字体略大，居中。

2. 当事人基本情况

所填各项与起诉状同，但上诉一方称"上诉人"，对方称"被上诉人"，并分别注明"上诉人（原审被告/原审原告）"或"被上诉人（原审原告/原审被告）"。先写上诉人，后写被上诉人，包括姓名、性别、年龄、籍贯、住址等内容，或者法人和其他组织的名称、住所，法定代表人、主要负责人的姓名、职务。

3. 案由

案由包括原审人民法院名称、原判决或裁定时间、文书的字号、裁判文书名称及作上诉的表示等内容。具体写明上诉人因何案（名称）、不服何法院何时何号的判决或裁定，具体可表述为"上诉人因××一案，不服××人民法院××年×月×日×字第×号民事（刑事或行政）判决（或裁定），现提出上诉"。

（二）正文

正文包括上诉请求和上诉理由。

1. 上诉请求

这部分应写明上诉人上诉的请求，概括说明上诉人不服原审判决或裁定的部分或全部，明确要求二审人民法院撤销或变更原审判决。

2. 上诉理由

上诉理由要明确指出自己认为一审判决不当的事实和法律根据，这部分是上诉状的核心部分，直接关系到上诉请求能否成立，是用以论证和支持上诉请求的内容，因此要充分有力，有针对性。上诉理由应根据具体案件情况从以下三个方面进行充分阐述和深入论证。

可以根据案件实际情况，主要着眼三个方面：认定事实方面，运用法律方面，一审判决程序方面。首先，从一审判决认定事实方面。通过一审判决认定的事实与实际的客观事实进行对照，针对一审判决认定的事实是否有错误，有没有遗漏重要事实，用以认定事实的证据是否充分、确凿，并进行分析论证。其次，从一审判决适用法律方面。通过一审判决所适用的法律与实际应该适用的法律进行对照，分析一审对案件定性是否正确，适用法律有没有不当、不准,提出理由以及适用的法律依据。最后,从一审判决程序方面。分析一审案件在审理过程中,诉讼程序上是否有误或不合法(如必须辩护的无辩护人、应公开审理的没有公开审理或审判组织不合法等),提出纠正的法律根据。

并非所有案件的上诉理由都必须涵盖这三个方面,不同的案件具体会涉及这三个方面中的哪几个方面,则应根据案情实际情况而定。

理由阐明后可再概括提出上诉要求,如"特向你院上诉,请依法撤销(变更)原判决"。

(三)尾部

正文之后,另起一行,空格写"此致"。另起一行,顶格写提交或转送的人民法院。右下方再写具状人(签名盖章),下署日期。

(四)附项

附项包括副本几份,书证、物证等内容。

三、上诉状的写作要求

1. 请求和理由有针对性,明确简洁

请求和理由必须针对一审裁决不当而提出,必须抓准,有几处驳几处。上诉请求应明确、概括、简洁,使人一目了然。

2. 采用说明方式,做到有理有据

采用说明方式,必须简要明确,条理清楚,要实事求是,有理有据。

3. 采用恰当的方法叙述上诉理由

上诉的理由是上诉状中的核心部分,是用以论证和支持上诉请求的内容,因此要采用驳论。要正确运用反驳法,合乎逻辑。

4. 讲究文字

用语要准确,行文要简洁、通顺,字迹要工整、清楚。

四、例文选读

民事上诉状

上诉人:杭州××建设监理有限公司;
住　所:杭州市西湖区　法定代表人:×××,董事长。

诉讼请求:

①全部撤销原判决;

②由被上诉人承担诉讼费用。

上诉人因原告浙江省××××总公司诉被告杭州××建设监理有限公司建设工程监理合同纠纷一案,不服杭州市西湖区人民法院于××年××月××日作出的杭西民一初字第××号判决,现提出上诉。上诉人对该判决的事实认定没有异议,但上诉人认为一审法院在适用法律上存在错误。

上诉人认为就上诉人与被上诉人之间的欠款纠纷已过诉讼时效,被上诉人已丧失了胜诉权。理由如下:

根据《最高人民法院关于民事诉讼证据的若干规定》第2条规定："当事人对自己提出的诉讼请求所依据的事实或者反驳对方诉讼请求所依据的事实有责任提供证据加以证明。没有证据或者证据不足以证明当事人的事实主张的，由负有举证责任的当事人承担不利后果。"上诉人承认2002年12月20日的函件系因原告向被告主张权利后发给原告的答复，但并没有承认原告是在2年的诉讼时效内向被告主张权利。原告向一审法院提供的证据只是表明了他在2002年12月20日之前曾口头向被告主张了权利，但原告却没有证据来表明是在2年的诉讼时效内提出。

由于该项诉讼请求是原告提出，因此，根据我国民事诉讼法及相关司法解释的规定，应由原告自己来承担他是在2年的诉讼时效内向被告主张权利的举证责任。但一审法院却将此举证责任倒置，责令由上诉人承担举证责任，这显然违背了我国民事诉讼法及相关司法解释的规定，明显对上诉人不公正。因此，上诉人认为一审法院的判决在适用法律上存在错误。根据《中华人民共和国民事诉讼法》第153条规定，请求法院依法改判，以维护上诉人的合法权益。

此致
杭州市人民法院

上诉人：杭州××建设监理有限公司
2004年3月4日

附：本上诉书副本2份。

注：该上诉状存在诸多问题。首先，"上诉人：杭州××建设监理有限公司"中，系原审被告，故应注明"上诉人（原审被告）"；其次，首部缺乏被上诉人基本情况介绍；再次，文中有时用"上诉人、被上诉人"，有时用"原告、被告"，显得颇为混乱，应统一称为"上诉人"或"被上诉人"。

第三节　申诉状

一、申诉状概述

（一）概念

申诉状是诉讼当事人及其法定代理人、被害人及其家属或者其他公民，不服已经生效的判决、裁定，向人民法院或人民检察院提出申请复查纠正的书面请求。申诉状可分为刑事申诉状、民事申诉状、刑事附带民事申诉状、行政申诉状、行政附带民事申诉状等。

（二）作用

如果接受申诉的司法机关经过审查认为原裁判确有错误，就可以通过审判监督程序提起再审，纠正错误或不正当的裁判，使案件得到公正、合理的处理。它是司法机关发现错案,实行有错必纠原则的重要途径,是联系群众、加强群众监督的重要形式。因此,从这个意义上来说,申诉状对纠正冤假错案,维护当事人的合法权益,监督人民法院的审判工作都能起到应有的作用。

二、申诉状的写作规范

申诉状的内容结构一般由首部、正文、尾部和附项四部分组成。

(一) 首部

首部包括标题、当事人基本情况和案由。

1. 标题

标题可以直接写"申诉状",也可以根据案件的性质,写明"刑事申诉状""民事申诉状"或"行政申诉状"等。标题的字体略大,居中。

2. 当事人基本情况

如果申诉人是原审裁判的当事人,注明各自在原审中的地位,可注明"原审×告",称对方为"原审×告";如果申诉人非当事人,除写明基本情况外,还应注明与当事人的关系。

当事人是自然人的,写明其姓名、性别、年龄、民族、工作单位和职务、住址。当事人是法人的,写明法人名称和住所,并写明法定代表人及姓名、职务。委托代理人,应列项写明其姓名、性别、职业或工作单位和职务,如果是律师,只写其姓名、工作单位。

3. 案由

写明申诉人因何案(名称)、不服何人民法院、何时何民事或刑事或行政判决或裁定而提出申请的,具体可表述为"因××一案,不服××人民法院××年××月××日×字第×号民事(刑事或行政)判决(或裁定),现提出申诉"。

(二) 正文

正文包括申诉请求和申诉理由。

1. 申诉请求

申诉请求应简明扼要地把要求人民法院解决的问题及自己所要达到的目的,明白清楚地写出来。应明确提出要求撤销、变更原裁定或要求重新审理。申诉请求也可放在申诉理由之后。

2. 申诉理由

具体理由要写清楚哪些地方不服,为什么不服,原裁认定的事实是否有出入,定罪是否准确,量刑是否适当,适用法律是否恰当,审判程序是否恰当。

根据案情的不同,可以主要从以下几个方面来写:第一,叙述事实要真实、准确。主要事实的情节要全,对原裁判有影响的次要事实也应列明,使受理的法院对案情事实有全面了解。第二,列出证据。为了说明申诉事实的真实性,申诉人应将与请求目的相符的人证、物证、书证明确列出。第三,要具体说明法律适用情况。在申诉状中,对法律的适用情况可作两方面说明。一是原裁判如果所适用的法律不当,应在申诉状中阐明正确的适用法律,援引法律条文时,要全面、具体。二是原裁判如果严重违反诉讼程序,申诉人应在申诉状中,具体说明正确执行诉讼程序的做法和法律规定。

(三) 尾部

正文之后,另起一行,空格写"此致"。另起一行,顶格写提交或转送的人民法院。右下方再写具状人(签名盖章),下署日期。

(四) 附项

附项包括副本几份,书证、物证等内容。

三、申诉状的写作要求

1. 请求事项明确具体

请求事项要明确具体,不能含糊不清。

2. 矛头指向裁决的不当之处

申诉状是针对已生效的错误的裁决,所以要集中力量、开门见山地说明和论证裁决的不当之处。

3. 采用恰当的方法叙述申诉理由

一用议论的证明法。即用事实证明和逻辑推理,以事实为根据,以法律为准绳,二者要吻合。二用议论的反驳法。抓住原判关键性的错误进行反驳——事实错误、引用法律的错误和推理的错误。根据案情和诉讼请求,两种方法可以并用,也可以侧重一种。

4. 讲究文字

语言要恳切、准确,行文要简洁、通顺,字迹要工整、清楚。

5. 附复制件

初次申诉,最好能附上原审文字的复制件。

四、例文选读

民事申诉状

申诉人(原审被告):高××,男,1954年6月13日生,汉族,农民,住费县探沂镇沈家村。联系电话:5611870。

被申诉人(原审原告):沈××,男,成年,汉族,个体工商户,住费县探沂镇沈家村。

案由:买卖合同纠纷。

申诉人对山东省费县人民法院2005年4月18日(2005)费民初字186号判决不服,特向人民法院提起申诉。

请求事项:

①撤销山东省费县人民法院(2005)费民初字186号判决;

②被申诉人退还申诉人被重复收取的货款28580元人民币,并赔偿给申诉人造成的所有损失。

事实和理由:

2003年2月16日申诉人与被申诉人发生一笔板材买卖交易,被申诉人向申诉人交付单板一批,申诉人根据被申诉人提供的中国农业银行账号103385611117377

××××陆续向该账号打款39000元。此笔交易完成后,申诉人与被申诉人再没发生任何交易。可是被申诉人却于2004年12月16日根据原告未收回的欠条(申诉人在上海,是通过银行向被申诉人打的款,申诉人因客观原因未将欠条收回)向费县人民法院提起诉讼,并于2007年7月22日强制执行申诉人33640元。申诉人不服,认为申诉人和被申诉人的买卖单板的交易已经完成,申诉人已经将款打给被申诉人提供的账号,买卖合同早已履行完毕,申诉人已不欠被申诉人任何钱。费县人民法院在未查清事实的情况下所作出的判决是不符合实际情况的,应当依法予以撤销,被申诉人应当退回其重复收取的货款并赔偿给申诉人所造成的损失。为维护申诉人的合法权益,特向贵院提起申诉请求,请贵院依法支持申诉人的申诉请求。

此致
费县人民法院

申诉人:高××
2007年10月24日

附:①原审判决书一份;
②证据一宗。

第四节 答辩状

一、答辩状概述

(一)概念

答辩状是诉讼活动中,处于应诉地位的被告、被上诉人、被申诉人,针对起诉状、上诉状和申诉状,依照法定时限和程序进行初步答复或反驳的书状。答辩状多用于民事诉讼,刑事诉讼和行政诉讼也可以用,因此,根据案件的性质可分为民事答辩状、刑事答辩状和行政答辩状。

(二)作用

答辩状的主要作用有三个方面:用于被告人或被上诉人为维护自身权益而辩解、反驳对方诉讼请求,或承认、部分承认其诉讼请求;可以全面披露案情真相,有利于人民法院全面了解案情,以分清是非,作出公正裁判;维护"法律面前人人平等"的原则,使被告人、被上诉人也处于平等的诉讼地位。

二、答辩状的写作规范

答辩状的内容结构一般由首部、正文、尾部和附项四部分组成。

(一) 首部

首部包括标题、答辩人基本情况和案由。

1. 标题

标题可以直接写"答辩状",也可以写明书状名称,如"民事答辩状""刑事答辩状""行政答辩状""民事上诉答辩状""民事申诉答辩状"等。标题的字体略大,居中。

2. 答辩人基本情况

答辩人为公民的,列写答辩人的姓名、性别、年龄、民族、籍贯、职业或职务、单位或住所。凡是有代理人的,另起一行列写代理人,并标明是法定代理人、指定代理人还是委托代理人,接着写代理人姓名、性别、年龄、民族、籍贯、职业或职务、单位或住所。是法定代理人的,还应写明其与答辩人的关系。如果委托律师代理,只需写明其姓名、工作单位和职务。

3. 案由

案由主要写明原告某人、上诉某人或申诉人某人为何案件提起诉讼进行答辩。这一部分为程式化的文字,可表述为"为××(姓名)诉××(案由)一案,答辩如下",或表述为"答辩人于××年×月×日收到你院转来原告(或上诉人)×××提起××之诉一案的诉状(或上诉状或申诉状)副本,现提出如下答辩"。

(二) 正文

正文包括答辩理由和答辩请求。

1. 答辩理由

通常答辩有两种情况:一是部分承认或有条件地承认对方诉讼请求的,答辩主要针对不承认部分谈理由;二是反驳诉讼请求的。实践中多属后者,要针对整个请求反驳。答辩理由具体可以从以下几个方面来写。

一是就事实和证据方面进行答辩。主要是针对起诉状、上诉状或申诉状中提出的事实和证据的不实,用正确的、符合客观的事实和证据答复和辩解在起诉状、上诉状或申诉状中提出的事实和证据。

二是就适用法律是否正确方面进行答辩。答辩状要准确引用有关的法律条款规定,要依法阐明自己的答辩理由。答辩状写得有无说服力,能否获取答辩的胜利,要看答辩状写的答辩理由是否在法律上站得住脚,能否针对对方不符合法律规定的理由予以有力的反驳。

三是程序上的答辩。针对原告的起诉状,如原告指控行政机关程序违法,应注意阐述清楚处罚程序的合法性。

为了说明事实,还应当将能够证实事情经过的有关证明材料,如在场人的证明、化验检验报告等,作为附件一并提交人民法院。

2. 答辩请求

在充分阐明答辩理由的基础上,经过综合归纳,就所答辩的问题简明扼要地提出自己的主张和要求,一般用一段比较规范的文字叙述,如"基于上述事实和理由,答辩人认为原告起诉无理,请求人民法院予以驳回,依法维持答辩人所作的裁决"。

（三）尾部

正文之后，另起一行，空格写"此致"。另起一行，顶格写提交或转送的人民法院。右下方再写具状人（签名盖章），下署日期。

（四）附项

附项包括答辩状份数、证据清单、证人及住址等内容。

三、答辩状的写作要求

1. 以事实为根据，以法律为准绳

要尊重客观事实，正确运用法律和事实答复原告的诉讼请求。运用事实要客观、全面，引用法律条文要具体、准确。

2. 答辩要抓住事实关键处

答辩状的写作必须围绕起诉状或上诉状的指控内容，对指控的事实和理由进行条分缕析，针对其指控中不合理、不合法的部分，充分运用证据进行驳斥、抨击，抓住涉及原告所负责任的情节，并阐明自己的观点和主张。

3. 态度要冷静

答辩人是站在被告、被上诉的位置，本身比较被动，如果指控中有不实之词，或者是一些民事纠纷案件、经济纠纷案件，使得亲属、合作伙伴之间对簿公堂，可能会满腹冤屈，具状之时，心情自难平静，这时就要揣度情理，做到有理有节，冷静相待，平实相辩，切忌诋毁、谩骂。

4. 讲究文字

用语要准确、朴实、精炼，文字书写务必规范。

四、例文选读

民事答辩状

答辩人：肖鹏，男，1988年出生，汉族，学生，住××××。

答辩人因原告肖亮诉我遗产继承纠纷一案，现根据事实和法律答辩如下：

①原告肖亮已丧失了继承权。理由是：原告肖亮和被告肖鹏之父肖明为第一顺序继承人，但2002年肖立被宣告死亡后，被告肖鹏之父与被告肖鹏表示继承遗产古画5幅、存款23万元、120平方米房屋一套，而原告肖亮未表示接受继承。实际该遗产已由肖明继承，自此算起原告明知其权利受侵犯之日到2004年6月已超过两年的诉讼时效。因此原告肖亮已丧失了继承权，请求法院驳回原告的诉讼请求。

②被告肖鹏所继承的财产是父亲肖明所应继承的财产。肖立被宣告死亡后，父亲肖明已继承了肖立的遗产古画5幅、存款23万元、120平方米房屋一套，肖明于2003年在一次车祸中死亡，被告肖鹏作为肖明合法的继承人，继承了肖明所继承的肖立的遗产，不属于代位继承。

③肖立所立的两份遗嘱合法有效，对第二份遗嘱，古画二幅、存款5万元可以由肖哲继承。因为被告肖哲自2004年6月才得知有该份遗嘱，从其主张继承的权利至

提出继承权止未超过两个月的时间。

综上所述,被告肖鹏认为,原告已丧失了继承权,应驳回原告的诉讼请求,而被告肖哲可继承古画二幅和存款5万元。

此致
××人民法院

答辩人:肖鹏
××××年××月××日

附:①本答辩状副本××份;
②证据复印件××份。

第五节　授权委托书

一、授权委托书概述

(一) 概念

授权委托书是人们在日常生活中经常使用到的一种法律文书,是当事人把代理权授予委托代理人的一种凭证性文书。它是委托人实施授权行为的标志,是产生代理权的直接根据。授权委托书分为两种:一种是民事代理授权委托书,委托代理当事人进行民事活动,如经营管理财产、处理产业、出卖物品等;另一种是诉讼代理授权委托书,在诉讼中是指委托代理人取得诉讼代理资格,为被代理人进行诉讼的证明文书。

(二) 作用

授权委托书的作用主要体现在以下三个方面:一是产生代理权的直接根据,是代理人行使代理权利的有效证明。实践中,代理人实施代理行为时,只需出具授权委托书即可表明其代理权,而不必出示委托合同。二是委托人行使自己权利的一种形式,是当事人维护自身合法权益、实现各种民事权利的途径。三是保证审判工作的正常进行。在审判实践中,如果当事人由于某种原因不能到庭应诉,或当事人是未成年人、精神病人、生理上有缺陷的人,这些情况下,就要书写授权委托书,委托他人代为诉讼。

二、授权委托书的写作规范

授权委托书的内容结构一般由首部、正文、尾部和附项四部分组成。

(一) 首部

首部包括标题和当事人基本情况。

1. 标题

授权委托书的标题由委托事由和文种构成,如"诉讼委托书"。还可以用"委托书""授权委托书"作为标题。标题的字体略大,居中。

2. 当事人基本情况

委托人是公民的,一般只写姓名。有关重要事项的委托代理,为了表示郑重起见,还应写明委托人的性别、出生年月日、民族、籍贯、职业、工作单位、职务和住址等内容,并应写上身份证号码。委托人是法人或其他组织的,须写明单位名称、所在地址,并另起行写明法定代表人或主要负责人的姓名、职务。

受委托人是律师的,写明其姓名、单位和职务,如"×××,××律师事务所律师";是其他公民的,则要写明其姓名、性别、年龄、工作单位或者职业、住址及身份证号码、电话号码等内容。

(二) 正文

正文是授权委托书的主体部分,应具体写明所委托的事项和权限,即委托人授权受委托人办理什么事项以及在什么范围内代理实施民事法律行为。其内容因委托事项、委托权限的不同而有所不同。如果是诉讼委托,则包含三部分:一是委托代理的案件名称;二是依法委托,写明委托人自愿、受委托人同意;三是委托的事项和权限。诉讼委托书应说明是特别授权委托还是一般委托。如果是特别授权委托,应说明"代为承认、放弃、变更诉讼请求,进行和解,提起原诉或进行上诉"。这样做的目的是明确责任,以便受委托人按委托人明确的委托权限进行诉讼。如有超越代理权限的行为,对委托人不发生效力。

(三) 尾部

授权委托书的尾部只有署名和日期两项内容,位于正文右下方,由委托人签名或者盖章即可。委托人系单位的,需加盖公章。署名之下要注明具文的时间。

(四) 附项

这部分内容并非授权委托书的必备项目。在预先印制好的授权委托书文本格式中有此项目,当事人、法定代表人在填写时,对需要注释说明的有关事项,可选择填写。附项的具体内容一般包括以下几个方面:本授权委托书供公民和法人或者其他组织的当事人委托代理人参加诉讼(或仲裁)活动用;本授权委托书必须由委托人签名或盖章并注明委托权限方为有效;委托代理人代为承认、放弃、变更诉讼(或仲裁)请求,进行和解,提出反诉(或反请求),必须有委托人的特别授权;代理中,代理权限如发生变更或解除,委托人应当及时书面告知收受原授权委托书的单位。

以上项目内容的书写位置在尾部项目左下方空白处,不能列入格式文本内。

三、授权委托书的写作要求

1. 委托的事项要写明确、具体

在民事代理中,代理人受托的事项必须是具有法律意义的、能够产生一定法律后果的民事行为。

2. 委托权限务必明确

授权委托书的主要作用是证明受委托人的身份,并把委托人的部分权利通过授权委托书赋予受委托人,因而对受委托人身份权利的认定至关重要。哪些权利能授予,哪些不能授予一定要写清楚。

3. 委托期限明确

委托的期限一定要写明起与止的时间。

4. 要有委托人的签名或盖章

授权委托书要有委托人的签名或盖章,否则不具有民事或法律效力。

四、例文选读

委托书

委托人:张××,男,65岁,汉族,××市人,××厂退休工人,住××街××号。

受委托人:李××,男,52岁,汉族,××市人,××公司业务员,住×街×巷×号。

委托人张××,自愿将本人名下坐落在××街×号"小康"个体副食店一爿及副食店所在铺面房三间,委托李××全权处理副食店停业的物资设备的清点、甩卖、纳税、缴照等全部事宜,并代办房屋的出售过户手续。

委托人:张××(盖章)
受委托人:李××(盖章)
××××年×月×日

第六节 申请执行书

一、申请执行书概述

(一) 概念

申请执行书是根据已生效的民事判决书(或裁定书或调解书)而享有民事权利的一方当事人,在对方当事人拒绝履行义务的情况下,向有管辖权的人民法院提出申请,要求执行的一种诉讼文书。

(二) 作用

当依法判决或裁定、公证后,负有义务的当事人——败诉者、义务人、债务人有意逃避或拒绝履行义务时,对方当事人可提出申请执行,以维护法制和法律文书所确认的当事人的权利的实现。

二、申请执行书的写作规范

申请执行书的内容结构一般由首部、正文、尾部和附项四部分组成。

(一) 首部

首部包括标题、申请执行人和被申请执行人基本情况。

1. 标题

可用"申请执行书"或者"申请书"作为标题。标题的字体略大,居中。

2. 申请执行人和被申请执行人基本情况

按照先后顺序应分别写明双方的姓名、性别、年龄、民族、职业或工作单位及职务、住所。如果是法人,应写明双方单位的名称及地址,接下来再分别写各自的法定代表人姓名、工作单位及职务。

(二) 正文

正文没有严格的格式规范,但须包含以下内容。

1. 案由

写明上列当事人,因为什么案件或事项,经过什么机关关于何事发给什么法律文书,被申请人是全部还是部分拒不履行,因此申请强制执行。可表述为:"申请执行人与被申请执行人因×××一案,××年××月××日经××人民法院作出的×字第×号民事判决(或调解书,或仲裁委员会于××年××月××日作出×字第×号裁决)由被申请执行人偿还申请执行人××各项费用××元。由于被申请执行人未按……"

2. 被申请执行人的支付能力

可以首先说明被申请人是应该履行,并且有能力履行而不履行,同时举出其有能力履行的根据,然后对被申请人拒绝履行的种种借口,据理作出有力驳斥。

3. 申请执行请求

在叙述事实、论证理由的基础上,提出具体、明确的请求目的。不单纯是"请求依法强制执行",最好按照法律规定的几种执行措施,提出具体请求,以供人民法院考虑。

(三) 尾部

正文之后,另起一行,空格写"此致"。另起一行,顶格写提交或转送的人民法院。右下方再写申请执行人(签名盖章),下署日期。

(四) 附项

附项包括生效法律文书副本,申请执行人的身份证明,如有证人、证据,应写明证人的姓名和住址,注明证据的名称和件数。

三、申请执行书的写作要求

1. 案情叙写须简洁

对案情的叙写,力求简洁,不必再详细叙述事实经过和认定事实的证据。

2. 被执行人执行状况要写清楚

写明现被申请人是全部没有履行,还是某些部分没有履行等。

3. 执行请求要合法、可行

四、例文选读

申请执行书

申请人:深圳××新材料有限公司
法定代表人:×××
地址:深圳市南山区(邮编:518055)
被申请人:深圳××工程有限公司
法定代表人:×××　职务:董事长
地址:深圳市福田区××××1804室

请求事项:

请求对被申请人应向申请人支付货款405014.1元、利息、逾期加倍迟延履行债务利息、诉讼费10252.23元及执行费申请执行。

事实及理由:

深圳市南山区人民法院于2009年5月29日作出(2008)深南法民二初字第990号民事判决书,判决被申请人在该判决生效之日起10日内向申请人支付货款人民币405014.1元及利息(参照中国人民银行同期贷款利率计算,自2008年1月29日计至本判决确定的还款之日止);逾期依法加倍支付迟延履行期间的债务利息;申请人预交的诉讼费10252.23元由被申请人承担。深圳市中级人民法院于2010年2月3日作出(2009)深中法民二终字第2279号民事判决书,对(2008)深南法民二初字第990号民事判决书予以维持原判。现在该判决已经发生法律效力,但是被申请人却拒不履行该判决,为了维护申请人合法权益,特依法向本案一审法院申请执行。

此致
深圳市南山区人民法院

申请人:深圳××新材料有限公司
2010年3月30日

第七节　遗嘱

一、遗嘱概述

(一) 概念

遗嘱是立遗嘱人依照法律规定的方式对自己死亡后遗留的个人财产或其他事务所作的处理,并于自己死亡时发生法律效力的法律行为。遗嘱是属于单方行为,不需要继承人统一即可生效。遗嘱有书面和口头两种形式,但是,为确保遗嘱体现遗嘱人的意志,一般规定遗嘱采用书面形式。

(二) 作用

遗嘱是尊重立遗嘱人的意志,实现立遗嘱人正当合法意愿的必要手段,是处理当事人遗产继承与分配的依据。在维护立遗嘱人的合法权益,防止、避免或减少纠纷和诉讼,帮助司法机关正确处理纠纷及维护国家法制等方面都具有十分重要的作用。

二、遗嘱的写作规范

遗嘱是一种文字说明的文书,没有固定的写作格式,其内容结构一般包括首部、正文、尾部。

(一) 首部

首部包括标题和立遗嘱人基本情况。

1. 标题

第一行居中标明"遗嘱"或"我的遗嘱"等字样。

2. 立遗嘱人基本情况

立遗嘱人基本情况包括姓名、性别、年龄、籍贯、住址。

(二) 正文

正文包括事由、财产及分配方法。

1. 事由

交代立遗嘱的原因、目的和有关事项,如"因年老多病""因子女较多,需妥善安排继承""经公证收养了子女"等。

2. 财产及分配方法

写明财产的具体数目、物件名称、具体分配办法等,这是立遗嘱的实质性内容。如果有两个以上的继承人,就要根据被继承人的职业、有无劳动能力和生活能力等具体情况,分别写明各自所继承的数目。

(三) 尾部

立遗嘱人签名盖章,并注明年月日。如果立遗嘱人不具备书写能力而找人代书,代书人、证明人都要签名盖章。

三、遗嘱的写作要求

1. 遗嘱内容合法

遗嘱的内容必须是合法的,不能违背国家的有关政策和法律,不能侵犯国家和集体的利益。

2. 财产和分配方法具体、明确

财产和分配方法要写得具体、明确,切不可模棱两可,以免产生歧义。

3. 文字要工整、清晰,不能涂改

立遗嘱其他须注意的问题:首先,立遗嘱人要具备行为能力,所立遗嘱要出自立遗嘱人的自愿;其次,如果有数份遗嘱内容相互矛盾时,有公证遗嘱的应该以公证遗嘱为准,如果没有公证遗嘱,则以最后所立遗嘱为准;再次,所处分的财产必须是立遗嘱人本人的财产,如夫妻共同财产不能由一方单独处分;最后,为了确保遗嘱内容的实施,遗嘱代书人须是与继承人无利害关系的人,遗嘱应当经过立遗嘱人所在单位两个以上无利害关系的见证人证明,或所在基层组织的人员证明。

四、例文选读

遗　嘱

　　立遗嘱人:林××,男,××岁,××省××县人,住××县××街×号。

　　我今年××岁,且患有高血压症,身体随时可能发生意外,故特立此遗嘱,表明我对自己所有的财产在我去世之后的处理意愿。我和我的后妻陈×现共有以下财产:

　　①原籍××省×县××乡××村有瓦房四间,共 83 平方米;家具共有 15 件,其中双人床两张,单人床一张,大立柜两个,方桌两张,木凳八根。

　　②有××县银行定期存款单一张,存有人民币 6000 元。

　　为了在我死后,在财产分割上不发生纠纷,现对我的后妻陈×各自的财产加以明确,并对我自有的财产提出如下的处理意见:

　　①后妻陈×现年××岁,无亲生儿女,丧失劳动力。我们结婚 20 年,她对我关怀备至。对我和她共有的财产应先行明确她所有的部分。计房屋靠东的两间 43 平方米的房屋,房内家具包括双人床一张,大立柜一个,木凳四根,方桌一张,归陈×所有,存款中的 3000 元为陈×的财产。

　　②我自有的财产在我死后按如下方式予以分割和继承:

　　靠西两间共 40 平方米房屋,房内家具计有双人床一张,大立柜一个,方桌一张,木凳四根,由长子林××继承。

　　存款 3000 元,分给陈×1000 元;长子因承担了赡养后母的责任,分给 1500 元;长女林××已在外成家,丈夫有固定的收入,经济不太困难,分给 500 元。

　　本遗嘱一式四份,经公证机关公证后,分别由后妻陈×,子林××,女林××各执一份。

立遗嘱人:林××(盖章)
××××年××月××日

思考题

1. 在什么情况下需要制作授权委托书? 授权委托书如何制作?
2. 在什么情况下需要制作申请执行书? 申请执行书如何制作?
3. 为什么要制作遗嘱? 遗嘱的制作需要注意哪些问题?
4. 简述上诉状和申诉状的作用和写法。
5. 当你的正当权益受到侵犯时,如何制作相应的诉讼文书,以法律为武器,维护自己正当的权益?

第十章　告启文书

告启类文书是指机关、单位、团体就某一具体事项向群众公开陈述、报道、解说，使之周知的一种简短应用文，通常包括启事、声明、公示、公告、通告、海报、商业广告、通知、通报、产品说明书等。本章主要介绍广告、说明书、启事、海报和声明这五种告启文书，秘书人员应了解分类，理解概念，掌握写法，并能够学以致用，规范撰拟。

第一节　广告

一、广告概述

（一）概念

广告，顾名思义，就是"广而告之"，即为了某种需要，通过一定的媒介，广泛地向公众传递信息的一种宣传方式，也是面向大众的传播手段。广告有广义和狭义之分。广义的广告包括党政机关、社会团体、企事业单位和新闻媒介的公益广告，以及以获取利润为目的，主要推销商品和劳务的赢利性广告，即经济广告。狭义的广告专指经济广告，又叫商品广告，本节主要阐述的是商品广告。

（二）特点

1. 简短凝练

简明经济的文字，利落干脆的语言，可以起到见微知著，神驰千里的作用。尤其是标题和标语，更是遵循了这种原则，如"真诚到永远"——青岛海尔集团的广告标语，不过几个字，掷地有声。

2. 独特新奇

不落窠臼，富有个性，追求新颖，是广告的文字语言所要刻意追求的，如"不打不相识"——一厂家打字机的广告标题，"心灵的按摩，灵魂的桑拿"——一次钢琴音乐会的广告标语，"经常被模仿，从未被超越"——一款汽车的广告标语。

3. 音韵优美，入脑入耳

语言的音韵美也是广告一个显著的特点。好广告的语言要么声调平仄相间，朗朗上口,要么句式对仗工整,合辙押韵,如"滴滴香浓,意犹未尽"——一种咖啡的广告标题,"人头马一开,好事自然来"——一种酒的广告标题。

(三) 分类

根据传播媒介的不同,广告通常可分为以下几类。

1. 报纸广告

目前我国多数报纸利用一定的版面刊登广告,因为报纸具有发行量大、传播面广、宣传及时等优点,但也有时效短、不易保存等缺点。

2. 杂志广告

杂志广告的特点在于读者对象明确,便于保存,转读率较高,彩色印刷精细,形象性好;但传播面有限,传播速度也较慢。报纸广告和杂志广告都采用图文结合的形式。

3. 广播、电视广告

广播广告、电视广告主要诉诸人的听觉,传播面广,速度也快,费用较低,但其缺点是对目标对象选择性差,声音也稍纵即逝。广播广告可采用直陈式、对话式、小品式、歌曲式和综合式等。

4. 车船广告

车船广告是在火车、地铁、公共汽车、电车、海运客轮、内河客船等交通工具内部陈设的广告以及车船四周设计的广告。车船广告和乘客的接触时间比其他广告媒介要长得多,可以收到费用低而效果好的效果。

5. 路牌广告

近年来,随着经济体制改革的深化,城市建设不断更新,路牌广告随之兴起。路牌广告比报纸、杂志广告区域性窄,但稳定性强,固定宣传时间长。

6. 其他广告

其他广告,如商店橱窗、公共交通工具、灯箱、邮寄、招贴画和气球等,也是广告常用的媒介。这些广告形式也各有特点,对其恰当选用,可以收到良好的宣传效果。

二、广告的写作规范

经济广告的种类繁多,但用作广告的表现手段不外乎语言文字和图像、实物两大类,这里主要介绍文字广告的写法。文字广告的内容结构一般包括标题、正文、结尾和广告标语四部分。

(一) 标题

广告的标题是区分不同广告的标志,一般放在广告之首,用简短的词句概括和提示广告的内容、主旨。广告的标题可分为直接性标题、间接性标题和复合性标题三种。

1. 直接性标题

直接性标题即一语道破,以简明的文字把广告内容直接表现出来,把重要的情况和事实直截了当地告诉人们。这种标题一般简单、明了、确切。最常见的直接标题是以商品名称和厂商命题,如"中国通化葡萄酒""喝孔府宴酒,做天下文章"等。

2. 间接性标题

它不直接介绍事物和情况,而是用迂回的办法、耐人寻味的语句吸引人们饶有兴致地阅读广告的正文。这种标题不把内容和盘托出，单就标题文字本身并不容易看出广告的意图，往往要把广告全文和图像结合起来，才能理解广告的全部意义，如"一切皆有可能——李宁""飘逸留香，丝丝动人——洗发水广告词"。

3. 复合性标题

它是指以上两种标题的配合使用，或者以直接性标题作正标题，另拟一间接标题作副标题，对题意加以补充、引申、扩展，将产品或服务项目的主要性能、特点予以突出；或者以间接性标题作正标题，造成悬念、提示或暗示，引发联想，再以直接性标题作为副标题来点题、破题。也可以用间接性词语作眉题，再配以直接性词语作正题。总之正副标题之间，一种直接表明诉求，告知旨意，一种间接调动受体情趣，有实有虚，有远有近，正副配合，相辅相成，既克服了直接性标题的单调、呆板，又可避免有的间接性标题离题过远。所以比较起来，复合性标题在广告制作中用得比较多，如正题为"长城"，副题为"中华民族的骄傲"。

(二) 正文

正文是广告的主体部分，一般都要包括以下几个内容：商品的名称、商标、品种、产地、规格、型号、性能、结构、用途、价格、使用和保养方法；厂家或经销商对用户所负的责任，如实行"三包"，差价退款，保证质量，维修服务等；销售的方式、时间、地点等。这部分的写作，既要生动灵活，又要实事求是，具有说服力。文字广告正文的写法很灵活，常见的形式有以下六种。

1. 陈述体

这类广告是用简明而平直的语言，直接陈说商品的有关情况，尤其对商品的主要特点，要作重点而清晰的说明。

2. 问答体

这类广告的特点是把广告宣传的内容，通过问答的形式表述出来。一般为一问一答，针对性强，逐点答疑。由于问答的接替，使用大段文字也不显得平板沉闷。

3. 描写体

这类广告的特点是用生动形象的语言对产品或服务项目以及它们的特点、性能进行渲染描绘来激发消费者的兴趣，以唤起消费者的购买欲。

4. 抒情体

这类广告的特点是用浓郁的抒情笔调打动读者，达到广告的目的。

5. 幽默体

这类广告的特点是使用谐音、双关、拟人等手法，使广告产生幽默效果，造成特定的情趣，加深消费者的印象。例如，马来西亚的一则交通广告：

阁下驾驶汽车，时速不超过 30 公里，可以欣赏到本市的美丽景色；超过 60 公里，请到法庭做客；超过 80 公里，请光顾本市设备最新的医院；上了 100 公里，祝您安息吧！

幽默体广告引人入胜，令人过目不忘，为人们所喜闻乐见。但要注意自然贴切，如果一味追求"噱头"制造一些生硬做作的幽默，效果只能适得其反。

6. 诗歌体

诗歌体广告指用诗词或民歌等形式写广告正文。这种广告朗朗上口，易记易诵，便于传播,具有节奏美和韵律美。

(三) 结尾

广告结尾一般写明生产或出售单位的地址、电话、传真号码等。

(四) 广告标语

广告标语也称广告口号,其特点是用简洁明快、画龙点睛的语言,发出启发性、总结性、劝诱性的号召。在广告中,标题和标语很容易混淆,尤其是在如今的广告中,标语口号式的标题大量存在,如"雪佛兰开拓者SUN"用的就是口号式标题"四轮驱动,一触即发",因而确实产生了两者边缘模糊、可此可彼的情景,甚至用标语口号取代标题的广告也不乏其例。所以,有人将其混为一谈,但是,两者是有区别的。

三、广告的设计要求

1. 要真实可信

商品广告要赢得消费者,产品内容的真实可信是很重要的。

如何使商品广告真实可信呢?

首先,要如实宣传自己的产品。如实宣传当然不是说要把产品的缺点全抖出来,我们不能将缺点说成没缺点,有毛病说成没毛病。只是突出产品的优点,回避其缺点。其次,用词要注意分寸,不说过头话。最后,不要弄虚作假。

广告的真实是指产品宣传的真实,而并非要求广告要照搬生活。相反,创意新颖是广告追求的目标。

2. 内容必须健康向上,格调高雅

我们是社会主义国家,广告必须符合中国的道德标准。同时,广告也必须用高雅的格调来宣传高雅的情操。

3. 防止语言不当而伤害他人

各国对广告的管理都比较严格,我国已颁布了《广告法》。我们在设计广告时必须依法行事。对广告词除了从艺术的角度认真推敲外,还必须从法律的角度、道德的角度认真推敲,以防语言不当而伤害他人甚至触犯法律。

四、例文选读

上海牌钻石手表广告

画面:孙悟空出现在屏幕上,手心上钻石牌手表闪闪发光。

孙悟空:哈哈,俺老孙,又多了件宝贝。

画面:二郎神牵着天狗,驾着云彩,追赶孙悟空。

二郎神:猴头哪里去!

画面:二郎神与孙悟空战成一团。

二郎神:看枪!

孙悟空:嗨嗨!

画面:交战中,孙悟空处于劣势,只有招架之力,突然,孙悟空翻上另一块云彩,拿出宝贝钻石牌手表。孙悟空甩手抛出钻石牌手表,手表撞上一座山峰,山峰立刻石破山崩,手表又径直飞向二郎神,二郎神躲闪不及,被钻石牌手表套住。孙悟空扑上去,揪住二郎神。

二郎神:什么宝贝,真准哪!

画面:映出物件镜头——两块钻石手表,字幕出现"上海牌钻石手表!"

画面:孙悟空得胜驾云而去,远远看到南天门牌楼上写着"全国评比钻石手表十次第一"。

孙悟空:全国评比钻石手表十次第一。

第二节 说明书

一、说明书概述

(一) 概念

说明书是一种以说明为主要表达方式,对客观事物或者事理作具体、平实、客观、全面、系统的说明或介绍,能使读者了解被说明对象的用途、性能、使用和保养方法等相应常识和信息的实用性文体。说明书的产生和大规模商品生产有着密切的关系。特别值得关注的是,在知识经济已现端倪的今天,科学技术和知识正向社会化、商品化过渡,传统"产品"的概念也正在发生着相应的变化。作为产品介绍、信息传递、广告宣传的重要工具的说明书,应用范围也日趋扩大。

(二) 特点

1. 知识性

说明书以传递产品信息和说明有关问题为主要目的,知识性是其重要的特点。优秀的说明书,应能详细地为读者提供某一方面的知识,使读者既知道说明书介绍的是什么产品,又能了解产品的工作原理。

2. 客观性

说明书的客观性包含两方面的意义:首先,客观性指的是作者在撰写说明书时,其态度是客观的;其次,客观性是指说明书所介绍的知识、产品情况必须符合实际,不得有半点虚假和欺骗。

3. 条理性

说明书一定要抓住对象的具体特点,掌握对象所反映的客观事理,由简入繁,深入浅出,使说明书的知识性和客观性得到充分的体现。

4. 实用性

说明书中对知识的解说,目的在于告诉使用者如何使用说明书所说明的对象。说明书只传达对于解决实际问题有价值的知识和信息,有很强的针对性和实用性。

二、说明书的写作规范

普通的生活用品说明书内容很简单,通常仅用文字即可,特殊产品的说明书内容复杂些,常有图表、数据相辅。简单的说明书大多直接印在商品包装上,复杂的说明书需要装订成册,随产品赠送。一般而言,说明书写作一般有以下几个方面。

(一)封面

不同种类的说明书,其封面的内容也有所不同。例如,产品说明书的封面,其内容一般有产品商标、规格型号、产品名称、生产单位和通讯地址等;毕业设计说明书的封面,其内容通常有课题名称、作者及其单位、指导老师、设计时间等。

(二)目录

简单的说明书有时不需要目录,但如果说明书的信息丰富,内容复杂,通常要有目录,以便于使用者迅速检索、查阅需要的内容。目录的内容一般为说明书的内容目次、章节名称、页码及附录(标准规范、图纸、计算机操作程序等)。

(三)正文

正文是说明书的核心,主要由前言、主要内容说明、结束语构成。

1. 前言

前言也叫序言,其作用是简要介绍说明书的内容及特点。前言的文字要简练,内容要简明扼要。例如,产品说明书的前言可以说明产品的研制简况及主要特点,也可以简要介绍产品的性能、原理和用途,或者说明产品的设计目的、作用和使用范围等。

2. 主要内容说明

根据说明书不同的对象,这部分的内容相对比较灵活。例如,产品说明书主要内容一般要涉及产品的主要技术指标、工作原理、使用方法、保养维修、产品成套明细表、系列产品明细表及附属备件及工具等;设计说明书的主要内容通常包括几种设计方案的比较、最佳设计方案的论证和确定、可行性操作的论证、成本的分析、新工艺和新材料的使用说明等。

3. 结束语

一般的说明书并不需要结束语部分,有些比较特别的说明书,在正文结束后,还需要明确强调某些情况、知识和信息,就必须有结束语。例如,毕业设计说明书,往往把设计的结论性意见、完成设计的体会、设计尚未解决的问题、对指导教师及相关帮助者的感谢、其他需要说明的问题等内容放在结束语中。除以上内容外,根据需要,还可将附录、参考文献等列入正文最后。

(四)封底

为了使说明书整洁、美观,通常给说明书加上封底。有的说明书封底就是一张与封面相同的单色纸,有的则还承载一些相关的信息,如产品说明书的封底往往是传播产品生产者有关信息的理想媒体,能起到宣传作用。

三、说明书的写作要求

1. 有的放矢,科学客观

写作说明书,首先要弄清楚读者对象和说明对象,即"对谁说明,说明什么"。同时,所有的解说必须科学客观,有关人、地、时和具体的数据都应经过核实。

2. 简明扼要,条理清晰

说明书一般是针对实物的,凡一般人看了实物能够理解的东西,不必多写,只要把人们不易懂或可能产生疑问的东西写明白就可以了。即便是抽象事理的说明,也力求简明扼要。说明的内容要经过一番梳理,要做到条理清晰。

3. 通俗易懂,用语规范

说明书的接受对象很广泛,他们的年龄、职业、文化程度都不同,因此,说明书的语言要力求通俗易懂,尽量选用日常用语,少用冷僻的专门术语,避免使用容易引起歧义的词语和生造的词语。说明问题不能模棱两可,同时不要用不规范的简称。

四、例文选读

佳洁士　电动牙刷

佳洁士　电动牙刷(四驱专业型)

有效清洁口腔,让您和家人远离蛀牙和牙龈疾病。

新款的佳洁士电动牙刷,独特的往返转头设计,带给您正确的刷牙方式,帮助有效清洁残留于牙齿表面及牙缝的食物残渣和牙垢。

检验证明佳洁士电动牙刷能比一般手动牙刷清除更多的牙菌斑。

振动的杜邦软刷毛轻柔按摩牙龈。

使用说明:

①适合每天使用。

②按平常习惯把牙膏挤到刷毛上。

③按下开关按钮并往前推,电源接通,按平常习惯刷牙。

④使用后,请将刷头向下,接通电源,用水把刷头刷柄彻底冲洗干净,轻轻甩掉牙刷上的水,直立牙刷,让其自然晾干。

友情提示:至少每三个月更换一次您的牙刷。

还有成人型彩色可供选择,相信总有一款适合您。

广州宝洁有限公司

第三节　启事

一、启事概述

（一）概念

启事是机关、企事业单位、团体或个人，需要向公众说明某事或希望公众协助办理某事时使用的一种公告性的应用文。启事的显著特点是自我诉求，无论对任何单位或个人都没有约束力。

（二）分类

启事根据内容、性质的不同来划分，可以分为以下几类：征招类有征文启事、征婚启事、征订启事、征求意见启事、征稿启事、招聘启事、招领启事、招生启事、招贤启事等；寻遗类有寻人启事、寻物启事、遗失启事等；迁租类有迁址启事、出租启事、更名启事等；庆典类有开业启事、校庆启事、结婚启事等。

二、启事的写作规范

启事的种类很多，内容也很广泛，但基本格式相同，主要包括标题、正文、署名和日期四部分。不同类的启事写法稍有不同。

（一）拾物招领启事

拾物招领启事是拾到东西后，通知失主前来认领的一种启事。为避免差错，这种启事通常只写招领物品的名称和认领的地址，不写物品的数量、特征以及拾到的时间、地点等具体情况。

（二）寻物启事

寻物启事是寻找丢失物品时用的一种启事。这种启事和拾物招领启事不同，为了尽快找回丢失之物，一定要把丢失物品的名称、数量、特征及丢失的时间、地点等写得详细具体。最后还要写上寻物者的单位、姓名、住址、电话、邮政编码等，以便拾到的人与自己联系。

（三）寻人启事

寻人启事是家里或单位有人走失，下落不明，以求大家帮助寻找用的启事。这种启事必须把被寻找人的姓名、性别、年龄、身高、口音、相貌、体型特征，出走时的衣着、携带的物品，出走的地址、时间等写清楚。若有必要，还要写上出走的原因。这种启事张贴或登报时，还应登出被寻找人的照片。最后，要写明联系人的姓名、住址、单位、电话号码以及邮政编码等，以便知情者与自己及时取得联系。

（四）征稿启事

征稿启事是报刊编辑部或某一组织向广大作者征求稿件所写的启事。这类启事，一般应先写明报刊的性质和宗旨，再写征稿的目的、对象、用途、内容范围、投寄办法和征稿起止时间等。有时还要注明对稿件的具体要求,如题材、体裁、字数等。

　　(五)迁移启事

　　迁移启事是机关、团体或个人向人们说明搬迁地点或住址的启事。这类启事要求写明搬迁的原因、时间以及迁移后的新地址。有时还要写明与迁移有关的办理业务办法,何时正式办公或开业等。

　　(六)更名启事

　　更名启事是原某个单位需要更改名称时所写的启事。这类启事要写明更改前、后的名称,更名的日期;同时还要写明与更名有关的办理业务的办法等。

　　(七)招生启事

　　招生启事是学校、演出团体等需要招收新生或演员的启事,这类启事,一般要写清楚招生的目的、名额,报名的条件、时间和地址及应携带的证件等。为了便于联系,最后还应写上联系人的电话。

　　(八)征婚启事

　　征婚启事是男女各方为了寻觅伴侣而写的启事。这类启事应先介绍征婚者本人的简要情况(性别、年龄、婚否、身高、文化程度、住址、工作单位、特长以及性格特点等),其次应写明对应征者的要求,最后要告诉对方联系的方式。

三、启事的写作要求

　　1. 标题要简短、醒目

　　启事标题应力求简短、醒目,主旨鲜明突出。尤其是广告性、宣传性的启事,标题更要注意艺术性。

　　2. 内容要严密、完整

　　启事的事项一定要严密、完整,不遗漏应启之事,且表述清楚。要求内容单一,一事一启。联系方式等一一交代清楚。

　　3. 用语要热情、恳切、文明

　　启事的文字要通俗、浅显、简洁、集中,态度庄重而又热情、恳切,以使公众产生信任感,达到预期的效果。

四、例文选读

寻物启事

　　本人不慎于昨天下午 7 时许乘 6 路公共汽车时,将一黄色帆布书包遗失,内装徐中玉、钱谷融主编的《大学语文》一本,笔记本一本,孔雀牌绿色塑料文具盒一个,盒内有自学考试准考证和水笔等。考期即临,有拾到者请与公司综合办公室联系。谨表谢意。电话:××××××,邮政编码:××××××。

启事人:×××
××××年×月×日

第四节　海报

一、海报概述

(一) 概念

海报是指向公众公开告示有关戏剧、歌舞等文艺演出的张贴。

(二) 特点

1. 广告宣传性

海报希望社会各界的参与,它是广告的一种。有的海报加以美术的设计,以吸引更多的人加入活动。海报可以在媒体上刊登、播放,但大部分是张贴于人们易于见到的地方。其广告性色彩极其浓厚。

2. 商业性

海报是为某项活动作的前期广告和宣传,其目的是让人们参与其中。演出类海报在海报中占有很大的比例,而演出类广告又往往着眼于商业性目的。当然,学术报告类的海报一般是不具有商业性的。

(三) 分类

根据内容的不同,海报大致可以分为三类:文艺性海报、体育性海报和报告会海报。

1. 文艺性海报

文艺性海报是告示、介绍影视、戏曲、文艺演出活动信息的海报。它又可以根据内容的不同,分为戏剧海报、影视海报、杂技海报、文艺演出活动海报等。其中戏剧海报可以说是正宗的海报。

2. 体育性海报

体育性海报是告示、介绍各种体育比赛、表演活动的海报。根据体育比赛活动项目的不同,它又可以分为球讯海报、越野赛讯海报等。

3. 报告会海报

报告会海报是关于举办各种报告会的海报。根据报告会的内容、性质的不同,它又可以分为学术报告会海报、英模报告会海报和其他各种专题报告会海报等。

根据形式的不同,海报还可以分为文章式海报和装饰性海报两种。文章式海报只有文字内容,多用于报告会海报。装饰性海报则要加上美术设计,多用于文艺性海报和体育性海报。

二、海报的写作规范

海报的内容结构一般由标题、正文和落款三部分组成。

(一) 标题

海报的标题写法较多,大体可以有以下三种形式:其一,单独由文种构成,即在第一行中间写上"海报"字样;其二,直接由活动的内容承担题目,如"舞讯""影讯""球讯"等;其三,可以是一些描述性的文字,如"×××再显风采、×××旧事重提"。

(二) 正文

正文是海报的主要内容。海报的正文要求写清楚以下内容:第一,活动的目的和意义;第二,活动的主要项目、时间、地点等;第三,参加的具体方法及一些必要的注意事项等。

(三) 落款

落款主要包括署名和时间。署名写上举办演出、活动、报告会单位的全称,时间写上张贴海报的年月日。

以上格式是就海报的整体而讲的,实际的使用中,有些内容可以少写或省略。

三、海报的写作要求

海报一定要具体真实地写明活动的地点、时间及主要内容。文中可以用些鼓动性的词语,但不可夸大事实。海报文字要求简洁明了,篇幅要短小精悍。海报的版式可以作些艺术性的处理,以吸引观众。

四、例文选读

学术报告会

为纪念"五·四"运动八十周年,特邀校友××博士来我校作学术报告。
题目:知识经济时代的学习和工作
时间:5月4日14点
地点:学校礼堂
欢迎全体师生踊跃参加。

校学生会
××××年××月××日

第五节 声明

一、声明概述

(一) 概念

声明是公开表明为或不为,有或没有某种行为、现象,站在何种立场的文告。它一般通过报刊、广播、电视及其他媒体发表。声明作为外交文件,通常由政府、外交部门及其代表，就某一问题或事件阐述政府的立场、观点、态度。声明作为机关、团体、企事业单位的文告，也是就某一个问题或事件表明自己的立场、观点、态度。

（二）特点

1. 严肃性

声明公开面对大众，有其严肃性。在撰写时要态度端正，用词合理。

2. 简洁性

声明语言要简洁，表意要明确。

（三）分类

声明有遗失声明、产权声明、商标声明、出版声明和道歉声明。

1. 遗失声明

遗失声明指单位或个人在证件或具有凭证性质的单据丢失后，向社会公开说明，防止他人冒用的一种文书。

2. 产权声明

产权声明指某单位生产某产品以防其他单位仿照，向各用户作出的说明。

3. 商标声明

商标声明指某产品已注册某商标，为防出现雷同或被冒用作出的说明。

4. 出版声明

出版声明指获得某本书、报、刊的出版权，以示真实、防盗版或滥印刷作出的说明。

5. 道歉声明

道歉声明指因某事触犯对方或对对方利益有损害作出的说明。

二、声明的格式规范

声明的内容结构一般由标题、正文、落款、日期四部分构成。

（一）标题

一般用短标题，有的用文种代表标题，如"声明"；有的以事由加上文种构成，如关于××的声明；有的在文种前面写明发表声明的机关、单位的名称和事由，如××网关于版权问题的声明；有的写明发文机关（或其代表）和文种，省去事由，如××出版社声明；还有的在"声明"前面冠以"严正""郑重"等字样，以引起读者注意。

（二）正文

正文是声明的主体部分，一般用直陈的写法。首先，写明声明的原因、理由，即为什么要发表声明；其次，写明声明的事项或问题，即表明有关立场、观点、态度和做法，即声明什么；最后，通常用"特此声明"四个字作为正文的结尾。

（三）落款

在正文后面右下角写明发此声明的机关（单位）名称。如果标题已写明，在此不必再写。如果是联合声明，要把有关单位名称写齐。

（四）日期

在落款下面写出发此声明的年月日，如果在标题下面已经写明，在此不必再写。

三、声明的写作要求

1. 事实要有据可查

声明中提到的事实要清楚确凿,有据可查。如果是遗失声明,所遗失的证件、票据还应写上号码、份数。

2. 内容要有法可依

声明的内容要合乎有关法律的规定,是非、正误的界线要分清。

3. 观点要有理可辨

声明的观点要鲜明,表述要合乎逻辑,直截了当,切不可含糊其辞,模棱两可。

四、例文选读

声　明

近日据消费者投诉,有人冒用我公司名义在西安、兰州等市进行"85折优惠销售××牌××系列化妆品"的所谓"厂家直销"活动。经确认,所销产品包装没有我公司的防伪认证标志,纯属假冒伪劣产品,且我公司未派员工或委托任何个人在社会上直销产品。为此,现郑重声明。

提醒广大消费者注意辨认我公司××牌××系列化妆品的注册商标、名优产品认证标志,谨防上当。凡购得伪冒产品者,本公司不负产品质量事故责任。

××公司
××××年××月××日

思考题

1. 说明书写作的基本要求有哪些?
2. 招领启事的写作有哪些要求?
3. 声明的结构有哪些组成部分?
4. 请你为学校广告协会即将举办的广告作品展览会制作一份海报,时间、地点自拟。
5. 请为你熟悉的商品写一则广告。

第十一章　电子公文

现代科学技术尤其是电子信息技术的发展和计算机的普及,催生了电子公文作为一种新的公文载体的出现。电子公文是指以"数字形态存储于磁带、磁盘、光盘等媒体,依赖计算机系统阅读、处理并可在通信网络上传输的公文"。[①] 与传统的纸质公文相比,电子公文有其自身的特点。本章主要介绍电子公文的相关知识,包括电子公文的概念、意义、特点、种类,其与纸质公文的区别联系,处理流程及电子公文的制作、归档等。通过对这些知识的学习,读者可以比较系统地了解电子公文的有关知识及它与纸质公文的区别,初步掌握电子公文的制作方法和归档方法,能够比较熟练地运用计算机进行电子办公。

第一节　电子公文概述

一、电子公文的概念及意义

电子公文(Electronic official document)是指在现代计算机和网络环境中生成的,以数字形式存储于磁带、磁盘、光盘等载体,依赖于计算机系统阅读、处理并可在通信网络上传输的公文。电子公文有广义和狭义之分。广义的电子公文是指党政机关、社会团体、企事业单位等在实施管理、沟通信息时运用电子形式表现的并通过网络传送的一切电子文件。狭义的电子公文主要指党政机关、社会团体、企事业单位以电子形式表现并通过网络传送的具有法定效力和规范格式的公文,即具有"国家红头文件"属性的公文。我们在本章中所讲的"电子公文"主要指狭义的电子公文。

电子公文是随着科技特别是电子信息技术的快速发展而产生的一种新的公文形态。它的出现与电子计算机技术和互联网的发展有着密切的关系:首先,计算机技术能将输入电脑的具体文字信息以数字"1"和"0"进行编码、解码,从而对公文中的具体信息进行数字化的整合和存储,为公文的保存、修改、检索、阅读等提供了技术支持;其次,互联网的普及

---

① 中华人民共和国国家质量监督检验检疫总局、中国国家标准化管理委员会:《基于XML的电子公文格式规范 第1部分:总则》,中国标准出版社,2005年版,第1页。

使电脑里的数字化电子公文信息能在极短的时间内发送、接收,实现了电子公文在信息传播方面的便捷性。

电子公文的产生和应用具有十分重要的意义。首先,它有利于党政机关提高工作效率,优化工作流程。电子公文的一大优势就是它的便捷性,电子公文通过数字信号的网络传输,能够快速发布并得到及时反馈,加快了机关处理政务的速度和办事效率。其次,它有利于节省开支,节约人力、物力。传统的纸质公文需要耗费大量纸张,再加上印刷流转等中间环节,势必会浪费大量的人力和物力。而采用电子公文办公,就能很好地解决这些问题。最后,电子公文的使用,有利于政府职能的转变,能提高党政机关的服务水平。网络是一个全球化、公开化的信息传递平台,党和政府通过网络及时发布和宣传各种法规政策,与公众进行沟通、交流,接受公众的监督和建议。这有利于政府机构加强自身作为,改变传统的官僚作风和"本本主义",促使政府职能由管理型向服务型转变。

二、电子公文与纸质公文的联系与区别

电子公文是公文的一种特殊形态,它与传统的纸质公文既有联系又有区别。

首先,从内涵上来看,无论是电子公文还是纸质公文,它们都是国家党政机关等为行使职权、实施管理而发布的具有法定效力和规范体式的文书,是国家机关依法行政和进行公务活动的重要工具。其次,从功能上看,无论是电子公文还是纸质公文,它们在发挥指导、沟通、凭证的功能上具有相同的价值。最后,纸质公文和电子公文在一定的技术条件下可以相互转化:纸质公文可以转化为网络化的电子公文形态,电子公文可以打印出来成为纸质公文。

尽管电子公文与纸质公文有着千丝万缕的联系。但是,作为一种数字化的公文形式,电子公文与纸质公文仍有很多区别。

首先,电子公文与纸质公文的形式不同。从存储的媒介上来看,纸质公文将文字、图表等记录于纸张之上,以纸为介质;电子公文是以数字形式存储于磁盘、光盘、U盘等载体中。从公文的格式看,纸质公文严格按照《党政机关公文处理工作条例》中关于公文格式的要求进行制作、打印,而电子公文的格式则根据电脑系统应用软件的不同,会有不同的格式。

其次,电子公文与纸质公文在具体的处理方法上有所不同。从公文的处理程序看,《党政机关公文处理工作条例》对纸质公文的发文办理、收文办理、公文归档、公文管理等程序都进行了严格细致的规定,以确保纸质公文按程序流转。而由于电子公文状态的无纸性、传送过程的虚拟性,在对电子公文的处理中就会改变、合并或者增设一些环节。

最后,电子公文与纸质公文的生效标识及其辨别真伪的认证方式不同。传统的纸质公文以红色印章或领导人的签署作为生效的标识,而在电子公文中则以加密的电子印章作为生效标识。另外,纸质公文真假性的鉴定可以通过对字体、字迹、纸张性质、印章等物理特性的鉴定来完成;而对于电子公文,则需要有先进的电子认证技术,对电子公文的真实性和完整性进行核对。

三、电子公文的种类

从不同的角度可以将电子公文划分为不同的种类。

根据公文签发机关的不同,可以将电子公文分为党的机关公文和行政机关公文以及其他机关公文。党的公文是指《党机关公文处理条例》中规定的十五种公文文种。分别是决议、决定、命令(令)、公报、公告、通告、意见、通知、通报、报告、请示、批复、议案、函和纪要。行政机关公文是指《国家行政机关公文处理办法》中规定的十三种公文文种。分别是命令(令)、决定、公告、通告、通知、通报、议案、报告、请示、批复、意见、函和会议纪要。其他机关公文指除党政机关以外的其他机关和一些企事业单位的公文。

根据表现形式的不同,可以将电子公文分为文本电子公文、图表电子公文和多媒体电子公文。文本电子公文是以文字表达形式为主的公文,图表电子公文是以图形、表格为主要表达方式的公文,多媒体公文是运用多媒体手段写成的公文。

根据电子公文的产生方式,可以将电子公文分为由计算机系统直接生成的原始型公文和将以纸、胶片、磁盘等为载体的公文内容重新录入计算机生成的转换型的电子公文。

四、电子公文的处理

(一) 电子公文处理系统的要素

电子公文从制作、传输到归档、管理都是在一个系统中进行的,即电子公文处理系统。电子公文处理系统主要由软件系统、硬件设施、网络传输、工作规范及信息系统人员四个要素构成。

1. 软件系统

从实际的使用来看,电子公文运行所需要的软件系统有公文交换软件系统、收文处理系统、发文处理系统和文档一体化管理(自动编号、加载上网、入库存储、利用管理等)系统。此外,系统控制软件(权限控制、流程控制等)、安全防范软件系统和电子版式及电子印章软件系统对于电子公文的运用也具有至关重要的作用。

2. 硬件设施

使用电子公文必须要配置必要的计算机及打印、扫描、复印等办公设备,相应的设备应当能够具备键盘输入,语音输入,手写输入,扫描输入和网上直接下载、复制、粘贴等功能。

3. 网络传输

电子公文的传输网络主要包括党政机关 OA 网和外部传输网络,两者应当互联互通。我国的党政机关的 OA 网能够实现公文处理过程的自动化,可以在恰当的时间,将正确的信息提供给所需要的人员。外部传输网络主要包括数据通信网络以及邮件服务器、邮件发送和接收客户端等网络设施。

4. 工作规范及信息系统人员

在电子公文的处理过程中,要严格按照有关规定对电子收文、发文、存档、管理等进行全方位的控制,以防止公文处理程序失控、泄密等现象的发生。信息系统人员是电子公文处理的直接参与者,不但要了解公文格式、行文规则、收文、发文等公文处理的基础知识,还要了解计算机操作技能、网络传输、安全保密等方面的知识。

(二) 电子公文处理流程

电子公文处理的内容主要包括电子公文的发文处理、收文处理和公文归档管理。

电子公文发文处理是指以本机关名义制发电子公文的过程,其主要流程为:主办处室拟稿→主办处室领导审核→秘书部门核稿→上级领导审批、签发→秘书部门复核、加电子印章→秘书部门下发公文。

电子公文收文处理是指对收到的电子公文的处理过程,其主要流程为:秘书部门收文登记→秘书部门审核→秘书部门提出拟办意见→上级领导批示→秘书部门交有关部门办理并负责催办。

无论是发文处理还是收文处理,电子公文应当能够自动存入文档数据库,实行文档一体化管理。

电子公文在经过办公平台各个系统的流转之后,在公文办理完毕时,档案部门应对其价值进行鉴定,确定保管期限,将其导入档案管理系统的待归档文件数据库中。对电子公文的归档通常采用"年度——保管期限——件号"的整理方法,电子公文即时归档,归档需填制的数据由公文档案管理软件自动生成。

第二节 电子公文的特点

电子公文作为一种高效、快捷的公文形式,其功能也在于实施管理、沟通信息、交流工作等,但是电子公文的数字化形态使它自身呈现出一些纸质公文所不具备的特点。

一、对计算机系统的依赖性

电子公文是在计算机技术的基础上形成发展起来的,因此对计算机系统具有极强的依赖性。首先,纸质公文将文字、图表记录于纸张之上,采用的是人眼可识别的符号,而电子公文采用的是人眼不可识别的数字代码符号,它必须借助计算机设备的转化并通过电脑屏幕的显示才能被人所识别和理解。其次,电子公文处理的各个流程必须借助计算机的各种软件系统及硬件设备才能够实现。无论是公文的制作、审核、签发还是签收、办理、归档,都需要借助计算机技术系统和信息网络系统完成。

二、信息存储的高密度性

随着现代信息存储技术的运用,电子公文已经实现了高密度存储。目前计算机使用的内置式硬磁盘以及软盘、光盘、U盘的存储容量都非常大,并且在以很快的速度增长。一张普通的只读光盘可存储3.4亿文字,而一张高密度光盘几乎可以收入一个单位的全部文件。电子公文信息存储的高密度性,能最大限度地节省文档存储空间,便于文件的存放、查找和使用,但是一旦发生丢失或损坏,造成的损失也会非常巨大。

三、信息的集成性

传统的纸质公文主要以文字和图表信息为承载对象,而电子公文通过计算机系统和信息技术,可以有效地把文字、数据、图表、图像和声音等图文信息、音频信息以及视频信息集成在同一个电子文档中,使一份电子公文图文并茂,声像俱全,从而真实地再现当时的活动情况。可以说,信息的集成性使电子公文具有了更为强大的记忆功能和再现功能。

四、信息内容的易变性

纸质公文承载的信息被固定在纸张上,内容和载体构成不可分割的整体,因此内容信息不容易被改动。而电子公文承载的信息与载体并不是一体的,电子公文可以根据需要转移到不同的载体上。正是因为内容与载体的可分离性,使得电子公文可以被复制更改而不留痕迹,信息内容很容易发生变化。造成电子公文信息内容发生变化的原因很多,有的是人为的蓄意更改,有的是由公文载体性能的不稳定性所致,还有可能是受到电脑病毒的影响。为了解决这些问题,工作人员必须要加强对电子公文安全系统的防护。

五、信息资源的共享性

电子公文依赖现代计算机系统和信息网络,可以真正实现信息资源的共享。对公文的翻阅不再只是少数人的专利,越来越多的机关工作人员甚至普通公众都能看到权限范围内的公文处理以及使用情况。同时,通过公文数据库系统和计算机检索技术以及相应的权限,各个系统、各个部门的文秘人员能够在同一时间、同一地点或不同时间、不同地点共同检索、阅读和使用电子公文信息,从而极大地提高公文处理的效率。

第三节 电子公文的制作

电子公文的制作是指通过计算机系统并按照一定的格式规范和要求生成电子文件的过程。电子公文的制作要完成以下几个阶段的工作:第一,选择或建立公文模板。目前国内电子公文最常应用的文字处理软件是 Word 和 WPS,秘书人员可以直接使用这两种软件所提供的公文模板,也可根据软件自身的编辑功能自行创建模板,还可借用一些专用的公文模板软件进行公文制作。第二,将电子公文内容材料输入电子公文模板中,一般采用键盘录入,有时也使用扫描输入、语音输入等。对于网上下载的资料还可以直接复制、粘贴。第三,对输入的电子公文按国家有关规定标准进行统一排版、校对,最后确定公文定稿的去向,保存,发送或者是打印输出等。

一、公文体的组成要素

《基于 XML 的电子公文格式规范 第 2 部分:公文体》对电子公文的实体即公文体作出了规定:公文体由眉首、主体和版记三大部分组成。其基本组成要素包括份数序号、秘密等级、保密期限、紧急程度、发文机关标识、发文字号、签发人、标题、主送机关、正文、附件、公文生效标识（包括发文机关署名和印章，或签发人职务和名章）、成文日期、印发传达范围、附注、主题词、抄送机关和印制版记（包括印发机关、印发日期、印发份数）等。

其中，发文机关标识、发文字号、标题、主送机关、正文、公文生效标识（主要为电子印章）、成文日期、主题词、印制版记等要素是一般电子公文的固定组成部分，其余的要素是否标注则可视具体情况而定。

二、电子公文的制作技术（以 Word 为例）

秘书人员可以使用 Word 或 WPS 计算机文字处理软件提供的模板写电子公文，即按照"【文件】→【新建】→【本机上的模板】→【报告】→【公文向导】"的操作一步步地来完成，但是 Word 2003 提供的这个模板与国家文件规定的公文格式规范有较大出入。因此秘书人员可以利用 Word 或 WPS 的编辑功能自行创建一个模板，并将其保存起来备用。

（一）页面的设置

根据《国家行政机关公文格式》的要求，行政公文的页面一般采用国际标准 A4 型纸。用纸天头（上白边）为 37mm±1mm，用纸订口（左白边）为 28±1mm，版心尺寸为 156mm×225mm（不含页码）。正文采用 3 号仿宋体字，一般每面排 22 行，每行 28 个字。具体的计算机操作步骤如下：

启动 Word 2003，选择【文件】→【页面设置】，选择【页边距】附签，分加设置为"上：3.7 厘米"，"下：3.5 厘米"，"左：2.8 厘米"，"右：2.6 厘米"。选择【版式】附签，将"页眉和页脚"设置成"奇偶页不同"，即在该选项前打"√"。选择【文档网格】附签，单击"字体设置"按钮，进入【字体】对话框，"中文字体"设置为"方正仿宋"，"字号"设置成"三号"，单击"确定"按钮，回到【文档网格】附签，在【文档网格】附签中进行如下设置：选中"指定行和字符网格"，将"每行"设置成"28"个字符，"每页"设置成"22"行，然后单击"确定"按钮，这样就将版心设置成了以 3 号字为标准、每页 22 行、每行 28 个汉字的国家标准。

如果公文正文部分较长，还需要对公文进行页码设置。

选择【插入】→【页码】，"位置"设置为"页面底端（页脚）"，"对齐方式"设置为"外侧"，勾选"首页显示页码"，然后单击"格式"按钮，跳出【页码格式】对话框，从"数字格式"中选定"－1－，－2－，－3－，…"，"页码编排"中选"续前节"，点击"确定"按钮，回到【页码】，再次单击"确定"按钮完成页码设置。双击页码，激活页脚及其中的页码图片框，选中"－1－"，单击右键，在【字体】中将"序号"设为"四号"，在【段落】中的"缩进"栏中设置左、右各缩进一个字符。这样，公文的页码设置就完成了。

（二）眉首的制作

眉首部分又称版头、文头，其基本要素包括份数序号、秘密等级和保密期限、紧急程度、发文机关标识、发文字号和签发人。

如果要标识公文的份数序号，则用阿拉伯数字顶格标识在版心左上角第 1 行。对涉及国家秘密的公文应当标明秘密等级和保密期限。只标识秘密等级时，用 3 号黑体字顶格标识在版心右上角第 1 行，两字之间空 1 个字的距离；如果同时标识秘密等级和保密期限，则用 3 号黑体字顶格标识在版心右上角第 1 行，两者之间用★隔开。对于紧急文件需要标识紧急程度,用 3 号黑体字顶格标识在版心右上角第 1 行,两字之间空 1 个字的距离;如果紧急程度和秘密等级、保密期限同时标注,则紧急程度顶格标识在版心右上角第 2 行,即在秘密等级和保密期限的下一行,两字之间空 1 个字的距离。

一般的电子公文都要有发文机关标识、发文字号和签发人这三个要素,发文机关标识由发文机关名称加上相应的标识后缀如"文件"等字样组成。其上边缘距版心上边缘 25mm,对于上行文,这个距离为 80mm。发文机关标识一般使用小标宋体字,用红色标识。具体的操作如下:

在标注紧急程度字样的下一行空白位置选择【插入】→【文本框】→【横排】菜单项,鼠标将会变成"十"字形,在 Word 版面上单击鼠标左键,出现一个文本框,在该文本框内输入发文机关标识,输入完成后,选中该文本框,单击鼠标右键→【设置文本框格式】,选择【颜色和线条】附签,将"颜色"设置成"无填充颜色"。选择【大小】附签,将"高度"设置成"2 厘米","宽度"设置成"13.5 厘米"(也可根据实际情况调节尺寸)。继续选择【版式】附签,单击"高级"按钮,如图 1 所示。

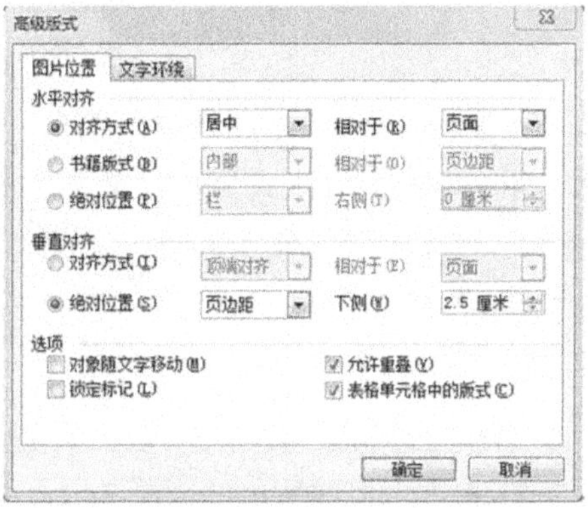

图 1

将水平对齐的"对齐方式"设置成"居中","相对于"设置成"页面"。将垂直对齐的"绝对位置"设置成"页边距","下侧"设置成"2.5 厘米"(如果是上行文,则设置成"8.0 厘米")。

选择【文本框】附签,左、右、上、下都设置成"0 厘米",单击"确定"完成。选中文本框内的全部文字,将"字体颜色"设置成"红色",字体设置成"方正小标宋简体",字号根据文本框的大小设置成相应字号,但最大不能等于或大于 22mm×15mm。这样,宽为 135mm、高为 20mm、距上 25mm 的红头发文机关标识就制作完成了。

在发文机关标识下空 2 行,用 3 号仿宋字体居中标注发文字号,上报的公文还需标识签发人姓名,平行排列于发文字号右侧。此时,发文字号居左空 1 字。签发人姓名居右空 1 字,签发人用 3 号仿宋体,后标全角冒号,冒号后用 3 号楷体字标识签发人姓名。

在发文字号和签发人下 4mm 处需要用一条与版心同宽的红线将眉首与主体隔开。红线的制作方法如下。

选择【视图】→【工具栏】→【绘图】,在 Word 界面的下方会出现"绘图"工具条,单击上面的直线工具,鼠标会变成"十"字形,左手按住键盘上的 Shift 键,右手拖动鼠标从左到右划一条水平线,然后选中直线单击鼠标右键,选择【设置自选图形格式】进行红线的属性的设置。

选择【颜色和线条】附签,如图2所示。

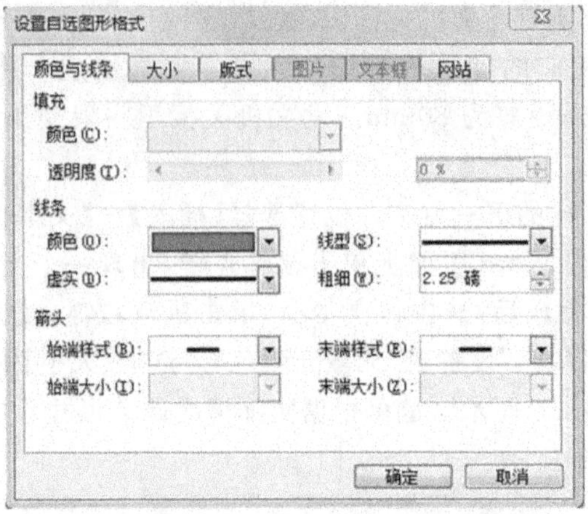

图2

将"颜色"设置为"红色","虚实"设置为实线,"粗细"设置为"2.25磅"。选择【大小】附签,将"宽度"设置成"15.6厘米"。选择【版式】附签,单击"高级"按钮,如图3所示。

图3

将水平对齐的"对齐方式"设置成"居中","相对于"设置成"页面"。将垂直对齐的"绝对位置"设置成"页边距","下侧"设置成"6.7厘米"(如果是上行文,则设置成"13.5厘米")。

这样,一个标准的眉首部分就制作完成了,如图4所示。

(三) 主体的制作

电子公文的主体包括标题、主送机关、公文正文、附件、电子印章和成文日期。

在确定了公文的主旨,对公文材料内容熟稔于心的条件下,就可以开始主体部分的写作了。公文标题应在红色反线下空2行,用2号小标宋体字书写。主送机关是公文的主要受理机关,写在标题的下一行顶格处,用3号仿宋体字标识,回行时仍顶格,最后一个主送机关名称后用全角冒号。公文正文部分是写作的核心,一般包括发文依据、事由、结尾

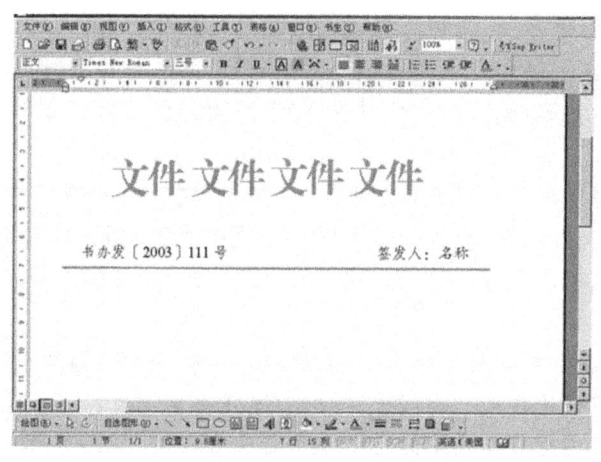

图 4

三部分，写在主送机关下一行，每自然段左空 2 字，回行顶格。正文用 3 号仿宋体字。公文如有附件，在正文下一行左空 2 字用 3 号仿宋体字标识"附件"，后标全角冒号和名称。附件名称后不加标点符号。

整个正文部分写完后，要在文后右下角标识成文日期和电子印章。根据国务院发布的《电子公文传输管理办法》的规定，电子印章应由指定人员在专用计算机上使用，各地区、各部门的电子印章由国务院办公厅统一制作、颁发，不得擅自制作使用。这主要是针对国家行政机关而言，在实际的使用中，企事业单位、社会团体可根据实际需要制作本单位电子印章。但要注意的是，电子印章应由本单位统一制作，其大小属性应和现行的物理印章完全吻合，使用时要对其登记备案，并取得当地电子公文和信息交换系统的使用账号和密码。单位要对电子印章安全性能进行处理，并指定专人负责保管和使用。

可以使用专门的电子印章生成软件进行电子印章的制作，如金山电子印章、图章制作专家 V6.08 等。也可根据 Word 和 WPS 等通用软件进行电子印章的制作。以 Word 2003 为例，其一般的制作方法如下。

打开【视图】→【工具栏】→【绘图】，单击【绘图】工具栏上的"椭圆"按钮，在图形编辑区中拖动"十"字形光标，同时按住 Shift 键拖动鼠标即可画出一个正圆。在圆上单击鼠标右键，选择【设置自选图形格式】，在【颜色与线条】标签中选择线条的"颜色"为"红色"，"粗细"选择"2 磅"左右，填充的"颜色"为"无"。

印章中间一般有五角星或其他相关图形。五角星可从【绘图】工具栏的【自选图形】中"星与旗帜"里来选取和画出。

用与圆形同样的方法设置其线条和填充颜色为"红色"，在【版式】标签中选"四周型"。

印章图形设计完之后，就要对印章文字进行输入编辑。打开【绘图】工具，单击【插入艺术字】。在艺术字库中选择圆弧形样式，然后编辑艺术字文字，输入印章文字，设置好字体、字号（10 号左右）、加粗等。

单击"确定"，出现一个弧形艺术字对象。选中艺术字，单击艺术字工具栏的【设置艺术字格式】，在【颜色与线条】标签中将"填充色"和"线条"选择为"红色"，在【版式】标签中选"四周型"。在"艺术字"工具栏【艺术字形状】中选择"细旋钮形"。按住艺术字的黄色和白色方形标识以及绿色拖柄,调整到满意的形状为止。

在印章图形和文字制作完成之后,点击【绘图】工具栏上的"选择对象"按钮,逐一选定全部对象,单击鼠标右键,执行"组合"命令,将它们组合在一起。这样,一个印章就制作好了。

使用印章时,将光标放在成文日期上,单击主菜单【插入】→【图片】→【来自文件】,点击印章所在的文件夹并打开,点击印章图标,单击【插入】按钮。印章应盖在成文日期上,将光标放在印章上,单击鼠标右键,选择【设置图片格式】,在【版式】标签中选"衬于文字下方"并确定。

成文日期应用汉字将年月日标全。如果是单一发文印章,当印章下弧无文字时,采用下套方式,即仅以下弧压在成文时间上;当印章下弧有文字时,采用中套方式,即印章中心线压在成文日期上,成文日期右空 4 字。如果是联合行文,需加盖两个印章时,应将成文日期拉开,左右各空 7 字,主办机关印章在前,两个印章均压在成文日期上。如需加盖三个以上印章时,将各发文机关印章排在发文时间和正文之间,主办机关印章在前,每排最多三个印章,最后一排如余一个或两个印章,均居中排布,在最后一排印章之下右空 2 字标识成文日期。

(四)版记的制作

电子公文的版记通常包括四个部分:主题词、抄送机关、印发机关和印发日期。主题词用 3 号黑体字,居左顶格标识,后标全角冒号;词目用 3 号小标宋体字,词目之间空 1 个字。公文如有抄送,在主题词下一行,左空 1 个字用 3 号仿宋体字标识"抄送",后标全角冒号;回行时与冒号后的抄送机关对齐,在最后一个抄送机关后标句号。印发机关和印发时间位于抄送机关之下(无抄送机关的,在主题词之下)1 行,用 3 号仿宋体字。印发机关左空 1 个字,印发时间右空 1 个字。具体操作上可采用如下方法:

选择【表格】→【插入】→【表格】,通过插入一个 3 行 1 列、列宽为 15.6 厘米的表格来制作主题词,如图 5 所示。

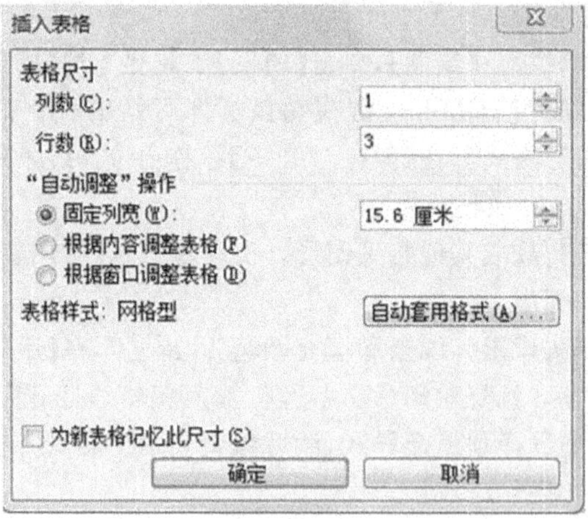

图 5

选中表格,单击鼠标右键→【表格属性】→【表格】附签,如图 6 所示。

图 6

将"对齐方式"设置为"居中",然后单击"边框和底纹"按钮,如图 7 所示。在"预览"窗口中将每行的下线选中,其他线取消。

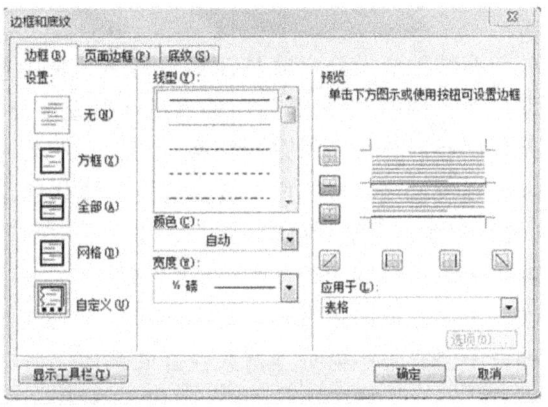

图 7

在表格中按照格式规定分别填写主题词、抄送机关、印发单位、印发日期的相关内容。这样,一个完整的电子公文模板就制作好了。秘书人员可以将其保存在电脑磁盘中,日后写作公文时直接打开并输入文字即可。

第四节　电子公文的归档

电子公文的归档是公文生成部门定期将符合归档条件的电子公文转入档案部门集中保管的过程。由于电子公文存在传输的虚拟性,它的归档方式也显示出自身的特点。

一、电子公文的归档鉴定

电子公文在归档前,应由文件形成单位按照有关规定对电子公文的真实性、完整性和有效性进行检查和鉴定,并确定电子公文的归档范围和保管期限。

电子公文的鉴定工作由专人负责完成并填写相应的鉴定表格。鉴定的项目主要包括载体外观检验,病毒检验,真实性检验,完整性检验,有效性检验,技术方法与相关软件说明登记表、软件、说明资料检验等。电子公文的归档范围主要参照国家档案局《电子公文归档管理暂行办法》执行,归档范围要全面、系统,不仅要归档原文件,还要考虑电子公文处理过程中各个阶段形成的有价值的中间文件、日志文件及附加信息等。同时,计算机的软硬件环境、表达电子公文内容的基本格式和有关原数据也须被列入归档范围。电子公文保管期限的确定主要取决于电子公文内容的价值及社会对它的需要。

二、电子公文的归档方式

电子公文的归档方式有两种:逻辑归档和物理归档。

物理归档是指把电子公文保存到各种可脱机使用的存储载体上向档案部门移交的过程。物理归档表现为载体的实体形态,它可以实现电子公文的集中管理,保证电子公文的安全性。

逻辑归档是指将处理办结的电子公文通过计算机网络传输给档案部门的归档过程。逻辑归档是在计算机网络上实现的,档案部门能够通过网络直接查阅该电子公文,被归档的电子公文著录信息及存储地址会自动保存到档案部门的数据库中,以方便日后的查找和使用。逻辑归档有利于利用机构内部的网络资源实现资源共享。

我国《电子公文归档管理暂行办法》规定:"归档的电子公文,应按本单位档案分类方法进行分类、整理,并拷贝至耐久性好的载体上,一式 3 套,一套封存保管,一套异地保管,一套提供利用。"对于在网络中完成的逻辑归档的电子公文均应定期完成物理归档,即按规定把带有归档标识的电子公文集中拷贝至耐久性好的载体上,一式 3 套,以便在发生特殊情况时得到及时补救。

三、电子公文的归档时间

电子公文的归档时间没有统一的规定,一般来讲,逻辑归档应实时进行,即在电子公文形成之后即刻归档;物理归档既可实时归档,也可在公文处理完成之后的一段时间内定期进行归档。定期归档可以按年度、按季度、按月度等进行,也可在一段时间内集中进行。各单位的电子文件形成部门一般应在次年的 6 月底之前将上年度形成的电子公文向本单位档案部门进行归档。有条件的单位,电子公文形成后的 3 个月内应向档案部门进行归档。鉴于电子公文的虚拟性和易变性,目前很多单位都存在将电子公文提前归档的趋势。

四、电子公文的归档程序

电子公文的归档程序包括以下五个步骤。

第一,把带有归档标识的电子文件集中、拷贝至耐久性好的载体上。为防止公文在保存过程中出现问题,一般拷贝3套。一套封存保管,一套供查阅使用,一套异地保存。电子公文归档应使用性能稳定、使用寿命较长的载体,按优先顺序依次为:只读光盘、一次写光盘、磁带、可擦写光盘、硬磁盘等,禁用软磁盘作为归档电子文件长期保存的载体。对于一些具有长期保存价值的文件,最好将其纸质公文和电子公文同时保存。

第二,在存储电子文件的载体或装具上贴上标签,标签上应注明载体序号、名称、全宗号、类别号、密级、保管期限、存入日期等,以方便以后对电子公文的检索。归档后的电子文件的载体应设置成禁止操作的状态。

第三,将相应的电子文件机读目录、相关软件、其他说明等一同归档。

第四,对需要长期保存的电子文件,应在每一个电子文件的载体中同时存有相应的机读目录。

第五,填写《归档电子文件登记表》,详细记录归档的电子公文的各类信息。

思考题

1. 电子公文与纸质公文相比,有哪些特点?
2. 电子公文的处理内容及流程如何?
3. 电子公文处理过程的实现需要哪些技术要素?
4. 电子公文的归档方式有哪些?

附录一

党政机关公文处理工作条例

(中办发〔2012〕14号,2012年4月)

第一章 总则

第一条 为了适应中国共产党机关和国家行政机关(以下简称党政机关)工作需要,推进党政机关公文处理工作科学化、制度化、规范化,制定本条例。

第二条 本条例适用于各级党政机关公文处理工作。

第三条 党政机关公文是党政机关实施领导、履行职能、处理公务的具有特定效力和规范体式的文书,是传达贯彻党和国家方针政策,公布法规和规章,指导、布置和商洽工作,请示和答复问题,报告、通报和交流情况等的重要工具。

第四条 公文处理工作是指公文拟制、办理、管理等一系列相互关联、衔接有序的工作。

第五条 公文处理工作应当坚持实事求是、准确规范、精简高效、安全保密的原则。

第六条 各级党政机关应当高度重视公文处理工作,加强组织领导,强化队伍建设,设立文秘部门或者由专人负责公文处理工作。

第七条 各级党政机关办公厅(室)主管本机关的公文处理工作,并对下级机关的公文处理工作进行业务指导和督促检查。

第二章 公文种类

第八条 公文种类主要有:

(一)决议。适用于会议讨论通过的重大决策事项。

(二)决定。适用于对重要事项作出决策和部署、奖惩有关单位和人员、变更或者撤销下级机关不适当的决定事项。

(三)命令(令)。适用于公布行政法规和规章、宣布施行重大强制性措施、批准授予和晋升衔级、嘉奖有关单位和人员。

(四)公报。适用于公布重要决定或者重大事项。

(五)公告。适用于向国内外宣布重要事项或者法定事项。

(六)通告。适用于在一定范围内公布应当遵守或者周知的事项。

(七)意见。适用于对重要问题提出见解和处理办法。

(八)通知。适用于发布、传达要求下级机关执行和有关单位周知或者执行的事项,批转、转发公文。

（九）通报。适用于表彰先进、批评错误、传达重要精神和告知重要情况。

（十）报告。适用于向上级机关汇报工作、反映情况，回复上级机关的询问。

（十一）请示。适用于向上级机关请求指示、批准。

（十二）批复。适用于答复下级机关请示事项。

（十三）议案。适用于各级人民政府按照法律程序向同级人民代表大会或者人民代表大会常务委员会提请审议事项。

（十四）函。适用于不相隶属机关之间商洽工作、询问和答复问题、请求批准和答复审批事项。

（十五）纪要。适用于记载会议主要情况和议定事项。

第三章　公文格式

第九条　公文一般由份号、密级和保密期限、紧急程度、发文机关标志、发文字号、签发人、标题、主送机关、正文、附件说明、发文机关署名、成文日期、印章、附注、附件、抄送机关、印发机关和印发日期、页码等组成。

（一）份号。公文印制份数的顺序号。涉密公文应当标注份号。

（二）密级和保密期限。公文的秘密等级和保密的期限。

涉密公文应当根据涉密程度分别标注"绝密""机密""秘密"和保密期限。

（三）紧急程度。公文送达和办理的时限要求。根据紧急程度，紧急公文应当分别标注"特急""加急"，电报应当分别标注"特提""特急""加急""平急"。

（四）发文机关标志。由发文机关全称或者规范化简称加"文件"二字组成，也可以使用发文机关全称或者规范化简称。联合行文时，发文机关标志可以并用联合发文机关名称，也可以单独用主办机关名称。

（五）发文字号。由发文机关代字、年份、发文顺序号组成。联合行文时，使用主办机关的发文字号。

（六）签发人。上行文应当标注签发人姓名。

（七）标题。由发文机关名称、事由和文种组成。

（八）主送机关。公文的主要受理机关，应当使用机关全称、规范化简称或者同类型机关统称。

（九）正文。公文的主体，用来表述公文的内容。

（十）附件说明。公文附件的顺序号和名称。

（十一）发文机关署名。署发文机关全称或者规范化简称。

（十二）成文日期。署会议通过或者发文机关负责人签发的日期。联合行文时，署最后签发机关负责人签发的日期。

（十三）印章。公文中有发文机关署名的，应当加盖发文机关印章，并与署名机关相符。有特定发文机关标志的普发性公文和电报可以不加盖印章。

（十四）附注。公文印发传达范围等需要说明的事项。

（十五）附件。公文正文的说明、补充或者参考资料。

（十六）抄送机关。除主送机关外需要执行或者知晓公文内容的其他机关，应当使用机关全称、规范化简称或者同类型机关统称。

（十七）印发机关和印发日期。公文的送印机关和送印日期。

（十八）页码。公文页数顺序号。

第十条 公文的版式按照《党政机关公文格式》国家标准执行。

第十一条 公文使用的汉字、数字、外文字符、计量单位和标点符号等，按照有关国家标准和规定执行。民族自治地方的公文，可以并用汉字和当地通用的少数民族文字。

第十二条 公文用纸幅面采用国际标准 A4 型。特殊形式的公文用纸幅面，根据实际需要确定。

第四章 行文规则

第十三条 行文应当确有必要，讲求实效，注重针对性和可操作性。

第十四条 行文关系根据隶属关系和职权范围确定。一般不得越级行文，特殊情况需要越级行文的，应当同时抄送被越过的机关。

第十五条 向上级机关行文，应当遵循以下规则：

（一）原则上主送一个上级机关，根据需要同时抄送相关上级机关和同级机关，不抄送下级机关。

（二）党委、政府的部门向上级主管部门请示、报告重大事项，应当经本级党委、政府同意或者授权；属于部门职权范围内的事项应当直接报送上级主管部门。

（三）下级机关的请示事项，如需以本机关名义向上级机关请示，应当提出倾向性意见后上报，不得原文转报上级机关。

（四）请示应当一文一事。不得在报告等非请示性公文中夹带请示事项。

（五）除上级机关负责人直接交办事项外，不得以本机关名义向上级机关负责人报送公文，不得以本机关负责人名义向上级机关报送公文。

（六）受双重领导的机关向一个上级机关行文，必要时抄送另一个上级机关。

第十六条 向下级机关行文，应当遵循以下规则：

（一）主送受理机关，根据需要抄送相关机关。重要行文应同时抄送发文机关的直接上级机关。

（二）党委、政府的办公厅（室）根据本级党委、政府授权，可以向下级党委、政府行文，其他部门和单位不得向下级党委、政府发布指令性公文或者在公文中向下级党委、政府提出指令性要求。需经政府审批的具体事项，经政府同意后可以由政府职能部门行文，文中须注明已经政府同意。

（三）党委、政府的部门在各自职权范围内可以向下级党委、政府的相关部门行文。

（四）涉及多个部门职权范围内的事务，部门之间未协商一致的，不得向下行文；擅自行文的，上级机关应当责令其纠正或者撤销。

（五）上级机关向受双重领导的下级机关行文，必要时抄送该下级机关的另一个上级机关。

第十七条 同级党政机关、党政机关与其他同级机关必要时可以联合行文。属于党委、政府各自职权范围内的工作，不得联合行文。

党委、政府的部门依据职权可以相互行文。部门内设机构除办公厅(室)外不得对外正式行文。

第五章　公文拟制

第十八条　公文拟制包括公文的起草、审核、签发等程序。

第十九条　公文起草应当做到：

（一）符合国家法律法规和党的路线方针政策，完整准确体现发文机关意图，并同现行有关公文相衔接。

（二）一切从实际出发，分析问题实事求是，所提政策措施和办法切实可行。

（三）内容简洁，主题突出，观点鲜明，结构严谨，表述准确，文字精炼。

（四）文种正确，格式规范。

（五）深入调查研究，充分进行论证，广泛听取意见。

（六）公文涉及其他地区或者部门职权范围内的事项，起草单位必须征求相关地区或者部门意见，力求达成一致。

（七）机关负责人应当主持、指导重要公文起草工作。

第二十条　公文文稿签发前，应当由发文机关办公厅(室)进行审核。审核的重点是：

（一）行文理由是否充分，行文依据是否准确。

（二）内容是否符合国家法律法规和党的路线方针政策；是否完整准确体现发文机关意图；是否同现行有关公文相衔接；所提政策措施和办法是否切实可行。

（三）涉及有关地区或者部门职权范围内的事项是否经过充分协商并达成一致意见。

（四）文种是否正确，格式是否规范；人名、地名、时间、数字、段落顺序、引文等是否准确；文字、数字、计量单位和标点符号等用法是否规范。

（五）其他内容是否符合公文起草的有关要求。

需要发文机关审议的重要公文文稿，审议前由发文机关办公厅(室)进行初核。

第二十一条　经审核不宜发文的公文文稿，应当退回起草单位并说明理由；符合发文条件但内容需作进一步研究和修改的，由起草单位修改后重新报送。

第二十二条　公文应当经本机关负责人审批签发。重要公文和上行文由机关主要负责人签发。党委、政府的办公厅(室)根据党委、政府授权制发的公文，由受权机关主要负责人签发或者按照有关规定签发。签发人签发公文，应当签署意见、姓名和完整日期；圈阅或者签名的，视为同意。联合发文由所有联署机关的负责人会签。

第六章　公文办理

第二十三条　公文办理包括收文办理、发文办理和整理归档。

第二十四条　收文办理主要程序是：

（一）签收。对收到的公文应当逐件清点，核对无误后签字或者盖章，并注明签收时间。

（二）登记。对公文的主要信息和办理情况应当详细记载。

（三）初审。对收到的公文应当进行初审。初审的重点是：是否应当由本机关办理，是否符合行文规则,文种、格式是否符合要求,涉及其他地区或者部门职权范围内的事项是否已经协商、会签,是否符合公文起草的其他要求。经初审不符合规定的公文,应当及时退回来文单位并说明理由。

(四)承办。阅知性公文应当根据公文内容、要求和工作需要确定范围后分送。批办性公文应当提出拟办意见报本机关负责人批示或者转有关部门办理;需要两个以上部门办理的,应当明确主办部门。紧急公文应当明确办理时限。承办部门对交办的公文应当及时办理,有明确办理时限要求的应当在规定时限内办理完毕。

(五)传阅。根据领导批示和工作需要将公文及时送传阅对象阅知或者批示。办理公文传阅应当随时掌握公文去向,不得漏传、误传、延误。

(六)催办。及时了解掌握公文的办理进展情况,督促承办部门按期办结。紧急公文或者重要公文应当由专人负责催办。

(七)答复。公文的办理结果应当及时答复来文单位,并根据需要告知相关单位。

第二十五条 发文办理主要程序是:

(一)复核。已经发文机关负责人签批的公文,印发前应当对公文的审批手续、内容、文种、格式等进行复核;需作实质性修改的,应当报原签批人复审。

(二)登记。对复核后的公文,应当确定发文字号、分送范围和印制份数并详细记载。

(三)印制。公文印制必须确保质量和时效。涉密公文应当在符合保密要求的场所印制。

(四)核发。公文印制完毕,应当对公文的文字、格式和印刷质量进行检查后分发。

第二十六条 涉密公文应当通过机要交通、邮政机要通信、城市机要文件交换站或者收发件机关机要收发人员进行传递,通过密码电报或者符合国家保密规定的计算机信息系统进行传输。

第二十七条 需要归档的公文及有关材料,应当根据有关档案法律法规以及机关档案管理规定,及时收集齐全、整理归档。两个以上机关联合办理的公文,原件由主办机关归档,相关机关保存复制件。机关负责人兼任其他机关职务的,在履行所兼职务过程中形成的公文,由其兼职机关归档。

第七章 公文管理

第二十八条 各级党政机关应当建立健全本机关公文管理制度,确保管理严格规范,充分发挥公文效用。

第二十九条 党政机关公文由文秘部门或者专人统一管理。设立党委(党组)的县级以上单位应当建立机要保密室和机要阅文室,并按照有关保密规定配备工作人员和必要的安全保密设施设备。

第三十条 公文确定密级前,应当按照拟定的密级先行采取保密措施。确定密级后,应当按照所定密级严格管理。绝密级公文应当由专人管理。

公文的密级需要变更或者解除的,由原确定密级的机关或者其上级机关决定。

第三十一条 公文的印发传达范围应当按照发文机关的要求执行;需要变更的,应当经发文机关批准。

涉密公文公开发布前应当履行解密程序。公开发布的时间、形式和渠道,由发文机关确定。

经批准公开发布的公文,同发文机关正式印发的公文具有同等效力。

第三十二条 复制、汇编机密级、秘密级公文,应当符合有关规定并经本机关负责人批准。绝密级公文一般不得复制、汇编,确有工作需要的,应当经发文机关或者其上级机关批准。

复制、汇编的公文视同原件管理。复制件应当加盖复制机关戳记。翻印件应当注明翻印的机关名称、日期。汇编本的密级按照编入公文的最高密级标注。

第三十三条 公文的撤销和废止,由发文机关、上级机关或者权力机关根据职权范围和有关法律法规决定。公文被撤销的,视为自始无效;公文被废止的,视为自废止之日起失效。

第三十四条 涉密公文应当按照发文机关的要求和有关规定进行清退或者销毁。

第三十五条 不具备归档和保存价值的公文,经批准后可以销毁。销毁涉密公文必须严格按照有关规定履行审批登记手续,确保不丢失、不漏销。个人不得私自销毁、留存涉密公文。

第三十六条 机关合并时,全部公文应当随之合并管理;机关撤销时,需要归档的公文经整理后按照有关规定移交档案管理部门。

工作人员离岗离职时,所在机关应当督促其将暂存、借用的公文按照有关规定移交、清退。

第三十七条 新设立的机关应当向本级党委、政府的办公厅(室)提出发文立户申请。经审查符合条件的,列为发文单位,机关合并或者撤销时,相应进行调整。

第八章 附则

第三十八条 党政机关公文含电子公文。电子公文处理工作的具体办法另行制定。

第三十九条 法规、规章方面的公文,依照有关规定处理。外事方面的公文,依照外事主管部门的有关规定处理。

第四十条 其他机关和单位的公文处理工作,可以参照本条例执行。

第四十一条 本条例由中共中央办公厅、国务院办公厅负责解释。

第四十二条 本条例自2012年7月1日起施行。1996年5月3日中共中央办公厅发布的《中国共产党机关公文处理条例》和2000年8月24日国务院发布的《国家行政机关公文处理办法》停止执行。

附录二

标点符号用法

(中华人民共和国国家质量监督检验检疫总局 中国国家标准化管理委员会
2011-12-30 发布,2012-06-01 实施 GB/T 15834—2011)

1 范围

本标准规定了现代汉语标点符号的用法。

本标准适用于汉语的书面语(包括汉语和外语混合排版时的汉语部分)。

2 术语和定义

下列术语和定义适用于本文件。

2.1

标点符号 punctuation

辅助文字记录语言的符号,是书面语的有机组成部分,用来表示语句的停顿、语气以及标示某些成分(主要是词语)的特定性质和作用。

注:数学符号、货币符号、校勘符号、辞书符号、注音符号等特殊领域的专门符号不属于标点符号。

2.2

句子 sentence

前后都有较大停顿、带有一定的语气和语调、表达相对完整意义的语言单位。

2.3

复句 complex sentence

由两个或多个在意义上有密切关系的分句组成的语言单位,包括简单复句(内部只有一层语义关系)和多重复句(内部包含多层语义关系)。

2.4

分句 clause

复句内两个或多个前后有停顿、表达相对完整意义、不带有句末语气和语调、有的前面可添加关联词语的语言单位。

2.5

语段 expression

指语言片段,是对各种语言单位(如词、短语、句子、复句等)不做特别区分时的统称。

3 标点符号的种类

3.1 点号

点号的作用是点断,主要表示停顿和语气。分为句末点号和句内点号。

句末点号

用于句末的点号,表示句末停顿和句子的语气。包括句号、问号、叹号。

句内点号

用于句内的点号,表示句内各种不同性质的停顿。包括逗号、顿号、分号、冒号。

3.2 标号

标号的作用是标明,主要标示某些成分(主要是词语)的特定性质和作用。包括引号、括号、破折号、省略号、着重号、连接号、间隔号、书名号、专名号、分隔号。

4 标点符号的定义、形式和用法

4.1 句号

定义

句末点号的一种,主要表示句子的陈述语气。

形式

句号的形式是"。"。

基本用法

4.1.3.1 用于句子末尾,表示陈述语气。使用句号主要根据语段前后有较大停顿、带有陈述语气和语调,并不取决于句子的长短。

示例1:北京是中华人民共和国的首都。

示例2:(甲:咱们走着去吧?)乙:好。

4.1.3.2 有时也可表示较缓和的祈使语气和感叹语气。

示例1:请您稍等一下。

示例2:我不由地感到,这些普通劳动者也同样是很值得尊敬的。

4.2 问号

定义

句末点号的一种,主要表示句子的疑问语气。

形式

问号的形式是"?"。

基本用法

4.2.3.1 用于句子末尾,表示疑问语气(包括反问、设问等疑问类型)。使用问号主要根据语段前后有较大停顿、带有疑问语气和语调,并不取决于句子的长短。

示例1:你怎么还不回家去呢?

示例2:难道这些普通的战士不值得歌颂吗?

示例3:(一个外国人,不远万里来到中国,帮助中国的抗日战争。)这是什么精神?这是国际主义的精神。

4.2.3.2 选择问句中,通常只在最后一个选项的末尾用问号,各个选项之间一般用逗号隔开。当选项较短且选项之间几乎没有停顿时,选项之间可不用逗号。当选项较多或较长,或有意突出每个选项的独立性时,也可每个选项之后都用问号。

示例1:诗中记述的这场战争究竟是真实的历史描述,还是诗人的虚构?

示例2:这是巧合还是有意安排?

示例3:要一个什么样的结尾:现实主义的?传统的?大团圆的?荒诞的?民族形式的?有象征意义的?

示例4:(他看着我的作品称赞了我。)但到底是称赞我什么:是有几处画得好?还是什么都敢画?抑或只是一种对于失败者的无可奈何的安慰?我不得而知。

示例5:这一切都是由客观的条件造成的?还是由行为的惯性造成的?

4.2.3.3 在多个问句连用或表达疑问语气加重时,可叠用问号。通常应先单用,再叠用,最多叠用三个问号。在没有异常强烈的情感表达需要时不宜叠用问号。

示例:这就是你的做法吗?你这个总经理是怎么当的??你怎么竟敢这样欺骗消费者???

4.2.3.4 问号也有标号的用法,即用于句内,表示存疑或不详。

示例1:马致远(1250？—1321),大都人,元代戏曲家、散曲家。

示例2:钟嵘(？—518),颍川长社人,南朝梁代文学批评家。

示例3:出现这样的文字错误,说明作者(编者？校者？)很不认真。

4.3 叹号

定义

句末点号的一种,主要表示句子的感叹语气。

形式

叹号的形式是"!"。

基本用法

4.3.3.1 用于句子末尾,主要表示感叹语气,有时也可表示强烈的祈使语气、反问语气等。使用叹号主要根据语段前后有较大停顿、带有感叹语气和语调或带有强烈的祈使、反问语气和语调,并不取决于句子的长短。

示例1:才一年不见,这孩子都长这么高啦!

示例2:你给我住嘴!

示例3:谁知道他今天是怎么搞的!

4.3.3.2 用于拟声词后,表示声音短促或突然。

示例1:咔嚓!一道闪电划破了夜空。

示例2:咚!咚咚!突然传来一阵急促的敲门声。

4.3.3.3 表示声音巨大或声音不断加大时,可叠用叹号;表达强烈语气时,也可叠用叹号,最多叠用三个叹号。在没有异常强烈的情感表达需要时不宜叠用叹号。

示例1:轰!!在这天崩地塌的声音中,女娲猛然醒来。

示例2:我要揭露!我要控诉!!我要以死抗争!!!

4.3.3.4 当句子包含疑问、感叹两种语气且都比较强烈时(如带有强烈感情的反问句和带有惊愕语气的疑问句),可在问号后再加叹号(问号、叹号各一)。

示例1:这么点困难就能把我们吓倒吗?!
示例2:他连这些最起码的常识都不懂,还敢说自己是高科技人材?!

4.4 逗号

定义

句内点号的一种,表示句子或语段内部的一般性停顿。

形式

逗号的形式是","。

基本用法

4.4.3.1 复句内各分句之间的停顿,除了有时用分号(见4.6.3.1),一般都用逗号。

示例1:不是人们的意识决定人们的存在,而是人们的社会存在决定人们的意识。
示例2:学历史使人更明智,学文学使人更聪慧,学数学使人更精细,学考古使人更深沉。
示例3:要是不相信我们的理论能反映现实,要是不相信我们的世界有内在和谐,那就不可能有科学。

4.4.3.2 用于下列各种语法位置:

a) 较长的主语之后。
示例1:苏州园林建筑各种门窗的精美设计和雕镂功夫,都令人叹为观止。

b) 句首的状语之后。
示例2:在苍茫的大海上,狂风卷集着乌云。

c) 较长的宾语之前。
示例3:有的考古工作者认为,南方古猿生存于上新世至更新世的初期和中期。
示例4:他呢,倒是很乐意地、全神贯注地干起来了。
示例5:(那是个没有月亮的夜晚。)可是整个村子——白房顶啦,白树木啦,雪堆啦,全看得见。

e) 较长的主语中间、谓语中间或宾语中间。
示例6:母亲沉痛的诉说,以及亲眼见到的事实,都启发了我幼年时期追求真理的思想。
示例7:那姑娘头戴一顶草帽,身穿一条绿色的裙子,腰间还系着一根橙色的腰带。
示例8:必须懂得,对于文化传统,既不能不分青红皂白统统抛弃,也不能不管精华糟粕全盘继承。

f) 前置的谓语之后或后置的状语、定语之前。
示例9:真美啊,这条蜿蜒的林间小路。
示例10:她吃力地站了起来,慢慢地。
示例11:我只是一个人,孤孤单单的。

4.4.3.3 用于下列各种停顿处:

a) 复指成分或插说成分前后。
示例1:老张,就是原来的办公室主任,上星期已经调走了。

示例2：车，不用说，当然是头等。

b）语气缓和的感叹语、称谓语或呼唤语之后。

示例3：哎哟，这儿，快给我揉揉。
示例4：大娘，您到哪儿去啊？
示例5：喂，你是哪个单位的？

c）某些序次语（"第"字头、"其"字头及"首先"类序次语）之后。

示例6：为什么许多人都有长不大的感觉呢？原因有三：第一，父母总认为自己比孩子成熟；第二，父母总要以自己的标准来衡量孩子；第三，父母出于爱心而总不想让孩子在成长的过程中走弯路。

示例7：《玄秘塔碑》所以成为书法的范本，不外乎以下几方面的因素：其一，具有楷书点画、构体的典范性；其二，承上启下，成为唐楷的极致；其三，字如其人，爱人及字，柳公权高尚的书品、人品为后人所崇仰。

示例8：下面从三个方面讲讲语言的污染问题：首先，是特殊语言环境中的语言污染问题；其次，是滥用缩略语引起的语言污染问题；再次，是空话和废话引起的语言污染问题。

4.5 顿号

定义

句内点号的一种，表示语段中并列词语之间或某些序次语之后的停顿。

形式

顿号的形式是"、"。

基本用法

4.5.3.1 用于并列词语之间。

示例1：这里有自由、民主、平等、开放的风气和氛围。
示例2：造型科学、技艺精湛、气韵生动，是盛唐石雕的特色。

4.5.3.2 用于需要停顿的重复词语之间。

示例：他几次三番、几次三番地辩解着。

4.5.3.3 用于某些序次语（不带括号的汉字数字或"天干地支"类序次语）之后。

示例1：我准备讲两个问题：一、逻辑学是什么？二、怎样学好逻辑学？
示例2：风格的具体内容主要有以下四点：甲、题材；乙、用字；丙、表达；丁、色彩。

4.5.3.4 相邻或相近两数字连用表示概数通常不用顿号。若相邻两数字连用为缩略形式，宜用顿号。

示例1：飞机在6000米高空水平飞行时，只能看到两侧八九公里和前方一二十公里范围内的地面。
示例2：这种凶猛的动物常常三五成群地外出觅食和活动。
示例3：农业是国民经济的基础，也是二、三产业的基础。

4.5.3.5 标有引号的并列成分之间、标有书名号的并列成分之间通常不用顿号。若有其他成分插在并列的引号之间或并列的书名号之间（如引语或书名号之后还有括注），宜用顿号。

示例1:"日""月"构成"明"字。

示例2:店里挂着"顾客就是上帝""质量就是生命"等横幅。

示例3:《红楼梦》《三国演义》《西游记》《水浒传》,是我国长篇小说的四大名著。

示例4:李白的"白发三千丈"(《秋浦歌》)、"朝如青丝暮成雪"(《将进酒》)都是脍炙人口的诗句。

示例5:办公室里订有《人民日报》(海外版)、《光明日报》和《时代周刊》等报刊。

4.6 分号

定义

句内点号的一种,表示复句内部并列关系分句之间的停顿,以及非并列关系的多重复句中第一层分句之间的停顿。

形式

分号的形式是";"。

基本用法

4.6.3.1 表示复句内部并列关系的分句(尤其当分句内部还有逗号时)之间的停顿。

示例1:语言文字的学习,就理解方面说,是得到一种知识;就运用方面说,是养成一种习惯。

示例2:内容有分量,尽管文章短小,也是有分量的;内容没有分量,即使写得再长也没有用。

4.6.3.2 表示非并列关系的多重复句中第一层分句(主要是选择、转折等关系)之间的停顿。

示例1:人还没看见,已经先听见歌声了;或者人已经转过山头望不见了,歌声还余音袅袅。

示例2:尽管人民革命的力量在开始时总是弱小的,所以总是受压的;但是由于革命的力量代表历史发展的方向,因此本质上又是不可战胜的。

示例3:不管一个人如何伟大,也总是生活在一定的环境和条件下;因此,个人的见解总难免带有某种局限性。

示例4:昨天夜里下了一场雨,以为可以凉快些;谁知没有凉快下来,反而更热了。

4.6.3.3 用于分项列举的各项之间。

示例:特聘教授的岗位职责为:一、讲授本学科的主干基础课程;二、主持本学科的重大科研项目;三、领导本学科的学术队伍建设;四、带领本学科赶超或保持世界先进水平。

4.7 冒号

定义

句内点号的一种,表示语段中提示下文或总结上文的停顿。

形式

冒号的形式是":"。

基本用法

4.7.3.1 用于总说性或提示性词语(如"说""例如""证明"等)之后,表示提示下文。

示例1:北京紫禁城有四座城门:午门、神武门、东华门和西华门。

示例2：她高兴地说："咱们去好好庆祝一下吧!"

示例3：小王笑着点了点头："我就是这么想的。"

示例4：这一事实证明：人能创造环境,环境同样也能创造人。

4.7.3.2 表示总结上文。

示例：张华上了大学,李萍进了技校,我当了工人；我们都有美好的前途。

4.7.3.3 用在需要说明的词语之后,表示注释和说明。

示例1：(本市将举办首届大型书市。)主办单位：市文化局；承办单位：市图书进出口公司；时间：8月15日—20日；地点：市体育馆观众休息厅。

示例2：(做阅读理解题有两个办法。)办法之一：先读题干,再读原文,带着问题有针对性地读课文。办法之二：直接读原文,读完再做题,减少先入为主的干扰。

4.7.3.4 用于书信、讲话稿中称谓语或称呼语之后。

示例1：广平先生：……

示例2：同志们、朋友们：……

4.7.3.5 一个句子内部一般不应套用冒号。在列举式或条文式表述中,如不得不套用冒号时,宜另起段落来显示各个层次。

示例：第十条　遗产按照下列顺序继承：

第一顺序：配偶、子女、父母。

第二顺序：兄弟姐妹、祖父母、外祖父母。

4.8 引号

定义

标号的一种,标示语段中直接引用的内容或需要特别指出的成分。

形式

引号的形式有双引号""""和单引号"''"两种。左侧的为前引号,右侧的为后引号。

基本用法

4.8.3.1 标示语段中直接引用的内容。

示例：李白诗中就有"白发三千丈"这样极尽夸张的语句。

4.8.3.2 标示需要着重论述或强调的内容。

示例：这里所谓的"文",并不是指文字,而是指文采。

4.8.3.3 标示语段中具有特殊含义而需要特别指出的成分,如别称、简称、反语等。

示例1：电视被称做"第九艺术"。

示例2：人类学上常把古人化石统称为尼安德特人,简称"尼人"。

示例3：有几个"慈祥"的老板把捡来的菜叶用盐浸浸就算做工友的菜肴。

4.8.3.4 当引号中还需要使用引号时,外面一层用双引号,里面一层用单引号。

示例：他问："老师,'七月流火'是什么意思?"

4.8.3.5 独立成段的引文如果只有一段,段首和段尾都用引号；不止一段时,每段开头仅用前引号,只在最后一段末尾用后引号。

示例：我曾在报纸上看到有人这样谈幸福：

"幸福是知道自己喜欢什么和不喜欢什么。……

"幸福是知道自己擅长什么和不擅长什么。……

"幸福是在正确的时间做了正确的选择。……"

4.8.3.6 在书写带月、日的事件、节日或其他特定意义的短语(含简称)时,通常只标引其中的月和日;需要突出和强调该事件或节日本身时,也可连同事件或节日一起标引。

示例1:"5·12"汶川大地震

示例2:"五四"以来的话剧,是我国戏剧中的新形式。

示例3:纪念"五四运动"90周年

4.9 括号

定义

标号的一种,标示语段中的注释内容、补充说明或其他特定意义的语句。

形式

括号的主要形式是圆括号"( )",其他形式还有方括号"[ ]"、六角括号"〔 〕"和方头括号"【 】"等。

基本用法

4.9.3.1 标示下列各种情况,均用圆括号:

a) 标示注释内容或补充说明。

示例1:我校拥有特级教师(含已退休的)17人。

示例2:我们不但善于破坏一个旧世界,我们还将善于建设一个新世界!(热烈鼓掌)

b) 标示订正或补加的文字。

示例3:信纸上用稚嫩的字体写着:"阿夷(姨),你好!"。

示例4:该建筑公司负责的建设工程全部达到优良工程(的标准)。

c) 标示序次语。

示例5:语言有三个要素:(1)声音;(2)结构;(3)意义。

示例6:思想有三个条件:(一)事理;(二)心理;(三)伦理。

d) 标示引语的出处。

示例7:他说得好:"未画之前,不立一格;既画之后,不留一格。"(《板桥集·题画》)

e) 标示汉语拼音注音。

示例8:"的(de)"这个字在现代汉语中最常用。

4.9.3.2 标示作者国籍或所属朝代时,可用方括号或六角括号。

示例1:[英]赫胥黎《进化论与伦理学》

示例2:[唐]杜甫著

4.9.3.3 报刊标示电讯、报道的开头,可用方头括号。

示例:【新华社南京消息】

4.9.3.4 标示公文发文字号中的发文年份时,可用六角括号。

示例:国发〔2011〕3号文件

4.9.3.5 标示被注释的词语时,可用六角括号或方头括号。

示例1:〔奇观〕奇伟的景象。

示例2:【爱因斯坦】物理学家。生于德国,1933年因受纳粹政权迫害,移居美国。

4.9.3.6 除科技书刊中的数学、逻辑公式外,所有括号(特别是同一形式的括号)应尽量避免套用。必须套用括号时,宜采用不同的括号形式配合使用。

示例:〔茸(róng)毛〕很细很细的毛。

4.10 破折号

定义

标号的一种,标示语段中某些成分的注释、补充说明或语音、意义的变化。

形式

破折号的形式是"——"。

基本用法

4.10.3.1 标示注释内容或补充说明(也可用括号,见4.9.3.1;二者的区别另见原文件)。

示例1:一个矮小而结实的日本中年人——内山老板走了过来。

示例2:我一直坚持读书,想借此唤起弟妹对生活的希望——无论环境多么困难。

4.10.3.2 标示插入语(也可用逗号,见4.4.3.3)。

示例:这简直就是——说得不客气点——无耻的勾当!

4.10.3.3 标示总结上文或提示下文(也可用冒号,见4.7.3.1、4.7.3.2)。

示例1:坚强,纯洁,严于律己,客观公正——这一切都难得地集中在一个人身上。

示例2:画家开始娓娓道来——

　　　数年前的一个寒冬……

4.10.3.4 标示话题的转换。

示例:"好香的干菜,——听到风声了吗?"赵七爷低声说道。

4.10.3.5 标示声音的延长。

示例:"嘎——"传过来一声水禽被惊动的鸣叫。

4.10.3.6 标示话语的中断或间隔。

示例1:"班长他牺——"小马话没说完就大哭起来。

示例2:"亲爱的妈妈,你不知道我多爱您。——还有你,我的孩子!"

4.10.3.7 标示引出对话。

示例:——你长大后想成为科学家吗?

　　　——当然想了!

4.10.3.8 标示事项列举分承。

示例:根据研究对象的不同,环境物理学分为以下五个分支学科:

　　——环境声学;

　　——环境光学;

　　——环境热学;

　　——环境电磁学;

　　——环境空气动力学。

4.10.3.9 用于副标题之前。

示例:飞向太平洋

——我国新型号运载火箭发射目击记

4.10.3.10 用于引文、注文后,标示作者、出处或注释者。

示例1:先天下之忧而忧,后天下之乐而乐。

　　　　　　　　——范仲淹

示例2:乐浪海中有倭人,分为百余国。

　　　　　　　　——《汉书》

示例3:很多人写好信后把信笺折成方胜形,我看大可不必。(方胜,指古代妇女戴的方形首饰,用彩绸等制作,由两个斜方部分叠合而成。——编者注)

4.11 省略号

　　定义

标号的一种,标示语段中某些内容的省略及意义的断续等。

　　形式

省略号的形式是"……"。

　　基本用法

4.11.3.1 标示引文的省略。

示例:我们齐声朗诵起来:"……俱往矣,数风流人物,还看今朝。"

4.11.3.2 标示列举或重复词语的省略。

示例1:对政治的敏感,对生活的敏感,对性格的敏感……这都是作家必须要有的素质。

示例2:他气得连声说:"好,好……算我没说。"

4.11.3.3 标示语意未尽。

示例1:在人迹罕至的深山密林里,假如突然看见一缕炊烟……

示例2:你这样干,未免太……

4.11.3.4 标示说话时断断续续。

示例:她磕磕巴巴地说:"可是……太太……我不知道……你一定是认错了。"

4.11.3.5 标示对话中的沉默不语。

示例:"还没结婚吧?"

"……"他飞红了脸,更加忸怩起来。

4.11.3.6 标示特定的成分虚缺。

示例:只要……就……

4.11.3.7 在标示诗行、段落的省略时,可连用两个省略号(即相当于十二连点)。

示例1:从隔壁房间传来缓缓而抑扬顿挫的吟咏声——

　　床前明月光,疑是地上霜。

　　……………

示例2:该刊根据工作质量、上稿数量、参与程度等方面的表现,评选出了高校十佳记者站。还根据发稿数量、提供新闻线索情况以及对刊物的关注度等,评选出了十佳通讯员。

　　……………

4.12 着重号

定义

标号的一种,标示语段中某些重要的或需要指明的文字。

形式

着重号的形式是"."标注在相应文字的下方。

基本用法

4.12.3.1 标示语段中重要的文字。

示例1:诗人需要表现,而不是证明。

示例2:下面对本文的理解,不正确的一项是:……

4.12.3.2 标示语段中需要指明的文字。

示例:下边加点的字,除了在词中的读法外,还有哪些读法?

　　着急　子弹　强调

4.13 连接号

定义

标号的一种,标示某些相关联成分之间的连接。

形式

连接号的形式有短横线"-"、一字线"—"和浪纹线"～"三种。

基本用法

4.13.3.1 标示下列各种情况,均用短横线:

a) 化合物的名称或表格、插图的编号。

示例1:3-戊酮为无色液体,对眼及皮肤有强烈刺激性。

示例2:参见下页表2-8、表2-9。

b) 连接号码,包括门牌号码、电话号码,以及用阿拉伯数字表示年月日等。

示例3:安宁里东路26号院3-2-11室

示例4:联系电话:010-88842603

示例5:2011-02-15

c) 在复合名词中起连接作用。

示例6:吐鲁番-哈密盆地

d) 某些产品的名称和型号。

示例7:WZ-10直升机具有复杂天气和夜间作战的能力。

e) 汉语拼音、外来语内部的分合。

示例8:shuōshuō-xiàoxiào(说说笑笑)

示例9:盎格鲁-撒克逊人

示例10:让-雅克·卢梭("让-雅克"为双名)

示例11:皮埃尔·孟戴斯-弗朗斯("孟戴斯-弗朗斯"为复姓)

4.13.3.2 标示下列各种情况,一般用一字线,有时也可用浪纹线:

a) 标示相关项目(如时间、地域等)的起止。

示例1:沈括(1031—1095),宋朝人。

示例 2:2011 年 2 月 3 日—10 日

示例 3:北京—上海特别旅客快车

b) 标示数值范围(由阿拉伯数字或汉字数字构成)的起止。

示例 4:25～30g

示例 5:第五～八课

4.14 间隔号

定义

标号的一种,标示某些相关联成分之间的分界。

形式

间隔号的形式是"·"。

基本用法

4.14.3.1 标示外国人名或少数民族人名内部的分界。

示例 1:克里丝蒂娜·罗塞蒂

示例 2:阿依古丽·买买提

4.14.3.2 标示书名与篇(章、卷)名之间的分界。

示例:《淮南子·本经训》

4.14.3.3 标示词牌、曲牌、诗体名等和题名之间的分界。

示例 1:《沁园春·雪》

示例 2:《天净沙·秋思》

示例 3:《七律·冬云》

4.14.3.4 用在构成标题或栏目名称的并列词语之间。

示例:《天·地·人》

4.14.3.5 以月、日为标志的事件或节日,用汉字数字表示时,只在一、十一和十二月后用间隔号;当直接用阿拉伯数字表示时,月、日之间均用间隔号(半角字符)。

示例 1:"九一八"事变 "五四"运动

示例 2:"一·二八"事变 "一二·九"运动

示例 3:"3·15"消费者权益日 "9·11"恐怖袭击事件

4.15 书名号

定义

标号的一种,标示语段中出现的各种作品的名称。

形式

书名号的形式有双书名号"《 》"和单书名号"〈 〉"两种。

基本用法

4.15.3.1 标示书名、卷名、篇名、刊物名、报纸名、文件名等。

示例 1:《红楼梦》(书名)

示例 2:《史记·项羽本纪》(卷名)

示例 3:《论雷峰塔的倒掉》(篇名)

示例 4:《每周关注》(刊物名)

示例5:《人民日报》(报纸名)

示例6:《全国农村工作会议纪要》(文件名)

4.15.3.2 标示电影、电视、音乐、诗歌、雕塑等各类用文字、声音、图像等表现的作品的名称。

示例1:《渔光曲》(电影名)

示例2:《追梦录》(电视剧名)

示例3:《勿忘我》(歌曲名)

示例4:《沁园春·雪》(诗词名)

示例5:《东方欲晓》(雕塑名)

示例6:《光与影》(电视节目名)

示例7:《社会广角镜》(栏目名)

示例8:《庄子研究文献数据库》(光盘名)

示例9:《植物生理学系列挂图》(图片名)

4.15.3.3 标示全中文或中文在名称中占主导地位的软件名。

示例:科研人员正在研制《电脑卫士》杀毒软件。

4.15.3.4 标示作品名的简称。

示例:我读了《念青唐古拉山脉纪行》一文(以下简称《念》),收获很大。

4.15.3.5 当书名号中还需要书名号时,里面一层用单书名号,外面一层用双书名号。

示例:《教育部关于提请审议〈高等教育自学考试试行办法〉的报告》

4.16 专名号

定义

标号的一种,标示古籍和某些文史类著作中出现的特定类专有名词。

形式

专名号的形式是一条直线,标注在相应文字的下方。

基本用法

4.16.3.1 标示古籍、古籍引文或某些文史类著作中出现的专有名词,主要包括人名、地名、国名、民族名、朝代名、年号、宗教名、官署名、组织名等。

示例1:孙坚人马被刘表率军围得水泄不通。(人名)

示例2:于是聚集冀、青、幽、并四州兵马七十多万准备决一死战。(地名)

示例3:当时乌孙及西域各国都向汉派遣了使节。(国名、朝代名)

示例4:从咸宁二年到太康十年,匈奴、鲜卑、乌桓等族人徙居塞内。(年号、民族名)

4.16.3.2 现代汉语文本中的上述专有名词,以及古籍和现代文本中的单位名、官职名、事件名、会议名、书名等不应使用专名号。必须使用标号标示时,宜使用其他相应标号(如引号、书名号等)。

4.17 分隔号

定义

标号的一种,标示诗行、节拍及某些相关文字的分隔。

形式

分隔号的形式是"/"。

基本用法

4.17.3.1 诗歌接排时分隔诗行(也可使用逗号和分号,见 4.4.3.1/4.6.3.1)。

示例:春眠不觉晓/处处闻啼鸟/夜来风雨声/花落知多少。

4.17.3.2 标示诗文中的音节节拍。

示例:横眉/冷对/千夫指,俯首/甘为/孺子牛。

4.17.3.3 分隔供选择或可转换的两项,表示"或"。

示例:动词短语中除了作为主体成分的述语动词之外,还包括述语动词所带的宾语和/或补语。

4.17.3.4 分隔组成一对的两项,表示"和"。

示例1:13/14 次特别快车

示例2:羽毛球女双决赛中国组合杜婧/于洋两局完胜韩国名将李孝贞/李敬元。

4.17.3.5 分隔层级或类别。

示例:我国的行政区划分为:省(直辖市、自治区)/省辖市(地级市)/县(县级市、区、自治州)/乡(镇)/村(居委会)。

5 标点符号的位置和书写形式

5.1 横排文稿标点符号的位置和书写形式

5.1.1 句号、逗号、顿号、分号、冒号均置于相应文字之后,占一个字位置,居左下,不出现在一行之首。

5.1.2 问号、叹号均置于相应文字之后,占一个字位置,居左,不出现在一行之首。两个问号(或叹号)叠用时,占一个字位置;三个问号(或叹号)叠用时,占两个字位置;问号和叹号连用时,占一个字位置。

5.1.3 引号、括号、书名号中的两部分标在相应项目的两端,各占一个字位置。其中前一半不出现在一行之末,后一半不出现在一行之首。

5.1.4 破折号标在相应项目之间,占两个字位置,上下居中,不能中间断开分处上行之末和下行之首。

5.1.5 省略号占两个字位置,两个省略号连用时占四个字位置并须单独占一行。省略号不能中间断开分处上行之末和下行之首。

5.1.6 连接号中的短横线比汉字"一"略短,占半个字位置;一字线比汉字"一"略长,占一个字位置;浪纹线占一个字位置。连接号上下居中,不出现在一行之首。

5.1.7 间隔号标在需要隔开的项目之间,占半个字位置,上下居中,不出现在一行之首。

5.1.8 着重号和专名号标在相应文字的下边。

5.1.9 分隔号占半个字位置,不出现在一行之首或一行之末。

5.1.10 标点符号排在一行末尾时,若为全角字符则应占半角字符的宽度(即半个字位置),以使视觉效果更美观。

5.1.11　在实际编辑出版工作中,为排版美观、方便阅读等需要,或为避免某一小节最后一个汉字转行或出现在另外一页开头等情况(浪费版面及视觉效果差),可适当压缩标点符号所占用的空间。

　5.2　**竖排文稿标点符号的位置和书写形式**

　5.2.1　句号、问号、叹号、逗号、顿号、分号和冒号均置于相应文字之下偏右。

　5.2.2　破折号、省略号、连接号、间隔号和分隔号置于相应文字之下居中,上下方向排列。

　5.2.3　引号改用双引号"﹁""﹂"和单引号"﹃""﹄",括号改用"︵""︶",标在相应项目的上下。

　5.2.4　竖排文稿中使用浪线式书名号"﹏﹏",标在相应文字的左侧。

　5.2.5　着重号标在相应文字的右侧,专名号标在相应文字的左侧。

　5.2.6　横排文稿中关于某些标点不能居行首或行末的要求,同样适用于竖排文稿。

(部分节选)

附录三

出版物上数字用法

（中华人民共和国国家质量监督检验检疫总局 中国国家标准化管理委员会 2011-07-29 发布，2011-11-01 实施 GB/T 15835—2011）

1 范围

本标准规定了出版物上汉字数字和阿拉伯数字的用法。

本标准适用于各类出版物（文艺类出版物和重排古籍除外）。政府和企事业单位公文，以及教育、媒体和公共服务领域的数字用法，也可参照本标准执行。

2 规范性引用文件

下列文件对于本文件的应用是必不可少的。凡是注日期的引用文件，仅注日期的版本适用于本文件。凡是不注日期的引用文件，其最新版本（包括所有的修改单）适用于本文件。

GB/T 7408—2005　数据元和交换格式　信息交换　日期和时间表示法

3 术语和定义

下列术语和定义适用于本文件。

3.1

计量　measuring

将数字用于加、减、乘、除等数学运算。

3.2

编号　numbering

将数字用于为事物命名或排序，但不用于数学运算。

3.3

概数　approximate number

用于模糊计量的数字。

4 数字形式的选用

4.1 选用阿拉伯数字

用于计量的数字

在使用数字进行计量的场合，为达到醒目、易于辨识的效果，应采用阿拉伯数字。

示例1：—125.03　　34.05％　　63％～68％　　1:500　　97/108

当数值伴随有计量单位时，如：长度、容积、面积、体积、质量、温度、经纬度、音量、频率等等，特别是当计量单位以字母表达时，应采用阿拉伯数字。

示例2：523.56 km(523.56 千米)　　346.87 L(346.87 升)　　5.34 m²(5.34 平方米)
　　　　567 mm³(567 立方毫米)　　605 g(605 克)　　100～150 kg(100～150 千克)
　　　　34～39 ℃(34～39 摄氏度)　　北纬40°(40 度)　　120 dB(120 分贝)

　　　　用于编号的数字

在使用数字进行编号的场合，为达到醒目、易于辨识的效果，应采用阿拉伯数字。

示例：电话号码：98888
　　　邮政编码：100871
　　　通信地址：北京市海淀区复兴路11号
　　　电子邮件地址：x186@186.net
　　　网页地址：http://127.0.0.1
　　　汽车号牌：京A00001
　　　公交车号：302路公交车
　　　道路编号：101国道
　　　公文编号：国办发[1987]9号
　　　图书编号：ISBN 978-7-80184-224-4
　　　刊物编号：CN11-1399
　　　章节编号：4.1.2
　　　产品型号：PH—3000型计算机
　　　产品序列号：C84XB—JYVFD—P7HC4—6XKRJ—7M6XH
　　　单位注册号：02050214
　　　行政许可登记编号：0684D100004—828

　　　　已定型的含阿拉伯数字的词语

现代社会生活中出现的事物、现象、事件，其名称的书写形式中包含阿拉伯数字，已经广泛使用而稳定下来，应采用阿拉伯数字。

示例：3G手机　　MP3播放器　　G8峰会　　维生素B12　　97号汽油　　"5·27"事件
　　　"12·5"枪击案

4.2　选用汉字数字

　　　　非公历纪年

干支纪年、农历月日、历史朝代纪年及其他传统上采用汉字形式的非公历纪年等等，应采用汉字数字。

示例：丙寅年十月十五日　　庚辰年八月五日　　腊月二十三　　正月初五　　八月十五中
　　　秋　　秦文公四十四年　　太平天国庚申十年九月二十四日　　清咸丰十年九月二
　　　十日　　藏历阳木龙年八月二十六日　　日本庆应三年

概数

数字连用表示的概数、含"几"的概数,应采用汉字数字。

示例:三四个月　一二十个　四十五六岁　五六万套　五六十年前　几千
　　　二十几　一百几十　几万分之一

已定型的含汉字数字的词语

汉语中长期使用已经稳定下来的包含汉字数字形式的词语,应采用汉字数字。

示例:万一　一律　一旦　三叶虫　四书五经　星期五　四氧化三铁　八国联军
　　　七上八下　一心一意　不管三七二十一　一方面　二百五　半斤八两
　　　五省一市　五讲四美　相差十万八千里　八九不离十　白发三千丈
　　　不二法门　二八年华　五四运动　"一·二八"事变　"一二·九"运动

4.3 选用阿拉伯数字与汉字数字均可

如果表达计量或编号所需要用到的数字个数不多,选择汉字数字还是阿拉伯数字在书写的简洁性和辨识的清晰性两方面没有明显差异时,两种形式均可使用。

示例1:17号楼(十七号楼)　3倍(三倍)　第5个工作日(第五个工作日)
　　　100多件(一百多件)　20余次(二十余次)　约300人(约三百人)
　　　40左右(四十左右)　50上下(五十上下)　50多人(五十多人)
　　　第25页(第二十五页)　第8天(第八天)　第4季度(第四季度)
　　　第45份(第四十五份)　共235位同学(共二百三十五位同学)
　　　0.5(零点五)　76岁(七十六岁)　120周年(一百二十周年)
　　　1/3(三分之一)　公元前8世纪(公元前八世纪)
　　　20世纪80年代(二十世纪八十年代)　公元253年(公元二五三年)
　　　1997年7月1日(一九九七年七月一日)　下午4点40分(下午四点四十分)
　　　4个月(四个月)　12天(十二天)

如果要突出简洁醒目的表达效果,应使用阿拉伯数字;如果要突出庄重典雅的表达效果,应使用汉字数字。

示例2:北京时间2008年5月12日14时28分
　　　十一届全国人大一次会议(不写为"11届全国人大1次会议")
　　　六方会谈(不写为"6方会谈")

在同一场合出现的数字,应遵循"同类别同形式"原则来选择数字的书写形式。如果两数字的表达功能类别相同(比如都是表达年月日时间的数字),或者两数字在上下文中所处的层级相同(比如文章目录中同级标题的编号),应选用相同的形式。反之,如果两数字的表达功能不同,或所处层级不同,可以选用不同的形式。

示例3:2008年8月8日　二〇〇八年八月八日(不写为"二〇〇八年8月8日")
　　　第一章　第二章……第十二章(不写为"第一章　第二章……第12章")
　　　第二章的下一级标题可以用阿拉伯数字编号:2.1,2.2……

应避免相邻的两个阿拉伯数字造成歧义的情况。

示例4:高三3个班　高三三个班(不写为"高33个班")
　　　高三2班　高三(2)班(不写为"高32班")

有法律效力的文件、公告文件或财务文件中可同时采用汉字数字和阿拉伯数字。

示例5：2008年4月保险账户结算日利率为万分之一点五七五零（0.015750％）35.5元（35元5角　三十五元五角　叁拾伍圆伍角）

5 数字形式的使用

5.1 阿拉伯数字的使用

多位数

为便于阅读，四位以上的整数或小数，可采用以下两种方式分节：

——第一种方式：千分撇

整数部分每三位一组，以","分节。小数部分不分节。四位以内的整数可以不分节。

示例1：624,000　92,300,000　19,351,235.235767　1256

——第二种方式：千分空

从小数点起，向左和向右每三位数字一组，组间空四分之一个汉字，即二分之一个阿拉伯数字的位置。四位以内的整数可以不加千分空。

示例2：55 235 367.346 23　98 235 358.238 368

注：各科学技术领域的多位数分节方式参照GB 3101—1993的规定执行。

纯小数

纯小数必须写出小数点前定位的"0"，小数点是齐阿拉伯数字底线的实心点"."。

示例：0.46 不写为.46 或 0。46

数值范围

在表示数值的范围时，可采用浪纹式连接号"～"或一字线连接号"—"。前后两个数值的附加符号或计量单位相同时，在不造成歧义的情况下，前一个数值的附加符号或计量单位可省略。如果省略数值的附加符号或计量单位会造成歧义，则不应省略。

示例：－36～－8℃　400—429页　100—15kg　12 500～20 000元

9亿～16亿(不写为9～16亿)　13万元～17万元(不写为13～17万元)

15%～30%(不写为15～30%)　$4.3 \times 10^6 \sim 5.7 \times 10^6$(不写为$4.3 \sim 5.7 \times 10^6$)

年月日

年月日的表达顺序应按照口语中年月日的自然顺序书写。

示例1：2008年8月8日　1997年7月1日

"年""月"可按照GB/T 7408—2005的5.2.1.1中的扩展格式，用"-"替代，但年月日不完整时不能替代。

示例2：2008-8-8　1997-7-1　8月8日(不写为8-8)　2008年8月(不写为2008-8)

四位数字表示的年份不应简写为两位数字。

示例3："1990年"不写为"90年"

月和日是一位数时，可在数字前补"0"。

示例4：2008-08-08　1997-07-01

时分秒

计时方式既可采用12小时制,也可采用24小时制。

示例1:11时40分(上午11时40分)　21时12分36秒(晚上9时12分36秒)

时分秒的表达顺序应按照口语中时、分、秒的自然顺序书写。

示例2:15时40分　14时12分36秒

"时""分"也可按照GB/T 7408—2005的5.3.1.1和5.3.1.2中的扩展格式,用":"替代。

示例3:15:40 14:12:36

含有月日的专名

含有月日的专名采用阿拉伯数字表示时,应采用间隔号"·"将月、日分开,并在数字前后加引号。

示例:"3·15"消费者权益日

书写格式

5.1.7.1　字体

出版物中的阿拉伯数字,一般应使用正体二分字身,即占半个汉字位置。

示例:234　57.236

5.1.7.2　换行

一个用阿拉伯数字书写的数值应在同一行中,避免被断开。

5.1.7.3　竖排文本中的数字方向

竖排文字中的阿拉伯数字按顺时针方向转90度。旋转后要保证同一个词语单位的文字方向相同。

示例:

> 示例一
> 雪花啤酒BCD188型家用电冰箱容量是一百八十八升,功率为一百十五瓦,市场信价两千五十元,返修率仅为百分之零点一五
>
> 示例二
> 海军112号打捞救生船在太平洋上航行了十三天,于一九九〇年八月六日零时三十分返回基地

5.2　汉字数字的使用

概数

两个数字连用表示概数时,两数之间不用顿号"、"隔开。

示例:二三米　一两个小时　三五天　一二十个　四十五六岁

年份
年份简写后的数字可以理解为概数时，一般不简写。
示例："一九七八年"不写为"七八年"

含有月日的专名
含有月日的专名采用汉字数字表示时，如果涉及一月、十一月、十二月，应用间隔号"·"将表示月和日的数字隔开，涉及其他月份时，不用间隔号。
示例："一·二八"事变　"一二·九"运动　五一国际劳动节

大写汉字数字
——大写汉字数字的书写形式
零、壹、贰、叁、肆、伍、陆、柒、捌、玖、拾、佰、仟、万、亿
——大写汉字数字的适用场合
法律文书和财务票据上，应采用大写汉字数字形式记数。
示例：3,504（叁仟伍佰零肆圆）　39,148（叁万玖仟壹佰肆拾捌圆）

零 和 〇
阿拉伯数字"0"有"零"和"〇"两种汉字书写形式。一个数字用作计量时，其中"0"的汉字书写形式为"零"；用作编号时，"0"的汉字书写形式为"〇"。
示例："3052（个）"的汉字数字形式为"三千零五十二"（不写为"三千〇五十二"）
　　　"95.06"的汉字数字形式为"九十五点零六"（不写为"九十五点〇六"）
　　　"公元 2012（年）"的汉字数字形式为"二〇一二"（不写为"二零一二"）

5.3　阿拉伯数字与汉字数字同时使用
如果一个数值很大，数值中的"万""亿"单位可以采用汉字数字，其余部分采用阿拉伯数字。
示例 1：我国 1982 年人口普查人数为 10 亿零 817 万 5288 人
除上面情况之外的一般数值，不能同时采用阿拉伯数字与汉字数字。
示例 2：108 可以写作"一百零八"，但不应写作"1 百零 8""一百 08"
　　　　4000 可以写作"四千"，但不应写作"4 千"

（部分节选）

附录四

校对符号及其用法

(国家技术监督局 1993-11-16 批准,1994-07-01 实施 GB/T14706—93)

1 主要内容与适用范围

本标准规定了校对各种排版校样的专用符号及其用法。本标准适用于中文(包括少数民族文字)各类校样的校对工作。

2 引用标准

GB 9851 印刷技术术语

3 术语

3.1 校对符号 proofreader's mark

以特定图形为主要特征的、表达校对要求的符号。

4 校对符号及用法示例

编号	符号形态	符号作用	符号在文中和页边用法示例	说明
一、字符的改动					
1		改正	设高出版物质量 改革开放	改正的字符较多，圈起来有困难时，可用线在页边画清改正的范围 必须更换的损、坏、污字也用改正符号画出
2		删除	提高出版物质质量	
3		增补	要搞好校工作。	增补的字符较多，圈起来有困难时，可用线在页边画清增补的范围
4		改正上下角	16 = 40 H₂SO₄ 尼古拉·费欣 0.25 + 0.25 = 0.5 举例 2 × 3 = 6 X∶Y = 1∶2	
二、字符方向位置的移动					
5		转正	字符颠倒要转正	
6		对调	认真经验总结。 认真验结经总。	用于相邻的字词 用于隔开的字词
7		接排	要重视校对工作, 提高出版物质量。	
8		另起段	完成了任务。明年……	

编号	符号形态	符号作用	符号在文中和页边用法示例	说　明
9		转　移	校对工作,提高出版物质量要重视。 "。以上引文均见中文新版列宁全集》。 编者　年　月 …… 各位编委:	用于行间附近的转移 用于相邻行首末衔接字符的推移 用于相邻页首末衔接行段的推移
10	或	上下移	序号|名　称|数量 01|显微镜|2	字符上移到缺口左右水平线处 字符下移到箭头所指的短线处
11	或	左右移	要重视校对工作,提高出版物质量。 3 4　5 6　5 欢呼　歌　唱	字符左移到箭头所指的短线处 字符左移到缺口上下垂直线处 符号画得太小时,要在页边重标
12		排　齐	校对工作非常重要。 必须提高印刷质量,缩短印制周期。　国家标准	
13		排阶梯形	RH₂	
14		正　图		符号横线表示水平位置,竖线表示垂直位置,箭头表示上方

编号	符号形态	符号作用	符号在文中和页边用法示例	说　明
			三、字符间空距的改动	
15	∨ ＞	加大空距	⊢一、校对程序⊣　∨ 校对胶印读物、影印 书刊的注意事项： ＞	表示在一定范围内适当加大空距 横式文字画在字头和行头之间
16	∧ ＜	减小空距	二、校对程 序　∧ 校对胶印读物、影印 书刊的注意事项： ＜	表示不空或在一定范围内适当减小空距 横式文字画在字头和行头之间
17	⫲ ⫳ ⫴	空 1 字距 空1/2字距 空1/3字距 空1/4字距	第一章校对职责和方法 1. 责任校对	多个空距相同的，可用引线连出，只标示一个符号
18	Y	分　开	Good morning!	用于外文
			四、其　他	
19	△	保　留	认真搞好校对工作。	除在原删除的字符下画△外，并在原删除符号上画两竖线
20	○＝	代　替	色的程度不同，从 淡色到深色具有多 种层次，如天色、湖 色、海色、宝色 …… 　　　　○＝蓝	同页内有两个或多个相同的字符需要改正的，可用符号代替，并在页边注明
21	∘∘∘	说　明	改黑体 **第一章** 校对的职责	说明或指令性文字不要圈起来，在其字下画圈，表示不作为改正的文字。如说明文字较多时，可在首末各三字下画圈

5 使用要求

5.1 校对校样,必须用色笔(墨水笔、圆珠笔等)书写校对符号和示意改正的字符,但是不能用灰色铅笔书写。

5.2 校样上改正的字符要书写清楚。校改外文,要用印刷体。

5.3 校样中的校对引线要从行间画出。墨色相同的校对引线不可交叉。

附录 A
校对符号应用实例
(参考件)

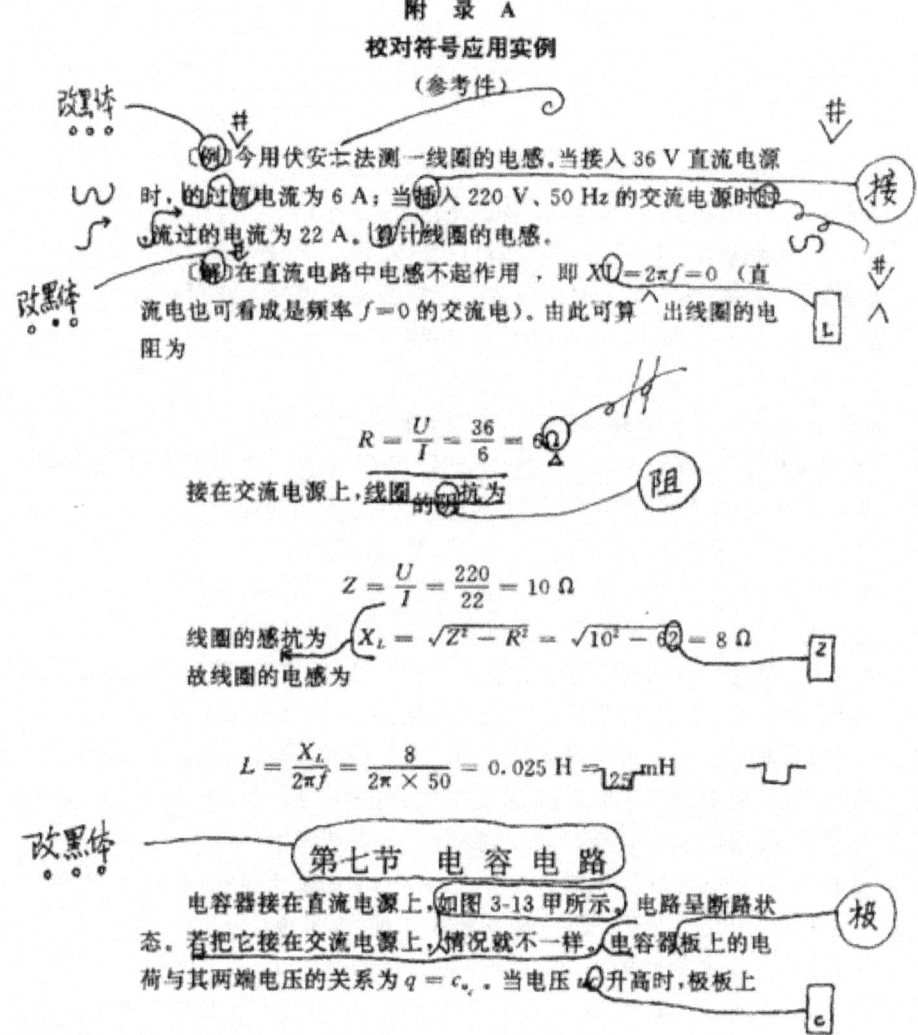

附加说明:
本标准由中华人民共和国新闻出版署提出。
本标准由全国印刷标准化技术委员会归口。
本标准由人民出版社负责起草。

主要参考文献

1. 翁世荣等.现代秘书学.上海:人民出版社,1989
2. 杨剑宇等.中国秘书史.北京:高等教育出版社,2011
3. 柳宏等.秘书写作.北京:高等教育出版社,2011
4. 杜福磊,许宝华.当代实用写作教程.太原:山西高校联合出版社,1993
5. 杨树森等.秘书实务.北京:高等教育出版社,2011
6. 杨锋等.秘书学概论.北京:高等教育出版社,2011
7. 张金英.应用文写作基础.北京:高等教育出版社,2008
9. 刘会芹,黄高才.实用应用文写作大全.西安:西安交通大学出版社,2011
10. 岳海翔等.公文写作培训教程.北京:中国言实出版社,2010
11. 张耀辉等.实用写作.北京:北京大学出版社,2004
12. 洪威雷等.事务文书写作.北京:北京师范大学出版社,2007
13. 岳海翔.综合事务文书写作.北京:中国纺织出版社,2010
14. 官盱玲,于世梁,汪勤峰.电子文书写作一本通.北京:中国言实出版社,2005
15. 傅样,郑珺露.电子公文制作与传输.合肥:安徽大学出版社,2009
16. 张江艳.电子公文写作实训教程.北京:高等教育出版社,2009
17. 柳新华等.实用电子公文处理教程.北京:科学出版社,2009
18. 江少川等.新编大学实用写作.北京:北京大学出版社,2002
19. 闻君等.行政公文写作及范例大全.北京:北京工业大学出版社,2008
20. 徐中玉等.应用文写作.北京:高等教育出版社,2000
21. 荣乐娟.公务文书通典.西安:陕西人民出版社,1999
22. 盛安之.成大事必备的99个写作技巧.北京:企业管理出版社,2008
23. 王朝庄,赵金声.应用文写作理论与实训.郑州:河南科学技术出版社,2007
24. 杜福磊.当代应用写作新教程.郑州:河南文艺出版社,2008

后　记

　　本书为高等学校秘书学专业通用教材。全书共十一章，内容包括秘书写作的过程与技巧、行政公文、事务文书、会议文书、礼仪文书、信函文书、经济文书、法律文书等，每章节分概述、写作规范、写作要求、例文选读、思考题五个部分。本书创造性地吸收了国内外秘书写作的最新成果，知识与训练并重，便于学生把书本知识变为实际写作能力，突出了秘书写作的应用性原则。

　　本书编写人员全部为教学一线人员，部分同志具有秘书工作的亲身经历，不仅具有扎实的理论知识，而且具有丰富的实践经验，对秘书写作的重点、难点的把握准确到位，对教师如何教和学生如何学具有切身体会。本书可供高等院校秘书专业使用，也可作为秘书人员的自学读物。

　　本书由杨帆主编并统稿。副主编刘凤、温素平，编委刘亚奇承担了部分章节的初审任务；副主编刘凤、温素平参与了体例的编写，大纲的起草、修改和定稿工作；副主编周杰林老师对本书大纲的形成、书稿定稿及出版做了许多工作，因学术和公务繁忙，没有承担具体章节的执笔编写任务。编委刘金生（国家电网信阳分公司）在秘书岗位工作多年，有丰富的实践经验，对本书的最终形成提出了宝贵意见。在此，向他们致以诚挚的谢意。本书各章节编写分工是：绪论、第八章，杨帆（信阳师范学院）执笔；第一章、第六章，刘凤（信阳师范学院）执笔；第二章、第三章，马文磊（永城职业技术学院）执笔；第四章、第十一章，刘亚奇（河南省会计学校）执笔；第五章、第九章，温素平（信阳师范学院）执笔；第七章、第十章，吴艳艳（信阳职业技术学院）执笔。附件部分由副主编刘凤整理。

　　在本书的编写过程中，我们参阅借鉴了秘书学界、秘书写作界前辈和同行们的相关成果；本书的出版得到了河南大学出版社的大力支持。在此，向他们致以真诚的感谢！

　　由于我们水平有限，书中难免有遗漏或错误之处，恳请前辈和同行们批评指正，恳请读者朋友们谅解。

杨　帆
于信阳市西郊谭山堡
2012 年 3 月

打造学术精品　服务教育事业
河南大学出版社
读者信息反馈表

尊敬的读者：

感谢您购买、阅读和使用河南大学出版社的_____一书,我们希望通过这张小小的反馈表来获得您更多的建议和意见,以改进我们的工作,加强我们双方的沟通和联系。我们期待着能为您和更多的读者提供更多的好书。

请您填妥下表后,寄回或发 E－mail 给我们,对您的支持我们不胜感激！

1. 您是从何种途径得知本书的：
   □书店　□网上　□报刊　□图书馆　□朋友推荐
2. 您为什么决定购买本书：
   □工作需要　□学习参考　□对本书感兴趣　□随便翻翻
3. 您对本书内容的评价是：
   □很好　□好　□一般　□差　□很差
4. 您在阅读本书的过程中有没有发现明显的专业及编校错误？如果有,它们是：
   _____
   _____
   _____
5. 您对哪一类的图书信息比较感兴趣：_____
   _____
6. 如果方便,请提供您的个人信息,以便于我们和您联系(您的个人资料我们将严格保密)：
   您供职的单位：_____
   您教授的课程(老师填写)：_____
   您的通信地址：_____
   您的电子邮箱：_____

请联系我们：

电话:0371－86059712　0371－86059713　0371－86059715

传真:0371－86059713

E－mail:hdgdjyfs@163.com

通讯地址:河南省郑州市郑东新区 CBD 商务外环路商务西七街中华大厦2304室
河南大学出版社高等教育出版分社